DOUBLE ALE

더블 세일즈

DOUBLE ALE

조환성 글

다섯 번의 사업 실패, 울기도 하고 웃기도 했다. 내가 꿈꾸는 일을 해내지 못해서 울었으며, 나와 뜻을 함께했던 사람들이 고마워서 울었고, 아내를 걱정의 나락으로 떨어뜨려서 울기도 했다. 실패를 통해서 안 되는 이유를 깨달았기에 웃었으며, 문을 닫는 날에도 자리를 함께해 준 직원들 덕분에 웃었고, 집을 팔아서 빚을 갚아 주며 긴말하지 않았던 아내 때문에 웃기도 했다.

자영업을 하면서 나는 늘 어딘가에서 체계적으로 영업과 고객 관리 같은 걸 배우고 싶다는 생각을 했다. 그래서 우리 회사를 방문하는 세일즈맨들에게 항상 커피를 직접 타 주면서 그들의 세일즈를 관찰하고 한 시간씩 이야기를 나누곤 했다. 자동차, 다단계, 건강식품, 보험, 와인, 도서, 헬스클럽 회원권, 리조트호텔과 콘도 회원권, 부동산, 금융 투자 상품, 심지어 미국에서 걸려 온 주식 투자 사기 전화도 부족한 영어 실력으로 친절히 응대하며 글로벌 텔레마케팅의 최고 단계는 무엇인지 학습했다.

그러나 아무리 남의 세일즈를 보고 배우려 노력해도 한계를 느꼈다. 그러던 차에 3년 넘게 같이 세일즈를 해 보자고 나를 설득했던 후배에게 그가 다니는 P보험사에 비용을 내고 2개월 동안 세일즈를 배우고 싶다고 말했다. 하지만 그런 일은 불가능하다는 답을 들었다. 마침내 나는 운영하고 있던 여행사를 직원들에게 맡기고, 전문적인 세일즈 조직에 들어가서 체계적인 세일즈를 배우고 훈련받기로 결심했다.

역시 그곳에는 세일즈가 무엇인지에 대한 답이 있었다. 300여 년의 역사를 자랑하는 세일즈 업종의 노하우는 하루아침에 만들어진 것이 아니었다. 배우고 연습하고 실전에서 바로 사용해 보면서 나의 세일즈 역량은 강화되어 갔다. 세일즈를 하는 것에서 한 걸음 더 나아가 세일즈를 가르치고 훈련시키는 세일즈 매니저의 길로 접어들면서 남들보다 탁월한 성과를 냈다.

이때 나는 세일즈를 잘하고, 잘 가르치기 위해서 수많은 외부 교육들을 수강했고, 내가 비용을 부담하며 직원들을 데리고 가서 학습했다. 한 해에 수업료로만 낸 돈이 2000만 원을 넘었던 것 같다. 관련 서적이 한 벽을 가득 채우기도 했고, 결국 세계적인 세일즈 교육 회사의 한국 사업권을 획득해 운영하면서 대기업 영업 사원들에게 세일즈를 가르치고, 교육 프로그램을 만들어 제공하기도 했다. 기업에서 세일즈를 가르치는 사내 세일즈 코치, 매니저 교육도 병행하면서 역량과 보람은 더욱 커졌다.

그러던 어느 날 내가 운영하는 세일즈 공개 교육 과정의 수강생들을 분류해 보면서 깨달은 바가 이 책『더블 세일즈』를 집필하는 계기가 되었다. 세일즈 교육의 수강생들은 기업에서 보낸 사람들도 있었지만, 자기 돈과 시간을 투자해서 온 의사, 변호사, 세무사, 노무사, 법무사 같은 전문직인 경우가 많았으며 음식점 사장, 휴대폰 매장 사장, 공인 중개사, 미용실 원장 등 매장을 운영하는 사장님들도 많았다. 마지막으로 네트워크 사업자(모두를 사장이라고 부르기도 한다), 방문 판매, 강사처럼 본인이 1인 기업 형태인 분들이 있었다.

이들의 공통점은 자영업자이면서 체계적인 세일즈 교육을 받지 못했고, 회사에서 조직적인 세일즈 인프라를 제공하지 않기에 스스로 세일즈를 배우고 자신의 사업에 세일즈 시스템을 구축하고자 하는 사람들이라는 사실이다. 세일즈 교육 후반기에 교육 내용을 실제 자기 사업체에 응용한 사례 발표 시간을 갖는데, 사장님 한 분은 자신이 배운 대로 직원들에게 세일즈 클로징(마무리)을 매끄럽게 하도록 독려했을 뿐인데 매출이 50% 올랐다는 이야기를 했고, 미용실 디자이너는 교육받은 내용을 응용해 고객에게 말 한마디 건넸을 뿐인데 그달의 급여가 50% 늘어서 고맙다는 인사를 하기도 했다.

언제나 똑같이 진행하는 세일즈 교육이라도 비자발적으로 교육을 받는 사람들이 아니라, 자신이 직접 비용을 들여 세일즈 교육을 듣고 성장하고자 애쓰는 교육의 사각지대에 있는 자영업자들을 접하면서 그분들을 위한 세일즈 책을 써서 도움이 되어 보고자 결심하게 되었다.

이 책『더블 세일즈』에는 자영업자의 마인드에 필수적인 세일즈맨십을 비롯해, 자영업을 해 나가는 데에 필요한 요즘 트렌드에 맞는 전략, 현장에서 바로 사용할 수 있는 세일즈 스킬들, 세일즈가 재미있다고 느껴지게 되는 고객의 심리학을 담았다. 또 업종별로 차이가 날 수 있으므로 인바운드 세일즈 Inbound Sales(매장이 있고 고객이 들어오는 패턴)와 아웃바운드 세일즈 Outbound Sales(가방을 들고 나가서 고객을 만나는 패턴)의 특징과 핵심 전략을 정리했다. 마지막으로 1인 사업이 아닐 경우에 고객을 대하는 세일즈 스킬보다 더 중요해질 수 있는, 자영업자로서 어떻게 직원을 리드하고 조직 문화를 만들어 가야 할지와 관련된 세일즈 리더십까지 담겨 있다.

자영업을 하는 분들이 눈물 흘리지 않고, 즐겁게 일하며 멋지게 성공하길 바라고 힘껏 돕고 싶다. 이 한 권의 책으로 모든 해결책을 찾을 수는 없겠지만, 적어도 자영업자들이 세일즈는 정말 공부할 만한 분야이고, 재밌는 연구 대상이며, 실용적인 삶의 지혜를 담고 있다는 생각의 씨앗을 심는 계기가 되길 소망한다.

이 책을 출판하는 데에 많은 도움을 주신 박명환 대표님, 윤병인 이사님, 경은하 편집장님께 감사하고, 내게 세일즈를 가르쳐 주신 선배와 동료들께도 감사드린다. 책에 담긴 내용 중에 정확히 출처를 알 수 없는 경우는 모두 선배와 동료들이 도움을 주신 부분이라고 생각한다.

끝으로 늘 자영업이라는 어려운 길을 함께하며 응원해 준 아내 김미호, 그리고 소중한 두 딸 윤상이와 승연이, 아버지와 어머니께 사랑한다는 말을 전하고 싶다.

2017년 어느 아침 동네 카페에서

CONTENTS

DOUBLE SALES MIND

더블 세일즈 마인드

1. 삶의 모든 것이 세일즈다

2. 자영업자는 세일즈맨인가?

3. 나는 왜 일하는가?

4. 고객은 '왜' 나와 거래해야 하는가?

5. 예능 프로그램 '시티헌터'의 최종 우승자는 누구였을까?

6. 세일즈는 재미있다

Chapter **1**

더블 세일즈 마인드

1. 삶의 모든 것이 세일즈다

영업이나 세일즈라는 말을 들으면 어떤가? 무척 설레고 재미있다는 생각이 드는가? 아니면 실적 압박이나 생존이라는 부담감을 느끼는가? 이 두 가지의 차이를 결정짓는 것은 내가 지금 하고 있는 세일즈가 '자발적'인지, '비자발적'인지에 달리지 않았을까 한다.

혹시 '비자발적'으로 세일즈를 해야 하는 상황이라도 딱 한 가지만은 알아 두길 바란다. 세일즈가 힘들 때도 있지만 분명히 '세일즈 공부'는 세상에서 가장 재미있고, 흥미진진하며, 평생 기술을 익히는 것이고, 당장 내 소득을 높일 수 있는 최고의 실용적 학문이면서, 무엇보다 삶의 지혜처럼 항상 더 풍요로운 삶에 도움이 된다는 사실이다.

대통령도 '세일즈 외교'를 한다고 말하는 시대를 살고 있는 만큼 세일즈를 제대로 알지 못하고서는 그 어떤 남다른 성과도 기대할 수 없는 것이 분명하다. 그러나 관심을 갖고 알아 가다 보면 세일즈가 삶을 더 즐겁게 만들어 준다고 자신 있게 말할 수 있다.

결혼하고 싶다면 세일즈를 공부하자!

2010년 서른여덟의 미혼 남성으로 나는 시린 겨울을 맞이하고 있었다. 그때 문득 '내가 세일즈를 배운 사람인데 이렇게 홀로 겨울을 보낼 순 없어!'라는 생각이 들었다. 세일즈는 고객 발굴 전략을 잘 세우고 접근을 시도해, 그 확률을 높여서 성과를 이끌어 내는 과정이다. 그렇다면 어떤 방식으로 접목할 수 있을까?

먼저 결혼 상대가 될 여성은 예뻤으면 좋겠다고 생각했다. 그래서 우선 고객 발굴을 '강남'에서 하겠다고 결정했다. 그다음 세련된 여성이면 좋겠다는 바람에서 '영어 학원'으로 장소를 좁혔다. 마지막으로 부지런한 '아침형 인간'이면 나와 생활 패턴이 잘 맞겠다는 생각으로 '청담동 삼육 외국어 학원 새벽 6시 클래스'에 수강 신청을 했다. 11월 냉랭한 새벽 기운을 뚫고 학원에 오는 사람이 예쁘지 않을 수는 있지만 틀림없이 성실하리라는 믿음이 컸다. 그런데 참 감사하게도 15명 클래스에 아름다운 여성이 세 명이나 있는 것이 아닌가. 게다가 회화 학원의 특성상 서로 이야기를 주고받는 수업은 모두 사적인 질문들을 묻고 대답하는 내게 유리한 내용으로 전개되었다.

"미혼이신가요?" "직업은 무엇인가요?" "가족은 몇 명이세요?" "어디에 사세요?" "주말에는 뭐 하세요?" 심지어 "남자 친구는 몇 명 사귀었나요?" 같은 꼭 필요한 질문들이라 쾌재를 불렀다. 이렇게 정보를 파악하고 나자 아주 마음에 드는 여학생이 있었는데, 무척 도도해 보여서 접근하기 힘들었다.

하지만 기다리는 자에게 기회는 온다고 했던가. 출석 일수가 모자라면 다음 레벨로 올라갈 수 없는 학원 시스템상 출석을 대체하기 위해서 토요일 오전 예배에 참석했던 날, 그녀 역시 나타났다. 예배가 끝나면 다들 집으로 돌아가는데, 이때 기회를 노려 데이트 신청을 해야 했다. 드디어 예배가 끝나고 나는 그녀에게 다가가 말을 걸었다.

"혹시 끝나고 시간 괜찮으세요?"라고 말했다면 나는 훈련된 세일즈맨이 아니며, 그녀의 대답은 "아니요!"일 확률이 높다. 당연히 나는 숙련된 세일즈맨답게 질문이 달랐다. "안녕하세요? 끝나고 저랑 같이 식사를 하실래요, 차를 한잔 마실래요?"라고 물었다. 결과는 어땠을까? 그녀는 "네?"라고 잠시 고민하다가 "차를 한잔하죠!"라고 대답했다.

이것을 세일즈 화법 중에서 '전제화 화법'이라고 한다. 계약을 이미 했다고 전제하고 던지는 모든 질문이 이에 해당되는데, 특히 '양자택일법'이 가장 많이 사용되는 전제화 화법이다. 상대가 'No!'라고 답할 수 있는 질문을 하면 거절이 쉽게 나오지만, 양자택일 질문을 던지면 난이도가 낮은 답을 선택할 확률이 높다.

그날 우리는 함께 차를 마셨고, 점심도 먹었고, 연애를 하게 되었으며, 결국 내가 글을 쓰고 있는 이 순간 그녀는 거실에서 두 딸에게 큰 소리로 동화책을 읽어 주고 있다.

세일즈맨은 삶도 더 행복하다

아내는 평소 불만을 쌓아 뒀다가 한계에 달하면 한 번에 폭발하곤 하는 성격인데, 그럴 때면 만나던 남성들이 기분을 풀어 주려고 조금 달래다가 성질부리기가 지속되면 같이 화를 내거나 돌아서 버리곤 했다고 한다. 그런데 세일즈맨인 나는 끝까지 "미안해. 내가 뭘 잘못했는지 몰라도 나 때문에 기분이 안 좋다니 내가 노력할게."라면서 계속 받아 내는 모습을 보고 결혼을 결심했다고 말했다.

세일즈맨으로서 VIP 고객을 만났는데 그 고객이 진상을 부린다고 해도, 내 인생을 좌지우지할 만한 VIP라면 나는 얼굴에 물 한 잔을 끼얹어도 끝까지 웃으면서 응대해 낼 자신이 있다. 다행스럽게도 내 인생 최고의 VIP인 아내는 물 한 방울 뿌리지 않았다.

결혼해서 아이를 낳고 키우다 보면 내 마음처럼 아이가 따라 주지 않는 건 당연한 일이다. 부모들이 처음엔 아이에게 좋은 말로 타이르다가 일정 수준을 넘어서면 버럭 화를 내게 되기도 한다. 윽박지르고 잔뜩 겁을 주기까지 한다. 어느 날 아내가 내게 이런 말을 했다. "당신은 정말 대단한 사람인 거 같아요. 어떻게 애한테 5년 동안 한 번도 화를 안 내고, 생떼를 부려도 내내 웃으면서 말로 설득할 수 있는지 참 굉장하다 싶어요!" 사실 아내가 화낼 때 화를 풀어 주던 것보다는 아이에게 말로 끝까지 응하는 일이 훨씬 쉬웠는데도 나를 대단하다고 치켜세워 준다.

세일즈를 하면서 정말 감사한 것들이 많은데, 그중에서도 하나를 고르라면 정중하게 웃으면서 여러 어려운 상황들에 대응하는 태도가 몸에 익었다는 점이다. 이는 고객을 만나서 성과를 내는 기본이기도 하면서, 가정의 행복을 지키고 아이를 바르고 건강하게 키우는 최고의 선물이라고 믿는다.

2. 자영업자는 세일즈맨인가?

자영업자는 사업가인가, 세일즈맨인가? 음식점을 운영하면 사장님인가, 세일즈맨인가? 헤어 디자이너는 예술가인가, 세일즈맨인가? 변호사, 회계사, 의사 등 자신의 사업장을 운영하는 전문직 종사자는 그 직함만으로 충분할까?

결국 사업의 영업적인 측면을 고려하지 않으면 생존도 성공도 쉽지 않다는 데에는 이견이 없을 것이다. 사업이 성공하기 위해서는 내가 세일즈맨이 되든지 확실한 세일즈맨을 고용하든지 해야 한다. 전문 직종의 사업자들은 전문직의 품위도 떨어지고 전문성에 흠집이라도 날까 봐 '사무장' 혹은 '실장'이라는 사람을 고용해 영업적 성과를 올리기도 한다.

이런 전문직 분야에서 우리는 때로 웃지 못할 일들을 접할 수도 있다. 능력과 영업력이라는 두 가지 요소가 필요하다 보니 영업력이 막강한 사무장이 거꾸로 회계사, 세무사를 고용하기도 하고, 심지어 합법적인지는 모르겠지만 의사를 고용해서 병원을 운영하기도 한다.

전문가들은 너도나도 다 잘 만들고 잘 서비스한다는 광고와 홍보 속에서 더 이상 품질이나 실력을 소비자가 검증하기 힘든 시대에 살고 있다고 이야기한다. 그래서인지 내가 운영하는 '세일즈 교육' 공개 과정에 전문직 종사자들이 자주 수강하러 찾아온다. 분명히 '마케팅 교육'이 아니라 '세일즈 교육'으로 모집하는 과정인데 말이다. 그럼 잠시 내가 교육 현장에서 만난 가게 사장님과 사업가의 차이를 살펴보자.

한 청년이 휴대폰 판매점에서 아르바이트를 시작했다. 그런데 이 휴대폰을 판매하는 사람들은 자신을 '폰팔이'라고 부르며, 그 일을 한다는 자체가 창피하다고 생각할 정도로 별로 알리고 싶지 않은 직업으로 여긴다. 당연히 좋은 인재를 채용하는 일도 여의치 않은 상황이었다. 이 청년은 매장에서 열심히 폰을 팔다 보니 남들보다 좋은 실적을 올리게 되었다. 그래서 아르바이트지만 월급으로 250만 원을 받았다. 괜찮은 직장에 취직한 수준의 돈을 받고 기뻐할 때 같은 업종에서 먼저 일하고 있던 동생이 다가와서 말을 건넸다. "형, 이렇게 아르바이트로 돈 좀 번다고 좋아해? 형 사업을 해야지!"

이때 정신이 번쩍 든 청년은 자신의 매장을 운영하겠다는 목표를 세우고 열정적으로 노력해서 매장 하나를 갖게 되었다. 여기서 중요한 점은 자신이 하고 있는 세일즈가 전문직이며 학습하고 훈련하면 대단한 일을 성취할 수 있다고 믿었다는 사실이다. 매장 한 개를 운영하면서 그는 한 달에 1000~1500만 원을 벌게 되었고, 그런 개장을 여러 개 운영하면 자신도 사업가가 될 수 있다는 생각에 매장을 늘려나가기 시작했다.

이 청년은 같이 일하는 직원들에게 세일즈맨, 사업가로서의 교육과 훈련을 철저히 시킨다는 점이 남들과 달랐다. 매장을 15개로 확대한 그는 한 달에 1억 원이 넘는 수익을 얻게 되었고, 좀 더 다양한 사업으로 확장과 도전을 계속해 나가고 있다.

만일 이 청년이 그냥 폰팔이나 휴대폰 매장 하나 정도 잘 운영하는 사장님으로 만족했다면, 직원을 120명 거느린 사업가로 불리는 일이 가능했을까? 상품과 서비스를 판매할 때는 그 분야의 전문성도 당연히 필요하지만 그 상품과 서비스를 잘 판매하는 세일즈 능력이 뒷받침되어야 하며, 이 세일즈가 사업 성공을 위한 토대이며 가치의 중심에 서 있다는 생각을 가져야 한다.

나는 미래에셋생명에서 컨설턴트로 시작해 지점장이 된 상징적인 성과를 거둔 본보기였다. 지점장이 된 첫 달에 박현주 회장님이 주관하는 전국 지점장 통합 행사가 열렸다. 초임 지점장으로서 수백 명의 선배 지점장들과 자리를 함께했는데, 내 자리는 가장 뒤쪽에 있었다.

회장님이 강연을 위해 입장하시더니 바로 한마디 하시길, "여기 자리 배치는 누가 하신 건가요? 우리가 금융 회사인가요, 금융 영업을 하는 회사인가요? 매일 얼굴 보는 임원들이 다 앞에 앉아 계신데, 영업 현장에서 뛰는 분일수록 앞으로 모시고 예우해야 하는 게 아닐까요?”

이 얘기를 듣자마자 심장의 쿵쾅거림을 멈출 수 없었다. 금융가의 영웅이라고 불리는 박현주 회장님이 우리는 ‘금융 영업을 하는 회사다!’라고 말씀하셨다. 게다가 고객의 돈을 맡아서 관리하는 사람은 건강해야 하고, 주중에는 술을 마셔서 정신을 흘트리지 말아야 하며, 고객 서비스업이니만큼 불쾌한 냄새를 풍기는 담배를 피우지 말아야 한다고 덧붙이셨다. 강렬한 메시지가 깊이 새겨지는 순간이었다.

언젠가 여의도의 모 증권사 요청으로 5년 차 직원들의 세일즈 교육을 이틀 동안 16시간 진행했던 적이 있다. 몇 시간이 지나고 쉬는 시간에 수강생 한 명이 다가오더니 자신은 입사 후 지금까지 금융 전문가라고 생각하고 그렇게 살아왔는데, 그날에서야 금융 세일즈맨이라는 사실을 깨달았다고 말했다. 교육이 끝나고 각 지점으로 돌아간 금융 세일즈맨의 모습에 깜짝 놀라 지점장들이 장문의 문자를 내게 보내오기도 했다. 갑자기 직원들의 눈빛이 달라졌다는 내용이었다. 그리고 성과가 뒤따르기 시작했다.

우리는 자신의 정체성을 어떻게 정의하느냐에 따라서 생각과 행동이 바뀐다. 적어도 내가 하는 일에서 제대로 사업가로 성장하고자 한다면, 자신이 세일즈맨이라는 생각을 갖는 것이 내 영업장을 넘어서 사업가답게 기업으로 발전시키는 시작점이 아닐까 싶다.

3. 나는 왜 일하는가?

논리적 추론을 할 때 우리는 '왜(Why)?'라는 질문을 계속하면서 그 답을 찾아가기도 한다. '왜 일하는가?'라는 질문에 잇달아 '왜?'라고 물어보면 많은 사람이 돈을 벌어야 한다든가 먹고 살아야 해서라고 대답하곤 한다. 그럼 왜 돈을 벌어야 하냐고 물으면 대부분 가족의 행복을 위해서라고 답한다. 또 왜 가족과 행복하길 원하느냐고 물으면 그것이 자신을 편안하고 기쁘게 만들기 때문이라고 말한다. 결국 우리가 하는 일에 계속 '왜?'라는 질문을 던지면, 거의 누구나 자기가 처한 상황에서 행복하고 나아지려고 최선을 다해서 일하는 것이라는 비슷한 결론에 도달하게 된다.

내가 자영업이나 영업을 하는 사람들에게 왜 행복하지 않으냐고 질문하면, 대개 '실적 압박' 때문이라고 말하곤 한다. 성과가 잘 나지 않아서 스트레스를 받고 행복하지 못하다는 것이다. 닐 도쉬 Neel Doshi 와 린지 맥그리거 Lindsay McGregor 공저의 『무엇이 성과를 이끄는가?』라는 조직 문화를 다룬 책에서 탁월한 성과를 내는 조직은 세 가지의 강력한 동기 요소가 있는데, 그중에서 첫 번째는 바로 '즐거움'이고, 두 번째는 '일의 의미(보람)', 세 번째는 '일의 성장'이라고 한다.

첫 번째 동기 요소인 '즐거움'은 가족들과 재미있고 행복하게 보낸다는 것이 아니라, '일 자체에서 느끼는 재미와 행복'을 가리킨다. 내가 하는 일이 재미있고 행복하다고 느낄 때 가장 성과가 탁월하게 나타난다는 뜻이다. 자영업자 대부분이 실적 압박으로 행복하지 않은데, 일 자체에서 행복과 재미를 느껴야 뛰어난 성과를 낸다는 주장은 받아들이기 힘들다고 여겨질 수도 있다.

내가 존경하는 시중 은행의 지점장님 한 분이 여신(대출) 챔피언으로 승승장구하던 때에 인천의 실적 부진 지점을 맡게 되었다. 새로 일을 시작한 지점에서 처음 한 일은 직원들과 가진 1:1 면담이었다. 직원들에게 "지금 행복합니까?"라고 물었더니 모두 행복하지 않다고 답했다고 한다. 우리가 일하는 이유가 분명히 행복하기 위해서인데, 다들 행복하지 않다니 심각한 일이 아닐 수 없었다. 그래서 지점장은 행원들에게 "행복할 수 있는 직업을 찾아가는 것이 어떨까요?"라고 질문했다. 그들은 어렵게 입사한 은행인데 이게 무슨 소리인가 싶었을 것이다.

그때 "왜 행복하지 않으세요?"라고 바꿔 물었더니, 다들 '실적 압박' 때문이라고 대답했다. 행복하길 원하는데 행복하지 않은 이유는 '실적 압박'이고, 행복해질 다른 직업을 찾아가지는 않겠다고 하니 어떻게 해야 할까? '실적 압박'을 없애는 것이 해결 방법인데, 실적이 나지 않으면 회사가 생존하지 못할 테니 행복을 찾아서가 아니라 어쩔 수 없이 다른 일자리를 알아봐야 할 상황이 벌어질 것이 자명하다.

그러니 남은 방법은 단 한 가지, 실적을 올리는 것뿐! 그래서 지점장은 직원들에게 행복해지기 위해서는 실적 압박을 벗어나야 하며, 실적 압박에서 벗어나는 길은 실적을 개선하는 것이라는 공감을 끌어냈다. 그런 다음 바로 종이를 한 장씩 나눠 주었다. 지난 6개월 동안 실적을 위해서 어떤 일을 했는지 생각나는 대로 빠짐없이 적어 보라고 요청했다.

결과는 어땠을까? 행복해지는 유일한 방법이 '실적을 내는 것'이라는 데 동의는 했지만, 실제로 지난 반년간 그들은 실적을 올리기 위해서 별다른 노력을 기울이지 않았다. 아무런 애를 쓰지 않았으니 실적이 났을 리 없고, 실적이 보잘것없으니 행복하지 못한 것은 당연지사였다.

지점장은 월 대출 실적 10억이던 부진 지점을 월 100억의 실적을 올리는 지점으로 탈바꿈하겠다고 공언했다. 직원들은 너무 무리한 숫자 같다고 반신반의했지만, 지점장이 솔선수범해 실적을 내기 시작하자 동기 부여가 되어 불과 6개월 만에 매달 100~120억 원의 대출 실적을 올리는 지점으로 변모했다.

자영업을 하면서 힘든 점은 나를 이끌어 주는 이런 훌륭한 리더가 없다는 사실이고, 그 리더 역할이 내 몫이라는 데에 있다. 자기 자신에게 이렇게 물어보면 어떨까?

실적을 올리기 위해 자신에게 던지는 질문

- 지금 행복하세요?
- 더 행복해질 수 있는 직업을 찾아가면 어떨까요?
- 혹시 행복하지 않은가요? 그렇다면 왜 행복하지 않나요?
- 행복해지려면 실적 압박에서 벗어나야 하나요?
- 지난 6개월 동안 실적을 올리기 위해서 했던 일을 생각나는 대로 종이에 전부 적어 볼까요?
- 행복해지기 위해서 지금부터 실적을 올려 보면 어떨까요?

우리가 일하는 이유는 나와 가족의 행복을 위해서이고, 그것은 나의 자아실현과 가치 실현으로 이어질 것이다. 뛰어난 영업 성과를 달성하는 것이 내 사업의 CEO로서 우리가 당연히 해결해야 할 핵심 과제이며, 행복으로 가는 지름길이다. 이제 일 자체가 즐겁고 행복할 수 있다고 믿으며 신나게 더블 세일즈를 계획하고 실행해 보자. 내가 먼저 일하면서 행복해져야 고객도 행복한 나를 선택할 것이다.

4. 고객은 '왜' 나와 거래해야 하는가?

항상 함께 일하는 직원들에게 이야기하던 것이 있다. A4 용지 한 장을 꺼내서 '왜'로 시작하는 질문을 적고, 그 답을 한 장 가득 채워 보자는 것이다. 그 '왜'에는 다음의 세 가지 질문이 있다.

> · 왜 우리 회사 우리 매장을 이용해야 하는가?
> · 왜 나와 거래해야 하는가?
> · 왜 우리 상품과 서비스를 이용해야 하는가?

이 질문에 A4 용지 한 장 가득 답하는 연습은 무엇보다 영업 성과를 내는 데에 핵심 요소가 된다고 생각한다. 세일즈는 상품이나 서비스가 좋아서만 팔리는 것이 아니고, 세일즈맨의 확신과 신념의 깊이만큼 팔린다는 이야기가 있다. 확신과 신념의 깊이가 얕을 때는 바람이 세게 불면 쓰러지기 마련이지만, 반대로 확신과 신념의 깊이가 깊다면 마치

풍력 발전기처럼 바람이 세게 불수록 더 많은 전기를 만들어 낼 것이다. 남들이 어렵다고 하소연하는 시기에도 더 많은 성과를 내게 만드는 원동력이 바로 이 확신과 신념이다.

이것을 강력하게 구축하는 것이 '왜'라는 질문에 답하는 연습이다. 그런 연습을 하다 보면 왜 우리 회사, 나, 우리 상품이어야 하는지를 자꾸 정리하게 되고, 그 이유가 나 자신은 물론 직원 모두의 마음속에 강력한 확신과 신념을 키워 주는 계기가 되는 것이다. 지금 당장 A4 용지 한 장을 꺼내서 적어 보자! 왜 고객은 우리 회사나 매장을 이용해야 하는가? 왜 나와 거래해야 하는가? 왜 우리 상품과 서비스를 이용해야 하는가?

예를 들어서 에스테틱 숍(피부 관리 숍)이라고 가정하고 '왜'라는 질문에 답해 보자.

우리 매장은 타 매장들보다 서비스 가격이 좀 더 비싸다. 하지만 고객을 생각하는 진심은 그 가격을 뛰어넘어 이용해 본 고객은 오히려 받은 서비스 대비 가격이 저렴하다고 평한다. 가격만으로 고객을 유인하기보다는 진정성을 가지고 꾸준하고 성실하게 고객 만족을 넘어서 고객 감동을 실현한다.

고객의 만족도를 높이기 위해서 우리는 매주 발전 회의를 진행하고, 매일 더욱 완성도 높은 서비스를 제공하기 위해서 전 직원이 노력하고 있고, 고객에게 한 번 서비스하면 평생 고객으로 여기고, 어떤 경우에도 고객의 기대를 저버리지 않는다는 각오로 전 직원이 힘쓰고 있다.

'고객의 소리'라는 제도를 통해서 매장을 방문한 고객이 편하게 의견을 제안할 수 있고, 그 의견을 매주 회의 때 검토한 후 개선안으로 채택해 고객 서비스 향상에 최선을 다하고 있다.

나는 우리 매장의 총책임자로서 고객이 들어서는 순간부터 나가는 순간까지 모든 동선을 확인해서 불편함은 없는지 살피고 개선하고 있으며, 고객을 누구보다 먼저 웃는 얼굴로 맞이하고 고객과 가족처럼 눈을 마주치고 이야기 나누려고 노력한다. 고객의 사소한 말도 놓치지 않으려고 늘 메모하고, 고객에게 빠른 피드백을 전달하고 있다.

직원들이 최고의 내부 고객이라는 믿음을 갖고 친절과 정성으로 그들을 대하고 있고, 직원들이 밝게 웃으며 일할 수 있도록 나부터 밝게 웃으며 먼저 인사를 나눈다. 직원들이 어렵거나 불편하지 않은지 항상 확인하고, 그들이 고객과 더 행복하게 마주하고 일할 수 있도록 모든 상황과 환경을 점검하고 최선을 다해 지원한다.

직원의 만족이 곧 고객의 만족으로 이어지고 직원의 장기근속 역시 고객 만족으로 이어지기 때문에 고객과 직원이 동시에 흡족할 수 있도록 끊임없이 애쓰고, 직원들 역시 고객을 만족시키려고 힘쓰는 문화를 만들어 내고 있다.

나와 직원들은 전문성과 자기 발전을 위해서 분기마다 한 번은 외부 학습 기회를 마련해 배우고 있으며, 6개월마다 전문적인 워크숍을 준비해서 어떻게 하면 더 전문성을 높일 수 있을지 연구하고 있다. 이런 활동들은 실력이자 추억이 되어서 고객에게 더 오래 좋은 서비스를 제공할 수 있도록 돕는 중심이 되고 있다.

우리 제품과 서비스는 고가의 제품들과 동일하거나 그 이상의 수준을 유지하고 있고, 업계 전문가들이 인정하는 만큼 스스로 자부심이 높다.

그런 질 좋은 상품을 최선을 다해서 고객 감동 서비스로 전달하고 있으며, 무엇보다 고객들이 실제로 경험해 보면 인정하고 입소문을 내주는 수준이라는 점에서 늘 기쁘게 일하고 있다.

우리 제품이 우수하다는 말을 들어도 우리는 항상 스스로 의구심을 갖고 검증과 평가를 게을리하지 않고, 더 좋은 타사 제품이나 서비스가 있다면 연구하거나 필요할 때는 과감히 도입해서라도 고객 만족도를 위해서 최선의 노력을 기울인다.

내 가족이 사용해도 좋은지를 먼저 염두에 두고 고객에게 제품을 권하는 만큼, 제품에 대한 확신과 신념을 갖고 일한다는 보람도 느낀다.

이상 간략히 적어 봤는데 내 사업, 내 매장, 나와 직원들, 그리고 제공하는 제품과 서비스에 관해서 적어도 1년에 한 번은 이런 식으로 작성해 보자. 매번 작성할 때마다 내용이 달라지고 그 상황과 트렌드에 맞게 재구성될 수 있다. 가장 중요한 것은 이런 내용을 써 보면서 '자기 확신'과 '자기 암시' 효과를 누릴 수 있다는 사실이다.

한 걸음 더 나아가 이런 내용을 Chapter 3의 '보이게 일하라'는 원칙에 따라서 고객에게 보여 주거나 자연스럽게 매장 내에 노출할 수 있다면, 고객은 그 어떤 마케팅보다 진심을 접하게 되어 우리에게 확신과 신념을 우리만큼 가질 수 있고, 이는 고객이 우리의 홍보 대사로 활약하는 일거양득의 효과를 거두는 결과로 이어질 수 있다.

5. 예능 프로그램 '시티헌터'의 최종 우승자는 누구였을까?

세일즈를 본격적으로 시작했을 무렵, 케이블 방송에서 '시티헌터'라는 프로그램이 인기를 끌고 있었다. 프로그램 참가자는 남성이고 '선수'라고 칭했다. 진행 방식은 선수가 길거리에서 여성을 '헌팅'하는데, 가장 많은 여성의 전화번호를 받아 내면 시즌 우승자가 되는 구성이었다. 세일즈를 공부하면서 세일즈가 이성의 마음을 사로잡는 것과 비슷하다고 생각하곤 했는데, 이 프로그램을 보면서 나는 세일즈를 학습하고 있었다는 사실을 깨달았다.

프로그램 한 편당 출전 선수는 보통 두세 명이었다. 꽤 인기가 있었는지 시즌 1이 끝나고 시즌 2도 진행되어서 내가 본 것만 70여 편이 되는 것 같다. 참가한 선수들은 매우 다양한 설정을 준비했었는데, 그 중에서 기억나는 몇 가지를 소개해 보겠다.

핫도그를 한입 베어 물고 길을 가다가 마음에 드는 여성을 발견하면 부딪쳐서 떨어뜨리는 작전을 준비한 참가자. 부딪쳐 핫도그를 떨어뜨리면 상대방은 "어머, 미안해요!"라고 사과한다. 그러면 선수는 무척 안타까워하면서 "마지막 남은 거 산 건데…"라고 말끝을 흐린다. 더욱 당혹스러운 표정으로 여성은 "어떻게 해요?"라며 핫도그 값을 치르겠다고 말한다. 선수는 그때 "지금은 그렇고요. 제가 핫도그 먹고 싶을 때 전화하면 사 주세요. 그러니까 전화번호 좀!"이라는 멘트를 던진다.

결과는 어떻게 되었을까? 사람들은 미안한 마음을 가지면 쉽게 상대의 요구를 거절하지 못한다. 그래서인지 썩 내키지는 않아도 전화번호를 알려 주었다. 한 여성이 "초면에 전화번호를 달라는 건 좀…"이라고 곤란해 하자, 선수는 "그럼 처음 만나면 전화번호 안 주고, 두 번 만나면 줄 건가요? 그런 건 아니잖아요!"라고 반박하며 번호를 요구하기도 했다. 세일즈에서 말하는 일명 '거절 처리'를 한 것이다.

어떤 선수는 옷 색깔이 똑같이 노란색이라면서 공감대 형성으로 접근을 시작했고, 어떤 이는 뮤지컬 '지킬 앤 하이드 Jekyll and Hyde'의 대표곡인 '지금 이 순간'을 불러 주면서 여성의 마음을 사로잡았다. 이 프로그램에서 성과 측정은 전화번호를 많이 받아 내는 것에 달려 있었다고 했다. 과연 누가 어떻게 해서 시즌의 승자가 되었을까?

승자는 이런 방법을 썼다. 우선 대상 여성(가망 고객)이 가장 많이 있을 법한 홍대 앞 놀이터 옆길을 선택했다. 하루 종일 수많은 여성이 지나는 골목이었다. 그리고 설정은 간단했다, 아니 아예 없었다. 그냥 다가가서 정중히 인사한 후에 말을 건넸다. "안녕하세요? 정말 마음에 들어서 그러는데요. 전화번호 좀 부탁드려요!"

이렇게 말을 거는 데에 걸리는 시간은 불과 10초도 안 됐다. 핫도그를 다시 준비하거나 노래를 불러 주는 시간도 필요 없었다. 참가자 대부분이 여성 한 명에게 접근할 때 물색과 시도까지 평균 10분 이상이 걸렸다. 그런데 우승자는 평범한 시도를 1~2분 간격으로 계속했다. 당연히 시간당 시도 횟수가 다른 출연자들보다 압도적으로 많았다.

경쟁자들은 한 명의 전화번호를 받고 나면 조용한 곳에 와서 인터뷰도 하고 숨 고르기를 하면서 쉬었다. 한 시간 반 정도의 촬영 후 미션을 종료했으므로 많아야 예닐곱 명의 전화번호를 받아 내는 수준이었다. 반면에 우승자는 달랐다. 1~2분마다 다시 시도하고, 화장실도 한 번 가지 않고 내내 여성에게 말을 걸었다. 압도적인 지속성과 효율성으로 그는 다른 선수들과는 비교도 되지 않는 수치로 우승을 거머쥐었다.

이 프로그램을 본 기억이 오래되어서 수치나 사실이 정확하지 않을 수는 있지만, 영업할 때 어떻게 더 잘할까 고민만 하고 시도는 뒷전이라면 결과가 좋을 수 없다는 것은 확실하다. 시도할 때 한 번 하고 쉬고, 두 번 하고 쉬지 말고 정말 미친 듯이 달려들어야 한다는 점을 분명히 기억하자. 남들처럼 해서는 탁월한 성과가 나올 수 없다. 효과적인 방법과 치열한 노력으로 도전해야만 가능한 것이다.

자영업이란 일을 마친 후에도 늘 일에 대한 생각이 머리를 떠나지 않는 퇴근이 없는 직업이다. 샤워할 때도 일이 생각나고, 여행을 가도 일 생각이 맴돌 것이다. 나는 책을 읽을 때마다 내 사업에 대한 아이디어가 떠올라 온전히 책 한 권 읽기가 힘든 적이 많다. 이처럼 늘 잘하기 위한 생각들이 머릿속을 떠돌고 있을 것이다. 이 머릿속의 생각들을 하나씩 용기 내어, 그리고 열정적으로 시도해 사업의 성과를 만드는 것이 중요하다.

시도가 실패로 끝나더라도 치명적이지 않다면 그것을 통해서 더 새롭고 유익한 아이디어와 경험을 얻을 수 있다. 시도를 많이 하면 할수록 그 누구보다도 더 빨리 배우고 숙달되어서 실력이 향상된다. 사업에서 경험만큼 값진 훈련이 또 어디 있겠는가? 이제 자리를 박차고 일어나서 시도해 보자! 더 좋은 전략을 세우는 것보다 한 번의 실행이 더 만족스러운 결과를 가져다줄 것이다.

6. 세일즈는 재미있다

영업 성과 향상이라는 말은 무척이나 부담스러운 단어처럼 들린다. 그런데 이 말을 '재미와 행복의 경험'으로 대신하면 어떨까? 요즘은 고객에게 재미있고 행복한 경험을 맛보게 하면 그것이 성과로 이어지는 시대이기 때문에 '재미와 행복'이 곧 '영업 성과'라고 볼 수 있다. 이제 생각을 조금 바꿔서 '어떻게 영업 성과를 올리지?'가 아니라 '어떻게 재미있고 행복한 경험을 맛보게 하지?'라는 자세로 세일즈에 임해 보자. 더욱 중요한 것은 어떻게 고객을 재미있고 행복하게 하느냐와 더불어서 어떻게 일하는 자신이 재미있고 행복해질 방법을 찾느냐가 일맥상통한다는 점이다. 고객을 즐겁게 해 주려는데 내가 우울하고 힘들다면 그것이 가능할까? 고객을 즐겁고 행복하게 해 주려다 보면 내가 먼저 즐겁고 행복해져야 하므로 이는 성과를 올리는 데에 무척 유익한 생각이 아닐 수 없다.

언젠가 연말이 다가올 때 '러브 액츄얼리 Love Actually'라는 영화가 흥행 몰이를 했었다. 따뜻한 음악과 함께 남자 주인공이 여자 주인공 집에 찾아가 초인종을 누르자 문이 열린다. 그러자 남자는 커다란 종이에 적은 자신의 글을 한 장씩 넘긴다. 그 글을 보면서 여자는 웃기도 하고 감동받기도 한다. 영화를 보는 이들 모두 그 장면에서 재미와 감동을 느꼈다. 세일즈맨인 나는 이 순간 '바로 이거야!'라며 글자 보드를 준비해야겠다고 생각했다. 그런데 글자 보드는 관리가 힘들 것 같아서 스케치북을 구입해 큰 글씨로 적었다. 이제 고객도 우리도 즐겁고 행복해질 준비가 끝난 것이다.

학교로 개척 영업을 나가는 팀이 그 스케치북을 가지고 갔다. 교실 안에 있는 선생님을 확인하고는 유리창을 두드렸다. 선생님이 유리창을 쳐다보자 스케치북의 메시지가 한 장씩 넘어갔다. 음악을 틀지 못한 아쉬움은 있었지만, 러브 액츄얼리를 본 선생님들 대부분은 그 순간 웃음이 터졌다. 재미있게 글을 본 후 교실 밖에 나와서 밝은 표정으로 우리 팀에게 잠시 들어오라고 권했다. 살면서 누군가 나를 즐겁게 해 주거나 웃게 만들어 주면 호감을 갖게 된다. 선생님들은 따뜻한 마음으로 노력을 알아주듯 우리를 반갑게 맞이해 주었다.

이 세일즈 방법을 시도하면서 고객이 행복하고 즐거울 것이라는 기대감도 컸지만, 한편 이를 준비하는 동안 우리는 어땠을까? 스케치북을 사고, 메시지를 그 위에 적고, 스케치북 넘기는 연습을 하면서 정말 많이 웃었다. 현장에서 이 방법을 실행할 생각에 계속 웃음이 났을 뿐만 아니라 호의적인 고객들 반응 덕분에 더없이 기뻤다. 매우 즐겁고 행복한 영업 활동을 전개한 것이다. 고객을 재미있고 행복하게 해 주다 보면 먼저 우리가 재미있고 행복한 경험을 하게 된다. 전문가들은 일의 성과를 올리는 가장 중요한 요소가 '일 자체의 즐거움'이라고 말한다. 세일즈는 이런 재미있는 아이디어와 활동을 통해서 그것을 만끽할 수 있기 때문에 '일 자체의 즐거움'에서 비롯된 성과를 올리는 뿌듯함이 존재한다.

세일즈를 하면서 기억에 남은 재미있는 활동들을 몇 가지 떠올려 보고자 한다. 늦은 나이에 결혼한 나는 프러포즈를 극장에서 했다. 수요일 아침 조조 관람이었는데, 우리 회사가 상영관을 통째로 빌려 단체 관람을 하는 날이었다. 우연히 여자 친구가 그날 월차를 내서 쉬는 날이었기에 고객 초청 행사니까 영화를 보러 오라고 초대했다. 영화관에 알아보니 상영관을 통째로 빌리는 것은 영화표 값만 내면 되고, 영화 시작 전에 광고 대신 15분 정도 상영관을 빌린 사람이 영상을 틀든 앞에서 사회를 보든 마음대로 쓸 수 있다고 했다.

드디어 기회는 왔다. 나는 그 전날 밤새 프러포즈 영상을 만들어 준비했고, 여자 친구와 상영관 한가운데에 자리를 잡았다. 이날 회사 사람들도 그냥 영화를 보러 왔을 뿐 프러포즈 계획은 모르고 있었다. 영화관에 불이 꺼지고 광고가 나올 시간에 광고가 아닌 프러포즈 영상이 스크린에 펼쳐졌다. 두 사람이 사귄 날들의 추억, 함께하지 못할 뻔한 어려운 상황들과 재도전 등이 담긴 우리 러브 스토리에 내 여자 친구는 눈물을 흘렸다.

그런데 신기하게도 이 영상을 보던 다른 사람들까지 눈물을 흘리고 있는 게 아닌가. 왜 눈물을 흘리느냐고 물었더니 '감동적이다' '나는 이렇게 못 해 줬는데' '문득 지나온 삶들이 떠올라서' 등 이유는 다양했다. 이런 감동적인 순간을 경험하게 해 줘서 고맙다고 인사하는 사람들도 많았다. 그러고 나서 역시 세일즈맨들답게 '고객을 모셔서 이렇게 감동을 주는 고객 프러포즈 이벤트를 준비해야겠다!'고 입을 모았다.

이날 이벤트 예산은 삼성역에 위치한 메가박스 104석 상영관의 조조할인 티켓을 모두 구입하면 되었으니까, 6000원씩 104석으로 계산하면 약 63만 원 정도였던 것으로 기억한다. 이곳에 고객 한 분을 모시는 게 아니라 고객 초청 행사로 상영관을 가득 채운 후, 그중에서 특별히 감동을 주고 싶은 고객과의 추억이나 고객에게 이야기하는 내용이 담긴 영상이 스크린에 나오면 누구에게나 잊지 못할 이벤트가 될 수 있다. 세일즈가 재미있고 행복해지는 순간인 것이다.

고객들과 당일치기 버스 여행을 떠나고, 고객에게 퀴즈를 내서 선물을 주고, 단체 문자에 선착순 회신 30명에게 커피 쿠폰을 보낸다. 고객의 생일에는 전화를 걸어 축하 노래를 불러 주고, 고객이 출근하는 길에 함께 찍은 사진으로 만든 현수막을 내걸어서 깜짝 선물을 주기도 한다. 이런저런 아이디어로 고객을 행복하고 즐겁게 해 주려는 과정에서 내가 먼저 행복하고 즐거워진다. 그런 것이 세일즈의 재미와 행복이 아닐까?

이와 관련된 구체적인 전략과 실행 방안들은 뒤에서 다시 얘기하겠지만, 딱 한 가지만 기억했으면 좋겠다. '세일즈는 재미있다!'는 사실. 우리는 재미와 행복이 성과로 이어지는 감사한 시절에 영업을 하고 있다.

이런저런 아이디어로 고객을 행복하고 즐겁게
해 주려는 과정에서 내가 먼저 행복하고 즐거워진다.
그런 것이 세일즈의 재미와 행복이 아닐까?

■ 자신을 자신이 경영하는 1인 기업의 사장이라고 생각하라

자신을 자기가 경영하는 1인 기업의 사장이라고 보게 되면 한 인간으로서 자신이나 본인에게 일어나는 모든 일에 대해서 자연스럽게 책임을 지게 된다. 자신의 마음속에서 자기 자신을 사장으로 임명함으로써 스스로 삶에 대해서 완전한 책임을 지게 되는 것이다. 자기에게 일어나는 모든 일에 대해서 완전하게 책임을 받아들이게 되면, 변명을 하거나 남의 탓을 하지 않게 된다. 우리 자신이 우리 인생의 책임자이고 최종 결정권자다.

사실 1인 기업의 사장이 되는 것은 누구에게나 필수적이며 자신에게 선택권이 없는 일이다. 우리가 삶에서 저지르는 최대의 실수는 자기 자신을 위해서가 아니라 다른 사람을 위해서 일한다고 생각하는 것이다.

더 많은 돈을 벌고 싶은가? 그렇다면 가까운 거울 앞에 서서 거기에 비치는 자신의 '상사'와 협상하면 된다. 거울이 비추는 사람이 바로 우리가 얼마나 잘 해낼 것인지, 급여를 얼마나 받을지 결정하는 사람이기 때문이다.

지금부터 자신에게 일어나는 모든 일에 대해서 100% 책임지는 일도, 현재 상황이 마음에 들지 않으면 그것을 어떤 식으로든 변화시키거나 개선하는 일도 자기 몫이 되어야 한다. 자신에 대해서 100% 책임을 받아들이고, 자기를 자신이 소유한 1인 기업의 사장이라고 인식하면 생각과 감정 및 미래의 주인이 될 수 있다. 자신의 삶을 창조하는 주체가 되고, 수동적이 아니라 주도적인 사람이 된다. 주어진 상황의 포로가 되는 것이 아니라 적극적으로 자신이 원하는 인생을 만들어 가게 된다.

브라이언 트레이시 『마이셀프』 중에서

DOUBLE SALES STRATEGY

더블 세일즈 전략

Chapter **2**

더블 세일즈 전략

1. 4차 산업혁명 시대에 자영업자가 생존하려면?

어느덧 4차 산업혁명이 시작되면서 우리는 그 어느 때보다 격변하는 시기를 살고 있다. 상당수가 자신의 직업이 사라질지도 모른다는 위기감마저 느끼고 있다. 그런 측면에서 자영업은 나만의 생즌 방식과 성공 토대를 만들어 낼 수만 있다면 사라지는 직업이 아니라 평생 직업이 될 수도 있겠다는 생각에 희망이 솟아난다.

자영업자로서 어떻게 세일즈와 마케팅을 잘할지 이야기할 때, 종종 세일즈맨이나 사람이 하는 서비스 영역은 향후 다 사라지는 것이 아니냐는 질문을 받는다. 잠시 생각해 볼 문제가 아닌가 싶다. 김난도 교수가 이끄는 서울대 소비트렌드 분석센터에서 발표한 『트렌드 코리아 2017』에는 '영업의 시대가 온다'라는 글이 실려 있다. 이것은 최첨단 기술 시대에 영업하는 사람은 더 이상 필요 없지 않을까 생각하기 쉽지만, 오히려 모든 기술과 품질이 최상의 상태가 되면서 잘 만들기보다는 판매하는 것이 더 어려워진다는 사실을 말하고 있다.

소셜 커머스의 효시라고 할 그루폰 Groupon은 직원 수의 45% 이상이 영업 인력이며, IT 업계의 대표 기업인 구글 Google 역시 50% 이상이 영업 사원이고, 페이스북 Facebook은 회사에 매출을 올려 주는 대부분이 광고 영업을 담당하는 사람들이라는 점을 강조한다. 즉 기술력으로 모든 것을 대체하지만 실제로 고객이 중요한 결정을 내리도록 할 때는 사람이 관여한 '사람 세일즈'에서 성과를 낸다는 뜻이다. 결국 고객 접점에서 중요한 구매 결정을 하게 만드는 것은 여전히 '사람'이라는 요소가 핵심 역할을 맡고 있다.

관점을 조금 바꿔서, 'VIP 서비스' 면에서는 잘 만들어진 앱(애플리케이션 Application)이나 IT 서비스로 감동을 주기란 쉽지 않을 것이다. 사람이 고객을 마주한 채 친절하고 감성적인 서비스를 극진히 제공해야만 'VIP로서 충분히 대우받고 있구나.'라고 생각한다. 4차 산업혁명 시대에도 모든 일에서 '사람 서비스'의 중요성이 여전히 큰 비중을 차지한다는 사실에 유의해야 한다.

이런 변화의 시기에 때맞춰 세계적인 강연회인 TED에서 엄청난 조회 수를 기록한 칼럼니스트 해나 로진 Hanna Rosin 이야기를 해 보려고 한다. 한국에서도 출판된 그녀의 저서명이자 강연 주제는 '남자의 종말'이다. 미국에서 이미 남자의 종말이 시작됐다는 말인데, 다양한 사례를 통해 주장을 뒷받침했기 때문에 많은 사람의 공감을 얻었다. 미국에서는 두 명의 남성이 대학 학위를 받을 때 세 명의 여성이 학위를 받고 있으며, 각종 고소득 고학력 전문직에도 여성이 점점 늘어나고 있고, 불임 클리닉에서 상담하는 부부들의 75%가 여자아이를 낳길 원한다고 한다. 또한, 새롭게 생겨나는 일자리는 대부분 여성의 사회 활동을 위해 가사 노동을 대체하는 직업군이라고 말한다.

그러면 이를 우리 사업과 세일즈라는 측면에서 한번 생각해 보자. 과연 무엇이 남자에게 종말을 고하게 하고, 여성은 점점 성장하게 만드는 것일까? 이 시대를 사는 남자가 잘하지 못하고, 여자가 월등히 우수한 영역은 무엇일까? 도대체 이 시대가 갖는 특징이 무엇이기에?

4차 산업혁명 시대의 두 가지 특징	
초 인공 지능	초 연결성
· 모든 것이 인공 지능으로 대체되는 세상이 된다. · 각종 품질과 서비스는 일정 수준을 넘어서 전부 저절로 기능하게 된다.	· 모든 것이 빛의 속도로 연결되어 필요한 정보와 서비스를 쉽게 얻을 수 있다. · 무엇을 하든 전 세계로 순식간에 퍼져 나간다.

4차 산업혁명의 화두를 두 가지로 압축하면 '초 인공 지능'과 '초 연결성'이라고 할 수 있다. 차차 모든 것이 인공 지능으로 대체되는 세상이 될 것이며, 이는 곧 각종 품질과 서비스도 일정 수준을 넘어서 더 이상

신경 쓰지 않아도 전부 저절로 기능하게 될 세상을 뜻한다.

이미 우리는 어떤 상품을 구입할 때 본원적 속성인 기능이나 품질을 깊이 살피지 않는다. 정수기를 구입하면서 물이 잘 나오는지, 튼튼한지 등을 분석하기보다는 우리 집 인테리어와 잘 맞는지, 내가 선호하는 디자인 감성인지를 따진다. 심지어 수천만 원에 달하는 자동차도 디자인이 구매 결정 요소에서 가장 중요한 포인트라고 알려진 지 오래다.

앞서 『트렌드 코리아 2017』에서도 언급했듯이 이제는 품질은 기본이고, 고객의 감성을 자극하고 마음을 사로잡을 수 있어야 한다. 기존의 경쟁 요소였던 특성들은 '초 인공 지능' 시대에는 대부분 따로 주의를 기울일 필요도 없이 기본 이상이 될 것이기 때문이다. 여기에 바로 '남자의 종말'이 관련된다고 여겨진다. 기능과 기술에 매달려 열심히 살아온 남성들은 이제 잘 만드는 것이 중요하지 않고, 잘 파는 것이 중요한 시대에 접어들었다는 사실을 주목해야 한다.

매장에서 물건을 구매할 때 소비자들이 품질은 당연한 것이라고 생각하기 때문에 만나면 기분 좋고, 대화를 나누며 내 마음을 움직여 줄 영업 사원을 선택하게 되는데, 이때 '공감'과 '감성'이라는 측면에서 남성은 여성의 경쟁 상대가 되지 않는 것이다. 남성이 여성이 될 수는 없겠지만 적어도 생존을 위해서 변해야 한다면, 여성의 감성과 공감 능력을 쫓아서 진화해야 할 것이다.

4차 산업혁명 시대의 또 다른 특징은 '초 연결성'인데, 모든 것이 빛의 속도로 연결되어 있어서 필요한 정보와 서비스를 쉽게 얻을 수 있을 뿐만 아니라, 우리가 무엇을 하든지 그것이 전 세계로 순식간에 퍼져 나가는 시대가 되었다. 자영업을 한다면 이 점에도 주목해야 한다. 고객은 우리가 어떻게 자신에게 감동과 감성으로 서비스할지 기대하고 있다. 게다가 고객을 대할 때는 우리를 전 세계로 알려 줄 '초 연결성'을 통해 어떻게 알려지고 싶은지를 염두에 두어야 한다.

아무쪼록 남자의 종말처럼 자영업자의 종말을 맞이하지 않으려면, 한층 더 '감성'과 '공감'의 서비스를 마음속에 새기면서 고객이 우리를 알리고 싶어 할 매력을 찾아내야 한다. 앞으로 이런 점에 포커스를 맞춰 자신의 사업 분야에서 아이디어를 모아 보길 바란다.

2. 요리사는 레시피, 자영업자는 매뉴얼

요리사는 자신만의 감과 손맛으로 요리를 만들 수 있다. 그편이 더 맛있고 음식의 매력을 더할 수 있다. 그러나 제자를 양성하고, 직원을 늘리고, 내 요리를 사업으로 확장하려면 맛을 내는 과정의 표준화와 어떤 재료를 얼마나 사용할지에 관한 정량화가 필요하다. 그래야 음식점을 여러 개 운영할 수 있고, 프랜차이즈 사업도 전개할 수 있다.

비단 프랜차이즈 사업화뿐만 아니라 나만의 사업에서도 매뉴얼화 작업은 무척 중요하다. 내가 1인 기업을 운영한다면, 모든 것이 내 머릿속에 있으니 매뉴얼 같은 것은 필요 없다고 말할지 모르겠다. 그러나 1인 기업도 '내 몸 리스크'가 발생할 수 있다. 만일 내가 오늘 교통

사고를 당해서 6개월간 병원 신세를 져야 한다면 어떻게 할 것인가? 내가 없어도 사업이 정상적으로 돌아갈 수 있을까? 이런 경우를 고려해서 평소에 매뉴얼과 체계를 갖춰 두길 강력하게 권한다.

내가 다른 사람들보다 세일즈와 세일즈 매니지먼트에서 좀 더 빼어난 성과를 낼 수 있었던 요인을 꼽으라면 여러 가지가 있겠지만, 그중에서 단연 '매뉴얼화'를 들고 싶다. 처음부터 대단한 매뉴얼을 만들겠다고 생각하지는 않았다. 그저 매일 하는 일들을 조직적으로 정리하고 중요한 사항을 기록해 두고 싶었고, 새로 들어오는 직원에게 더욱 친절하고 체계적으로 업무를 알려 주고 싶어서 매뉴얼화 작업이라는 것을 시도해 보았다. 그런데 이것이 내 사업은 물론 세일즈에서도 무척 큰 힘을 발휘했다.

매뉴얼화로 성공한 대표적인 기업을 떠올린다면, 바로 '무인양품(無印良品)'이라는 회사가 있다. 우리가 쇼핑몰에 가서 만나는 'MUJI' 브랜드를 운영하는 일본 기업이다. 『무인양품은 90%가 구조다』라는 책을 출판했고, 이 책의 부제는 '노력을 성과로 직결시키는 구조의 힘'인데, 무척 공감 가는 부제이다. 기회가 되면 한번 읽어 보길 바란다.

그러면 실제로 내가 사업을 하면서 또 세일즈를 하면서 매뉴얼화 작업을 통해서 얻은 것들을 정리해 보겠다. 나는 대기업들의 업무 지침서와는 조금 다른, 소규모 사업자에게 해당되는 이야기를 하고 싶다. 신입 사원이 입사해서 좀 더 빨리 순조롭게 성장하기 위한 매뉴얼에 가까운 내용이라고 할 수 있다.

첫째, 신입 사원이 좀 더 빠르게 적응한다

어려서부터 사업을 했던 내가 여행사를 운영하며 동종 업계의 사장님들과 만나서 이야기를 나눌 때 빠지지 않던 주제는 직원 채용과 관리에 관한 것들이었다. 우리처럼 규모가 작은 회사들은 꽤 자주 직원들이 그만두고 새로 입사하곤 한다. 그럴 때마다 새로운 일에 적응하기까지 상당한 시간이 걸리는데 사업적 측면으로는 대단한 낭비일 수 있다.

내 첫 직장은 제법 규모가 있는 여행사였다. 입사 후 처음엔 그저 회사에 있는 인쇄물을 찾아서 읽어 보라고 했을 뿐이고, 일은 선배들의 설명을 듣고 어깨너머로 하나씩 배우면서 적응해야 했다. 내 나름대로 똑똑한 업무 지향적 인간이라고 자부하는데도 꽤 시간이 걸린 후에야 일을 익힐 수 있었다. 주변의 여행사 사장님들에게 물어보았더니 20여 년이 지난 지금도 상황은 비슷하다. 신입 사원이 들어와서 제대로 일하기까지 1년은 걸린다는 것이다. 그래서 직원 교육을 어떻게 하고 있는지 물어보면, 예전에 내가 배웠던 방식과 별반 다르지 않았다. 도제식처럼 일하면서 하나씩 익혀 나간다는 식이다.

나는 조금 다르게 생각했다. 직원들이 좀 더 빨리 배우고 성장하도록 하면 사업의 효율성을 높일 수 있다고 믿었다. 그래서 우리 회사의 매뉴얼을 만들었고, 입사하면 바로 그 매뉴얼로 교육을 실시한다. 크게는 우리가 일하는 업종의 이해, 업무의 구조, 각 업무의 진행 절차와 세부 내용을 교육한다. 그렇다고 세부 내용이 바로 신입 사원의 머릿속에 입력될 리 만무하다. 아직 어리벙벙한 신입에게 매뉴얼이 있

으니까 평소에 읽어 보고, 필요할 때 해당 페이지를 열어 보라고 권한
다. 물론 선배들이 돌아가면서 직원에게 가르쳐 주는 것도 큰 역할을
한다. 타 여행사와의 중요한 차이점은 다른 회사 직원이 제대로 일하
는 데 1년이 걸린다고 하면, 우리 직원은 1~2개월이면 그 정도로 일
할 수 있다는 사실이다. 왜 신입은 어깨너머로 배워서 1년은 지나야
제구실한다는 고정 관념으로 사업의 효율성을 떨어뜨리는가?

둘째, 체계적으로 교육할 수 있는 교재 역할을 한다

학습하지 않는 조직은 성장하기 힘들다. 막상 학습을 부지런히 하겠다
고 결정해도 무엇을 해야 할지 한편으로는 막막하기도 할 것이다. 그
럴 때 매뉴얼이 있으면 그 안에 담긴 내용을 차례차례 교육하면 된다.

처음에는 사장이나 책임자가 신입 사원에게 기본적인 교육을 하겠
지만, 회사나 조직이 다 함께 학습하는 부분은 매뉴얼의 파트를 나눠
서 직원별로 그 파트를 서로 가볍게 가르치고 업그레이드하도록 하면
좋다. '가르치는 것이 또 하나의 배움이다'라는 말처럼 사장도 직원을
가르치면서 배우고, 직원도 서로를 가르치며 깨닫고 성장한다. 그때
매뉴얼이 체계적인 교육의 교재 역할을 맡기도 한다.

셋째, 함께 만드는 매뉴얼은 결속력을 강화한다

무인양품에서 말하는 내용 중에서 나를 가장 크게 감동시켰던 것은 매
뉴얼을 직원들이 자발적으로 함께 만들어 간다는 사실이다. 사장이 만

든 매뉴얼이 아니라 우리가 다 같이 만들어 가는 것이다. 그 '우리가 함께'라는 과정을 통해서 매뉴얼에 애착이 생기고, 남다른 결속력을 강화할 수도 있다. 예를 들어서 업무 중에 특정 파트는 김 대리가 잘한다고 하면, 그 파트는 김 대리에게 매뉴얼 작업을 부탁한다. 그런 다음 그 파트의 매뉴얼 작성자를 김 대리라고 표기해 주는 것이다. 매뉴얼에 점점 직원들 이름이 많이 오르면 작성한 직원도 뿌듯하고, 업무를 배우는 직원도 이런 기업 문화에 녹아들게 된다. 물론 해당 직원이 퇴사를 하더라도 그 이름은 계속 남겨 놓는다. 그리고 업데이트를 할 때마다 직원들 이름을 늘려 나간다.

사장으로서 사업체를 운영하는 것 외에 영업 조직의 리더로서 영업 팀을 운영할 때도 마찬가지다. 팀원을 교육하는 데 필요한 것이 우리 팀만의 매뉴얼이고, 이를 체계적으로 조금씩 조금씩 만들어 가면 나중에 놀라운 힘을 발휘하게 된다.

매뉴얼화 작업으로 얻는 이점

1. 신입 사원이 좀 더 빠르게 적응한다.
2. 체계적으로 교육할 수 있는 교재 역할을 수행한다.
3. 함께 만드는 매뉴얼은 결속력을 강화한다.

내가 만들어 가는 매뉴얼의 기본 구성은 간단하다. 입사 전 단계에서 마인드 구축과 입사 후 실무 진행에 관련된 사항들이다. 입사 전에 갖출 마인드로는 추천 영상 2개를 보고, 자신의 10년간 목표를 작성해서 출근하도록 한다. 이때 10년간 목표의 샘플도 제공해서 참고로 삼을 수 있게 한다. 입사 후와 관련된 사항들로는 업종의 이해, 업무의 구성과 절차, 실무에 필요한 기본 지식, 그 외에 실무에서 요구되는 것들을 누구에게 물어보면 좋은지, 어디서 알아낼 수 있는지 등이 담겨 있다.

　사장인 내가 일하면서 반드시 알아야 할 것과 직원에게 꼭 알려 주고 싶은 것을 글로 정리하고자 노력하는 일은 막강한 힘을 발휘할 도구가 된다는 점을 믿고 조금씩 꾸준히 작성해 보자. 절대로 혼자 완성하겠다고 생각하지 말고, 직원들과 함께 작성하면 더 좋은 조직 문화 구축과 업무 발전의 기회가 될 수 있다.

3. 목표는 정했나? 간절한 목표!

어떤 청년이 소크라테스를 찾아와서 물었다.
"어떻게 하면 진정한 지혜를 얻을 수 있을까요?"
그러자 소크라테스는 청년을 강으로 데리고 간 후, 그의 머리를 잡고 물속에 집어넣었다. 청년은 깜짝 놀랐지만 참았다. 소크라테스는 계속해서 청년의 머리를 꾹 누른 채 놓아주지 않았다. 청년이 죽을 듯이 몸부림을 치자 그제야 소크라테스는 누르고 있던 머리를 놓아주었고, 청년은 순식간에 몸을 일으켜 세워 헐떡이며 숨을 쉴 수 있었다. 이때 소크라테스가 물었다.
"자네는 물속에서 무엇을 가장 원했는가?"

간절함을 이야기할 때 자주 이 소크라테스의 예화를 인용하곤 한다. 세일즈를 시작했던 초기에 나는 멘토에게서 얼마나 성공하고 싶으냐는 질문을 받았다. 꼭 성공하고 싶다고 대답했더니, 멘토는 내게 소크라테스와 청년의 이야기를 해 주며 숨을 쉬고 싶은 그런 간절함으로 세일즈를 한다면 반드시 원하는 것을 이룰 수 있다고 조언해 주었다.

나는 사기를 당해서 자살만 떠올리며 눈물로 여러 날을 지새우는 지인에게 죽지 말라고 얼마 안 되는 내 결혼 자금을 다 털어 주었고, 10년간 하던 사업이 망해서 빚이 쌓인 데다, 엎친 데 덮친 격으로 대출까지 받아 궁지에 몰린 선배를 도와줬다가 한 푼도 받지 못해서 수년간 매달 600만 원을 갚아야 하는 상황에 몰린 적도 있다. 한 달에 겨우 200~250만 원을 벌고 있던 당시에는 벅차기 그지없는 시련이었다.

이런 상황을 극복하고 정상적인 삶을 살고, 나아가 더 성장하는 계기를 만들어 주었던 것은 다시 숨 쉬고 싶다는 간절함이었고, 이 간절함을 실제로 이룰 수 있었던 것은 다름 아닌 세일즈맨이라는 직업 덕분이었다. 그래서 빚도 갚고, 행복한 가정도 꾸리고, 다시 어떤 바람에도 끄떡없는 굳건함으로 위기를 헤쳐 나가는 좀 더 강한 사업가가 될 수 있었다.

세일즈를 하면서 만났던 기회 중에서 가장 소중하다고 생각하는 것은 '브라이언 트레이시 인터내셔널 Brian Tracy International'의 제안으로 '브라이언 트레이시 코리아'를 운영한 경험이다. 브라이언 트레이시는 세계적인 강연가로 강의 한 번에 수억 원을 받기도 하는 것으로 유명하다. 자신의 책과 강연에서 그는 성공에서 가장 중요한 요소가 바로 '목표'라고, 아니 '간절한 목표'라고 강조한다. 그러면서 그 간절한 목표를 매일 아침저녁으로 글로 적고, 긍정문을 만들어서 계속 되뇌라고 말한다. 그러면 그 목표가 이루어질 확률이 높아지고, 잠재 능력이 그것을 이루기 위해서 성공 시스템을 작동할 것이라고 가르친다.

그런데 좋아하는 브라이언 트레이시 교육을 사업으로 시작한 후 따지기 잘하는 내가 직면한 문제는 "목표를 글로 적으면 이루어진다는 그런 뻔한 말의 근거는 무엇인가요?" "사회 심리학자들이 유명 대학의 졸업생들을 추적해서 목표를 글로 적은 사람들이 더 성공적인 삶을 살고 있다고 발표한 것은 그들의 통계일 뿐이고, 그게 내게 적용된다는 보장도 없는 데다 그런 확률은 개인별로 달라지는 거 아닌가요?"라는 질문들이었다.

그러다 우연히 접하게 된 뇌 과학에 관한 이야기에서 유레카를 외쳤다. 2000년 에릭 캔델 Eric R. Kandel 박사는 사람이 학습하고 그것을 어떻게 뇌 속에 정보로 저장해서 이른바 '지식'이 되는지에 관한 연구로 노벨 생리의학상을 받았다. 생각을 저장하는 단위는 신경 세포인 '뉴런'인데, 이것이 생각하는 것들과 비슷한 뉴런을 끌어당겨서 뉴런과 뉴런이 접착되는 '뇌의 가소성(Brain Plasticity)'이 진행된다. 결국 생각과 생각이 달라붙어서 점점 그 생각이 커진다는 뜻이다. 우리가 간절히 원하고, 그것을 글로 적으면 이 생각과 생각이 달라붙는 활동을 강화하고, 반복적으로 그런 행동을 하면 우리 뇌세포가 더 강력하게 그 생각을 만들어 가는 효과를 주게 된다는 것이다.

생각의 씨앗을 강력하게 심으면 우리가 잠을 자든, 가족 여행을 하든, 놀고 있든, 뇌는 쉬지 않고 열심히 그 생각에 필요한 요소들을 찾고 모으고 키워 나간다. 차를 바꾸려고 결정하고 마음에 드는 차종을 떠올리기만 해도 길을 다닐 때 갑자기 그 차가 더 많이 눈에 들어오고, 관련된 정보를 여기저기서 더 접하게 되고, 언젠가 스치듯 지나친 정보와 경험이 팍 떠오르기도 하는 일이 벌어진다.

우리가 회사에서 월급을 받고 일할 땐 해마다 KPI(Key Performance Indicator 핵심 성과 지표)를 정립해 성과 목표를 부여받고 그 목표를 이루기 위해서 계획을 세우고 역할 분담을 하는 등 뇌를 세팅한다. 그러고 나면 한 해 동안 자다가 툭 쳐도 그 목표를 말하게 될 정도로 엄청난 스트레스의 압박에 시달리기도 한다. 그런데 자영업을 하는 사장님들이 월급 받을 때보다 더욱 생존하느냐 못하느냐의 중요한 갈림길에 서 있으면서도 자다가 벌떡 일어나 외칠 수 있는 목표도 없이 일하고 있는 것은 아닌지 의문이 든다.

잠시 모든 일을 중단하고 A4 용지 한 장을 꺼내서 내가 진정으로 간절히 이루고 싶은 것들을 최대한 적어 보고, 그중에서 꼭 이뤄야겠다는 목표를 1~3개 정도 선택해 반복해서 읽고, 큰 소리로 외치고, 하루에도 몇 번씩 글로 적으면서 그 간절함을 '자기 암시'로 이용하는 것은 물론, 자신의 뇌가 24시간 스스로 그 목표를 이루는 방법을 찾고 해결해 내도록 스위치를 켜는 작업을 실행해 보길 바란다.

만약 지금 소크라테스를 만나서 "어떻게 하면 내가 하는 사업을 꼭 성공시킬 수 있을까요?"라고 물어본다면, 그는 당신의 머리를 잡아 물속에 넣은 다음 살고 싶어서 버둥거릴 때까지 놓아주지 않을 것이다. 절실하게 숨을 쉬고 싶은 상황이 우리네 자영업자의 삶이라는 점을 잊지 말고 다시 한번 자신의 간절한 목표를 바로 세우고, 자다가도 벌떡 일어나 외칠 수 있도록 해 보자.

4. 알릴 것인가, 알려질 것인가?

세계적인 마케팅 전문가 세스 고딘 Seth Godin이 아이들과 함께 프랑스의 들판을 차로 달리고 있었다. 창밖으로 펼쳐지는 멋진 풍경에 너무나 기분이 좋았다. 그런데 30~40분 동안 계속 비슷한 들판이 나오다 보니 점점 지루해지기 시작했다. 이때 들판에 소 떼가 나타났다. 그러자 아이들이 소리쳤다. "아빠, 아빠. 소떼에요, 소 떼!"

세스 고딘과 아이들은 소 떼를 보면서 흥분하고 즐거워했다. '소 떼가 장관이구나!'라고 감탄해 마지않았다. 하지만 그 후로 30~40분 동안이나 끊임없이 소 떼가 보인다면 어떨까? 아마 더 이상 관심을 갖지 않게 될 것이다. 이때 세스 고딘은 생각했다. '만일 저 소 떼들 사이에 보랏빛 소가 한 마리 나타난다면 어떨까?' 아마도 아이들이 보랏빛 소를 찾아내고 흥분해서 말할 것이다. "아빠, 아빠. 저것 좀 봐요. 소 떼들 속에 보랏빛 소가 있어요! 소가 보라색이에요, 보라색!" 세스 고딘도 "어디, 어디? 소가 보라색이네? 우와~ 정말 예쁘고 신기하다!"라고 맞장구칠 것이다.

세스 고딘은 최근의 마케팅 환경이 이와 흡사하다고 생각했다. 지금의 마케팅과 영업 환경은 과도한 광고와 홍보의 홍수 속에서 소 떼와 같아진 상황이 아닐까? 새로운 광고나 홍보를 처음 접하면 사람들이 관심을 갖지만, 그런 것들이 넘쳐나고 지속되면 점점 흥미를 잃게 되어 버린다. 너도나도 제아무리 잘한다고 떠들어 대도 똑같은 소 떼이기에 주의를 끌지 못한다. 수많은 광고 이메일, 텔레마커팅 전화, 인터넷에 넘쳐나는 광고들은 물론 거리에서도 온갖 광고와 세일즈맨을 접하게 된다.

그때 만일 보랏빛 소가 나타난다면 어떨까? 눈에 확 띄고 관심이 가는 광고나 매장, 세일즈맨을 발견하게 되면 흥분하면서 주위 사람들에게 "저기 좀 봐요!"라고 외칠 것이다. 더 이상 고객에게 밀어붙이는 형식의 마케팅이나 광고가 힘을 발휘하기 힘든 요즘, 두드러지게 '리마커블 remarkable' 해지면 자연스럽게 감탄하면서 고객들끼리 이야기를 나누게 된다는 것이다. 결국 알리는 것보다 알려지는 것이 더 중요해졌다는 뜻인데, 세스 고딘은 이 '눈에 띄는 것'을 '리마커블'이라고 표현했다. 세일즈 현장에서는 이를 의역해서 '입에 오르내릴 만큼'이라고 말하는 편이 더 확실히 와닿는다.

어느 날 고객이 우리 매장('더블 스토어'라고 하자)에 들러서 나를 만나고 갔는데, 그 후 고객들끼리 있을 때 이런 말을 주고받는다면 어떨까?

■ 리마커블 매장(또는 회사)

"친구야, 너 더블 스토어에 가 봤어? 우와~ 더블 스토어 너도 꼭 한번 가 봐라! 더블 스토어는 판매하는 품목이나 품질 이전에 매장을 들어서는 순간 설레고 감동받고 진정한 서비스가 무엇인지, 고객을 위하는 게 무엇인지 실감하게 되더라니까. 책 보고 공부하는 것보다 그 매장 한번 가 보면 생각하고 느끼는 게 엄청나, 정말!"

■ 리마커블 지점

"친구야, 더블 스토어 알지? 그중에서 강남역 3번 출구 앞에 있는 매장 한번 꼭 가 봐. 다른 데서는 느껴 보지 못한 대단한 감동이 있어. 나는 너무 만족해서 거기 점장한테 오히려 고맙다고 인사하고 나왔다니까. 그 매장은 딴 곳과 다르게 회사가 주는 서비스 외에 그 매장만의 독특함이 넘친다는 걸 알 수 있거든. 그건 회사나 브랜드 이전에 그 지점만의 문화가 감동을 주는 게 아닌가 싶더라. 물건을 사면서 고객 서비스와 마케팅이 무엇인지 사진 찍어서 저장하고, 사람들을 데리고 가고 싶어져. 한 번만 가 봐! 너도 틀림없이 다른 사람들한테 가 보라고 하게 될 거야!"

■ 리마커블 김 매니저

"친구야, 더블 스토어 알지? 그중에서 강남역 3번 출구 쪽에 있는 매장에 가서 김 매니저를 찾아봐. 정말 그 사람의 얼굴 표정, 고객을 대하는 태도와 친절함, 그리고 일하는 모습을 보고 있으면 나까지 에너지가 샘솟고, 심지어는 그 친구 만나고 나서 나도 더 분발해서 내 일의 완성도를 높여 봐야겠다고 생각했다니까. 단순히 고객 대 판매원이 아니라 스승과 제자가 된 거 같은 느낌이 들더라고."

이 정도로 고객의 입에 오르내린다면 마케팅에 성공하는 것은 자명한 일이다. 중요한 것은 무엇이 되었든 고객들에게 좋은 방향으로 언급되기만 하면 성공이라는 사실이다. 그것이 사진을 찍고, 영상을 찍고, 자신의 SNS에 올리고 싶을 만큼 입이 근질거리게 만드는 강력한 '리마커블'이라면?

이제 고객에게 잘한다고 주장하지 말고, 고객이 우리에 관해 주위 사람들에게 떠들고 알리고 싶게 할 만큼 리마커블한 친절, 전문성, 차별화된 서비스, 완성도 높은 상품, 안락한 매장과 사무실 분위기, 다양한 이벤트 등을 경험하도록 노력해서 고객들끼리 있을 때 마구 우리에 대한 수다를 떨게 만들자. 그렇게 집중적으로 알려지게끔 힘쓴다면, 치열한 마케팅 경쟁 속에서도 고객들에 의해 널리 알려지는 '보랏빛 소'가 되어 성과를 만들어 낼 수 있다. 알리는 것이 아니라 알려지는 것이 성공의 지름길이라는 점을 기억하자.

5. 나는 누구인가?

초 연결성 사회에서는 알려지는 것이 중요하다고 말했다. 그럼 알려진다는 것은 무엇일까? SNS를 조금만 사용해도 너무나 많은 '페친(페이스북 친구), 카친(카카오톡 친구)' 등의 소식을 접하게 된다. 그 수많은 사람이 앞다퉈 자신의 이야기를 하고 있는데, 잠시 온라인상의 친구들을 떠올려서 그 사람이 뭐 하는 사람인지 생각해 보자. 그의 직업이 쉽게 떠오른다면 내게 자기 정체성을 잘 드러냈다는 증거일 것이다. 종종 우리는 '너는 누구냐?'라고 질문하게 된다. 그 물음에 '나는 누구다!'라고 답할 수 있어야 한다. 그것이 곧 나의 정체성이다.

과하게 많은 정보가 넘쳐나는 시대, 치열한 서비스와 마케팅 경쟁 속에서 일상을 보내는 우리는 더 이상 무언가를 기억하고 싶지도 않다. 언제든 검색만 하면 정보는 얻을 수 있기에 더욱 머릿속에 무엇인 가를 담는 것 자체가 낭비라고 생각한다. 그 대신 모든 사람이 SNS로 연결된 사회를 살고 있기 때문에 알려지기는 쉬워졌다는 점을 기억해 야 한다.

고객 발굴을 하러 100명이 모이는 행사에 참석했다. 그리고 명함을 주고받았다. 여기서 내가 뭐 하는 사람인지 명확하면 영업은 좀 더 쉽게 이루어질 수 있다. 이때 두 가지 원칙이 있다. 첫째는 '나는 누구다!' 둘 째는 '나는 뭐 전문이다!'라는 것이 상징적으로 도드라져야 한다.

첫 번째인 '나는 누구다!'는 '나'라는 브랜드와 상통한다. 정보의 홍 수 시대에 살고 있으므로 사람들은 어떤 일에 필요한 정보를 물어보 기보다는 사람을 물어보는 경향이 뚜렷해졌다. 예를 들어 대출이 필 요할 때 아는 은행이 있냐고 물어보지 않고, 아는 사람이 있냐고 묻는 다. 차를 살 때 아는 회사가 있냐고 물어보지 않고 아는 사람이 있냐고 묻는다. 아는 미용실보다도 강력한 것은 아는 헤어 디자이너가 있다는 사실이다.

정보는 검색만 하면 지천인데, 그 '사람'을 아는 이가 그를 추천한다 면 신뢰감이 엄청나게 높아질 것이다. 지난주에 다녀온 은행에서 어느 직원을 만나고 왔는지 혹시 기억하는가? 만일 그 직원이 자신을 고객의 기억에 남기기 위해 노력을 기울였다면, 아마도 은행 브랜드를 넘어서 그 '사람' 덕분에 앞으로 그 은행과 거래하게 될 확률이 커질 것이다.

일상생활 속에서 대부분 검색으로 필요한 정보를 구하면서도 우리는 주변 사람들에게 아는 누군가가 있는지 물어보곤 한다. 이때 그 업종에서 대표로 떠오르는 사람이 되는 지름길이 '나는 누구다!'라는 정체성을 사람들에게 각인시키는 일이다. 즉 사람들 사이에서 '그 분야에서는 내가 1등 브랜드'가 되어야 한다는 말이다.

사실상 자영업자들의 모임에 나가면 "인테리어 잘하는 곳 아는 데 있어요?" "로고 디자인 잘하는 곳 알아요?" "어디 홈페이지 제작 맡길 만한 곳 있어요?" "마케팅 대행 좀 잘하는 곳 알아요?"라고 묻는 경우가 많다. 이런 물음에 회사나 업체를 떠올리기도 하지만 아마 가장 먼저 떠올리는 것은 그 분야의 '사람'이 아닐까 싶다.

결국 온라인상에서도 오프라인상에서도 '나는 누구다!'라는 어필을 강하게 해 두면 사람들이 필요할 때 나를 떠올리고 추천해 주게 되어 있다. 물론 내 사업이 더 커져서 내가 아닌 내 브랜드를 우선 떠올리면 좋겠지만, 나라는 사람을 일단 알려야 한다.

실제로 사업 초기에 브랜드를 알려서 인지도를 높여 가는 일과 나라는 사람을 알리는 과정을 비교하면, 확실히 나라는 사람을 알리는 쪽이 저비용 고효율이 된다. 온라인상에서는 더더욱 나를 알리는 쪽이 쉽지, 내 브랜드를 알리려면 훨씬 어렵고 비용이 추가된다.

그래서 최근에는 '나'라는 브랜드를 먼저 알리고, '내 인지도'가 높아진 후 '브랜드' 마케팅을 진행하는 수순을 밟는 경우를 자주 접하게 된다. 유명인이 되고 나서 그 유명인의 브랜드가 자리 잡는 방식을 말한다. 특정인의 사례를 들지 않아도 쉽게 생각해 보면, 내가 방송에 출연해서 인지도를 높인 다음 내 사업체의 브랜드를 알리는 편이 처음부터 브랜드를 알리는 일보다 좀 더 수월하고 빠르게 시장에 진입하는 방법이다.

두 번째는 '나는 뭐 전문이다!'라고 말할 수 있어야 한다. 음식점 사장님과 마케팅 컨설팅을 하려고 만난 자리에서 어떤 음식이 가장 맛있냐고 물으니 다 맛있다고 대답했다. 그래서 내가 이렇게 물어봤다. "사장님은 혹시 '다 맛있는 집'이라고 검색해서 찾아가 드셔 보신 적이 있나요?"

음식점을 한다면 일단 맛있어야 하는 것은 기본이다. 무슨 업종이든 다 잘하는 것이 기본이다. 하지만 '마케팅'이라는 관점에서 보면, 가령 메뉴 전부가 맛있더라도 그중에서 '원투 펀치 One-two punch'를 선택해야 한다. 점심 메뉴 한 가지, 저녁 메뉴 한 가지를 대표로 정해서 강력하게 마케팅해야 사람들이 주저하지 않고 찾아올 수 있다.

시장에 진입할 때는 내 전문 분야를 좁게 정해서 밀어붙여야 하고 진입에 성공하고 나면 조금씩 확장하는 것이다. 김치찌개가 맛있는 집, 보쌈이 맛있는 집, 냉면이 맛있는 집 등 이미 이런 전문점 바람이 분지 오래지만, 꼭 음식점이 아니더라도 커트 잘하는 집, 코디 잘해 주는 집, 고객 관리가 뛰어난 세일즈맨, 이혼 소송 전문 변호사, 상속 증여 전문 세무사, 해외 출장 전문 여행사 등 특정 이슈가 떠올랐을 때 고객들 입에서 '아, 그건 이 사람이 전문이야!'라는 말이 나오도록 만들어야 한다.

'나는 누구인가?'를 알리는 일이 자영업자로서 내 사업을 시장에 빨리 진입시키고, 수많은 사람을 내 협력자와 홍보 대사로 활용할 수 있는 시작점이라는 사실을 다시 한번 기억하길 바란다.

6. 업종별 세일즈의 성격을 살펴보자!

모든 업종에 동일한 세일즈 전략이 존재할 순 없다. 그렇지만 내가 몸담은 업종이 어떤 유형인지 명확히 파악하면 좀 더 효율적인 전략을 세울 수 있다. 경험 소비재에 해당하는 음식점 같은 경우는 널리 알려서 많이 찾아오게 하고, 찾아와서 먹어 보니 맛있더라는 입소문이 나게 하면 된다. 가장 중요한 것은 여기저기 알려서 오게 만드는 일이고, 와서 먹었을 때 맛과 서비스가 준비되어 있어야 한다. 제일 위험한 경우가 맛도 서비스도 엉망인 상태에서 돈을 들여 한껏 알린 탓에 사람들이 몰려와 경험해 보고는 안 좋은 평가들이 순식간에 퍼지는 일이다. 안타깝게도 빨리 망하는 지름길이 될 뿐이다. 결국 상품과 서비스는 일정 수준 이상으로 갖춰져야 한다. 필요하다면 전문가를 초대해서 냉정하게 평가받는 것도 좋다.

이런 경험 소비재 외의 업종들은 마케팅과 세일즈 측면에서 한층 더 업종을 구분하고 전략을 세운다면 빼어난 성과를 거둘 수 있다.

첫째, 호감 업종인가 비호감 업종인가?

내가 모임에 나가서 사람들에게 명함을 건네며 다음에 따로 한번 만나자고 했을 때 사람들이 부담을 가지면 비호감 업종에 속하고, 흔쾌히 웃어 준다면 호감 업종에 해당한다고 구분 지어 보자. 호감 업종은 마케팅 방법이 더 간단하다. 말 그대로 널리 알리기만 하면 효과가 나타난다.

다만 자신의 경쟁력과 강점을 강력히 어필할 필요는 있다. 예를 들어서 여행사를 한다고 명함을 건네면 상당히 호감을 얻는다. 언젠가 여행 갈 때 혹은 해결하기 힘든 상황에 부딪힌다든가 하면 한번 연락해 봐야겠다고 생각할 것이다. 그런데 보험 회사에서 영업한다면서 명함을 건네면 어떤 반응을 보일까? 보통은 살짝 긴장할 것이며 따로 한번 찾아뵙겠다고 하면 부담을 몇 배로 느낄 것이다. 그래도 널리 알릴수록 가능성은 커지기 마련이다. 하지만 좀 더 효율적인 방법을 찾아볼 필요는 있다.

호감 업종에서 일하고 있다면 여러 모임에 참석해 명함을 주고 인사하면서 상대의 명함이나 연락처를 확보하면 된다. 그 연락처에 지속적으로 내가 하는 일과 관련된 유익한 정보만 전달해도 나를 인식하고 있다가 필요할 때 자연스레 연락해 온다. 누가 더 널리 알리느냐에 따라 차이가 나타나는 정도일 것이다.

주변 상권에 개척 영업을 시도한다고 해도 호감 업종은 자신의 경쟁력과 장점을 잘 정리해서 꾸준히 안내문을 돌리는 방식만으로 성과가 난다. 개척 영업 중 일명 '지역 관리형 영업'을 계속하는 쪽이 스트레스도 적고 효과도 좋다고 볼 수 있다. 그런데 참 신기하게도 호감 업종의 사장님들이나 세일즈맨들은 비호감 업종보다 열심히 영업을 뛰지 않는다. 따라서 호감 업종은 부지런하기만 하면 남다른 성과를 올리기 쉽다.

비호감 업종이라면 전략이 조금 달라진다. 비호감 업종은 상대방을 다소 설득할 필요성이 있고, 내게 호감을 느끼도록 만들어야 하는 어려움과 직면한다. 처음에는 정중하게 인사를 건네고 연락처를 받고 나서, 어쨌든 1:1로 만남의 약속을 이어 나가야 한다. 상대의 연락처를 알았더라도 내 일과 관련된 정보 위주가 아니라 고객들이 선호할 만한 정보를 보내면서 내가 하는 일을 명확히 상대가 인지하도록 지속적으로 알려야 한다. 호감 업종은 고객이 '습자지' 같아서 물을 확 뿌리면 쉽게 젖어 든다. 하지만 비호감 업종의 고객은 '마분지' 같아서 분무기로 내내 물을 뿌리듯 하면 아무리 두꺼워도 언젠가 흠뻑 젖게 된다는 점을 명심해야 한다.

비호감이라는 것도 알고 지낸 시간이 늘어나면 점점 무뎌지고, 방어 자세도 느슨해지기 때문에 만나서 이야기를 나누는 데에 부담이 줄어든다. 그리고 만났을 때는 편안하게 이야기를 시작해서 단계를 밟아 목적을 달성해야 한다. 비호감 업종은 개척 영업 시에도 '지역 관리형 영업'으로 지속하면 좋긴 하지만, 한 번쯤 정중히 잠시 자신이 하는 일에 대해서 이야기하자고 제안할 필요가 있다. 한 번이라도 정확히 내 일에 대해서 대화를 나누게 되면 적어도 서먹한 다른 비호감 세일즈맨들보다는 호감도가 상승하는 결과를 가져오기 때문에 이제 비교 우위에 서게 되는 것이다. 오히려 호감 업종은 남달리 각인되기가 쉽지 않은 반면, 비호감 업종은 비호감의 터널을 빠져나오면 특별한 사람으로 기억될 수 있다는 점이 희망적이다.

둘째, 필요성을 알려야 할까? 필요할 때 연락이 오게 할까?

보험 같은 업종은 초기에는 필요성을 알려야 하고, 고객을 만나서 필요하다고 설득도 해야 한다. 그래서 세일즈맨의 역할이 더욱 중요하다고 여겨져 왔다. 그런데 점점 보험의 필요성을 고객들 스스로 알게 되었고, 이제는 인터넷으로 고객들이 직접 사망 보장 보험에 가입하는 시대가 되었다. 필요성을 알려야 하는 모든 업종은 초기에는 고객과 상당히 깊이 있는 상담을 통해서 어느 정도 고객을 교육시키고 인식의 전환을 만들어 내야 한다. 따라서 꾸준히 1:1 상담을 진행해 가야 하는 것이다.

한편, 대출이나 자동차 같은 영업은 필요할 때 연락이 오게 하면 되는 업종이다. 고객이 필요로 할 때 마침 연락처가 책상 위에 놓여 있거나, 방금 문자를 받았거나, 그 세일즈맨이 떠오르도록 하면 된다. 널리 지속적으로 열심히 알리면 충분하다. 1:1의 심층적인 상담이 없어도 필요할 때 연락하라면서 광범위하게 속도전으로 뛰어다니면 괜찮은 업종이다. 물론 법인 거래나 대형 계약을 위한 면담은 별개로 하고 말하는 것이다.

한번은 TV에서 '총알 탄 사나이'라는 다큐멘터리를 보게 되었는데, 8년째 현대자동차 판매왕을 차지한 닉네임 '최진실'을 사용하는 '최진성'이라는 자동차 세일즈맨의 열정적인 활약을 담은 내용이었다. 나는 늘 최고에게 배우려는 생각을 갖고 있어서 바로 다음 날 아침에 그가 근무하는 곳을 찾아갔다. 때마침 폭우가 쏟아지던 날이라서 아직 사무실에 있던 판매왕을 만날 수 있었다.

무슨 일로 왔냐고 묻는 그에게 나는 최고에게 한 수 배우고 싶어서 찾아왔다고 답했고, 그는 웃으면서 커피믹스를 한 잔 타 주었다. 그러면서 하는 말이 "보험 일 하는 사람들은 참 대단해요. 차는 그냥 열심히 알리기만 하면 필요한 사람들이 연락해 오는데, 보험은 필요하다고 생각조차 하지 않는 사람들에게 필요하다고 설득해서 팔아야 하니 얼마나 힘들어요?"였다.

나는 거꾸로 자동차 영업하는 사람들이 참 대단하다고 말했다. 보험은 만나는 사람 누구나 다 고객이 될 수 있는 좋은 업종이고, 살면서 보험 한번 필요하지 않은 사람이 어디 있겠냐며 자동차는 만나는 누구나 살 수 없지만, 보험은 누구든 필요로 할 것이라고 덧붙였다. 판매왕 최진성 씨는 내 말에 크게 웃었다.

결국 호감 업종인지 비호감 업종인지에 따라서 영업하는 방식이 조금 달라질 수 있다. 필요한 사람을 찾느냐 필요성을 설득해야 하느냐에 따라서도 영업하는 방식이 다를 수 있다. 그런데 가장 중요한 것은 방법론 이전에 내가 하는 업종이 정말 좋은 세일즈 영역임을 깨닫는 일이다.

호감 업종은 열심히 알리기만 하면 사람들이 나를 반갑게 대할 것이며, 비호감 업종은 경쟁자들도 다 비호감이니 내가 한 번만 정중히 1:1로 이야기 나눌 기회를 포착해서 좋은 인상을 남기면 남다르게 기억될 수 있다. 필요할 때 연락이 오는 업종은 널리 알리면 되기 때문에 부지런히 뛰어다니면 성과가 오르고, 필요성을 설득해야 하는 대부분의 세일즈는 고객 수가 부족하지 않기 때문에 내가 얼마나 전문성 있게 파고드느냐로 특별한 기회를 잡을 수 있다.

지금부터 내가 세일즈하는 업종을 속도전으로 알릴지, 심도 있는 개별 상담을 시도할지 방향을 정하고, 뛰어나가서 열심히 영업하길 기대해 본다. 맑은 날은 맑아서 좋고, 비 오는 날은 비가 와서 좋다는 말처럼 내가 하는 세일즈는 항상 좋다.

7. 고객에게 남겨지는 이미지로 판가름 난다

배달의 민족 '김봉진 사장'의 이야기를 여러 매체를 통해 들어 봤을 것이다. 그의 성공담 속에서 나는 한 가지 재미있는 사실에 주목했다. 김봉진 사장은 원래 디자이너였다. 그 시절 기업에 프레젠테이션을 하러 갈 때 말쑥하고 믿음이 가는 회사원처럼 정장을 차려입고 단정하게 넥타이까지 매고 다녔단다. 그런데 참 이상하게도 번번히 프로젝트를 수주하지 못하고 미끄러졌다고 한다. '도대체 왜 이렇게 성과가 나지 않을까?'라고 고민하다가 불현듯 실제로 디자인을 잘한다는 경험을 미리 할 수 없으니 '디자인을 잘할 것 같다!'라는 이미지가 중요하지 않겠냐는 생각이 들었다고 한다.

그래서 세계적인 아티스트들의 이미지를 분석해 보았다. 많은 예술의 고수들은 머리가 길거나 빡빡 민 스타일이었다. 대부분 안경을 썼는데, 모두 동그란 모양의 뿔테나 금테였다. 게다가 하나같이 수염을 기르고 있다는 점을 확인했다. '디자인을 잘할 것 같은 이미지는 이렇구나!' 하는 감을 잡게 되었다. 곧장 디자인을 잘하기 이전에 디자인을 잘할 것 같은 이미지 만들기 작업에 착수했다. 머리를 빡빡 깎고, 안경은 동그란 뿔테로 바꾸고, 수염을 길러서 디자인 잘할 듯한 이미지를 연출한 것이다.

그리고 나니 드디어 변화가 일어났다. 고객사에 프레젠테이션을 하러 가면 문을 열고 사무실로 들어서는 김봉진 디자이너를 보자마자 사람들은 '오우~ 디자인 잘하게 생겼는데!'라는 생각을 하고 수군거리기까지 했다. 프레젠테이션 시작 전에 이미 디자인을 잘할 것이라는 기대를 가졌으니 실제로 프레젠테이션을 들을 때도 더 좋은 방향으로 해석해서 듣지 않았을까. 결국 그때부터 프로젝트 수주가 잘됐다는 이야기였다.

김봉진 사장의 스토리는 내가 방송을 보고 다소 각색해서 살을 붙였는데, 사실 실력도 중요하지만 그 전에 잘할 듯한 이미지 형성의 중요성을 보여 준 가장 좋은 예가 아닐까 싶다.

영업에서 성과를 내려면 진정한 실력이 있어야 가능하다는 점은 맞다. 그러나 아무리 맛있는 음식도 먹어 보고 싶다는 마음이 들어야 그 맛을 경험한다. 만일 마케팅에서 밀려 내 음식을 고객이 먹어 볼 기회조차 없다면 세상없이 맛있는 음식도 무용지물이 되고 만다. 반면에 고객은 너무 많은 마케팅과 세일즈 시도를 접하면서 선택의 고민에 빠지는 시대를 살고 있다. 모든 것을 다 경험해 볼 수는 없으므로 가장 기대되는 제품과 서비스를 고르기 마련이다.

사람으로 치면 잘할 것 같은 이미지, 믿어도 될 것 같은 이미지, 실력 있을 것 같은 이미지, 계약 이후에도 나를 방치하지 않고 잘 관리해 줄 것 같은 이미지, 그런 이미지로 첫 계약의 시도가 이루어진다. 고객의 마음을 사로잡는 이미지가 없으면 고객을 경험시킬 기회를 상실하게 된다.

매장으로 치면 들어가고 싶은 이미지, 들어가면 참 전문성 있을 것 같은 이미지, 정갈할 것 같은 이미지, 맛있을 것 같은 이미지, 서비스가 좋을 것 같은 이미지, 가성비가 좋을 것 같은 이미지, 즐겁고 행복할 것 같은 이미지 등 고객이 기대하는 이미지가 충족되어야 비로소 서비스를 제공할 기회를 얻을 수 있다.

혹시 맛있으면 된다, 실력 있으면 된다, 가격이 저렴하면 된다는 제품과 서비스의 본원적 속성에 사로잡혀 고객과 만날 기회를 놓치고 있는 것은 아닌지 잠시 자문해 보아야 할 것이다. 이제 사람들은 품질과 서비스 수준은 기본 이상이 되리라 기대한다. 그 외에 차별적인 요소인 무언가를 바라는 것이다. 그래서 디자인, 고객 감동, 고객 경험이 더욱 중요한 화두로 등장한다. 고객에게 어떻게 기억되고 어떻게 비칠 것인지를 결정하고 강력히 마케팅을 전개해야 한다.

여행사를 10여 년간 운영하면서 나는 특별한 자리가 아니면 찢어진 청바지에 컬러풀한 셔츠를 입고, 일명 '윤택이 파마(호일 파마)'를 하기도 했고, 인디언처럼 머리를 길게 기르기도 했고, 양쪽 귀에는 귀걸이를 하고 일했다. '유럽 배낭여행 전문'이라는 회사의 정체성이 장기간 자유롭게 여행하는 모습과 잘 어울리기에, 학생들과 상담할 때 한층 더 멋져 보이고 여행의 자유로움을 기대하도록 유도했던 것이다.

하지만 보험 회사에서 컨설턴트로 일하게 되면서 이런 모습은 고객의 바람과 동떨어졌기 때문에, 바로 고객이 기대하는 금융 전문가의 모습으로 전환을 시도했다. 한여름에도 긴 셔츠에 짙은 색 정장을 입었으며, 넥타이는 목을 꽉 조이고 단추 하나 풀어본 적 없이 검정 가죽 가방에 검은색 구두를 신고 일했다. 사무실에서 단 한 번도 슬리퍼를 신어본 적이 없었다. 다소 딱딱하고 빈틈없어 보이는 이미지를 연출한 것이다.

여행을 직업으로 소위 '자유로운 영혼'으로 살아온 나는 다만 당시 유행하던 '베컴 머리'라는 머리 가운데를 살짝 올려서 뾰족하게 스타일링하는 것으로 내 영혼의 상징을 남겨 두고 싶었다. 어느 날 펀드 판매 자격을 취득하고 고객들에게 펀드를 판매한다고 알리자 VIP 사모님에게서 전화가 걸려 왔다. 내게 30억을 맡기겠다는 얘기였다. 이제 갓 자격을 땄을 뿐인데 어떻게 그런 돈을 맡기는지 물었더니, 회사 브랜드가 믿을 만하고 사람 '조환성'도 믿을 만하다는 것이었다.

그런데 VIP들은 그 사람이 일하는 공간을 직접 방문하고 싶다는 요청을 종종 한다. 회사와 상품과 사람만 보는 것을 넘어서 일하는 곳에서의 모습을 통해 진짜로 믿을 만한지 재차 확인하기도 하는 것이다. 그때 사모님은 내게 조언하셨다. "환성 씨, 남편이 투자 전에 사무실을 방문해서 이야기를 나눠 보고 싶다는데, 그 머리 뾰족하게 올린 스타일은 그날만 좀 차분하게 가라앉혀 봐요."

가슴 아픈 기억이지만, 나는 그 말을 흘려듣고 말았다. 결국 3억만 투자받고, 나머지 27억은 다른 증권사로 넘어가 버렸다. 고객이 기대하는 모습, 심지어 그 모습을 말로 설명까지 해 주었는데 고집을 부리다가 기회를 스스로 차버린 셈이다.

이미지라고 해서 죄다 깔끔하고 말쑥해야 한다는 것이 아니다. 정치인들이 선거 기간에 시장을 방문할 때는 완전 정장이 아니라 점퍼를 입고 방문하듯이, 고객이 기대하고 고객과 어울리는 모습이 되어야 한다. 그것이 옷차림이든, 인테리어든, 아웃테리어든 고객이 기대하는 이미지를 연출하려는 노력이 우리의 사업 성과를 '더블'로 만들어 줄 수 있다.

더욱 잊지 말아야 할 포인트는 고객이 기대한 이미지를 넘어서, 고객이 뒤돌아서서 우리를 떠올렸을 때 어떤 이미지로 기억되느냐이다. 고객에게 남겨지는 이미지에서 승부가 판가름 난다는 사실을 다시 한 번 기억하자!

고객이 기대하는 이미지를 연출하려는 노력이
우리의 사업 성과를 '더블'로 만들어 줄 수 있다.

DOUBLE SALES SKILL

더블 세일즈 스킬

Chapter **3**

더블 세일즈 스킬

1. 미국에서 영어로 전화가 걸려 와 사장님을 찾는다면?

하루는 사무실에 한 통의 전화가 걸려 왔다. 직원이 전화를 받았는데, 상대방은 영어로 자신을 미국인이라고 소개했다. 평소에 영어를 쓰는 회사가 아닌데, 미국인이 영어로 사장님과 꼭 통화해야 한다고 말했다. 그럴 때 보통 직원은 영어를 한마디라도 더 알아듣기 위해서 집중하며 전화를 받는다. 내용을 명확히 이해하지는 못하더라도 미국인이 국제 전화를 걸어 사장님을 찾으니 틀림없이 중요한 일인가 보다 생각하고 내게 전화를 바꿔 주었다.

전화한 사람은 일본계 미국인 여성이었는데, 현재 투자 회사 소속이며 무척 중요한 정보를 안내하려고 전화했다고 말했다. 그런데 굉장히 중요한 정보이기 때문에 내일 자신의 매니저인 '안젤라'가 전화하기에 앞서 미리 약속을 잡으려고 한다면서 약 3분 정도 집중해서 안내할 것이라고 했다. 내 사업은 물론 자산 관리에 관한 중요한 이야기라고 강조하면서 약속을 잡았다.

그리고 다음 날 안젤라로부터 전화가 왔다. 자신을 뉴욕에 있는 투자 회사의 책임자라고 소개했다. 어제 자신의 비서가 약속을 잡았기에 전화를 걸었다면서 무척 중요하고 유익한 내용이니까 우선 3분간 설명을 해 보겠다고 말했다. 그리고 시작된 이야기는 미국에서 폭발적인 성장 가능성을 가진 회사가 상장을 준비하고 있는데, 미리 투자해서 큰 이익을 얻을 수 있다는 내용이었다. 상당히 전문성 넘치는 설명과 함께 매력적인 글로벌 기업들의 이름이 자주 언급되면서 흥미를 유발하고 있었다. 이번 기회를 놓치지 말라면서 관심이 있으면 제대로 알아볼 수 있도록 별도의 준비된 자료를 보내고 나서 다시 연락하겠다고 했다. 바로 프레젠테이션으로 들어가는 것이 아니라 프레젠테이션 약속을 다시 한번 잡는 방식이었다. 그러면서 다음에는 투자 분석 전문가가 프레젠테이션할 것이라고 설명했다.

이 이야기를 들으면서 어떤 생각이 들었는가? 세일즈를 연구하고 가르치는 사람으로서 나는 무척 흥미롭게 이들의 이야기를 귀담아들었고, 투자하고 싶다는 생각도 했다. 하지만 다행히 영화 '보일러 룸 Boiler Room'을 본 직후였기에 넘어가지 않았다. 이들이 사용한 세일즈 프로세스는 영화에 나온 모습 그대로를 연출하고 있었다. 늘 TV나 영화를 보면서도 세일즈를 학습하고 정리해 온 내게 전화를 걸어 와 실제로 영화에서처럼 일하는 모습을 보여 준 유용한 경험이었다.

그럼 이제부터는 이들의 세일즈 프로세스를 분석해 보겠다. 우선 영어로 전화를 걸어온 것은 그들이 미국인이라서 그랬지만, 만약 기업에 콜드 콜 Cold Call을 걸어서 약속을 잡고자 한다면 대부분은 너무 많은 스팸 전화 탓에 거절당하기 쉽다. 그런데 영어에 유창한 사람이 중요한 일로 책임자와 통화하고 싶다고 영어로 전화한다면? 그 전화를 받은 직원이 아주 영어에 능통하지 않은 이상 굉장히 집중해서 들을 것이고, 뭔가 중요한 일일지 모르니까 사장님이나 책임자를 바꿔 줘야겠다고 생각할 것이다. 그리고 계속 단계를 밟아 나가 미팅까지 약속을 받아 낼 가능성이 높아질 것이다. 영업을 위해서 전화로 약속을 잡을 때 꼭 한국어로 해야 한다는 법도 없으니 흥미를 끌 수 있게 영어나 외국어로 콜드 콜을 시도해 보는 일도 때론 효과적이다.

그다음 주목할 점은 세일즈 단계를 세분화한 것이다. 권위의 법칙을 활용해서 자신과 통화하는 사람의 권위를 세워 주고자 비서가 먼저 전화해서 매니저가 전화할 것이라고 했고, 매니저는 중요한 투자 정보에 관해 전문가가 프레젠테이션할 것이라고 역할을 나눴고, 한 번에 한 단계씩 전화한 목적을 달성해 나갔다.

이들이 실제로 좋은 정보를 가지고 세일즈를 하는지, 아니면 보이스 피싱 수준의 사기를 치는지는 명확히 알 수 없었다. 하지만 한 가지 분명한 사실은 체계적이며 전문성 있게 미국에서 한국에 있는 작은 사업체를 운영하는 사장 한 명과 약속을 잡아냈다는 것이다. 이날 이후로 내가 하는 모든 일에서 세일즈 프로세스를 더 확실히 정립하고 체계화하는 노력을 기울이게 되었다.

이런 경험 후 세일즈 프로세스의 구조화를 내 사업에 적용해서 성공적인 결과를 이끌어 냈던 가장 기억에 남는 사례가 하나 있다. 무엇을 판매하는 영업은 아니었고, 사람을 채용하는 리크루팅 구조를 설계해서 성과를 올렸는데, 프로세스의 구조화가 얼마나 중요한지 이해하는 데에 도움이 될 수 있어서 소개해 본다.

흔히 보험 회사에서 사람을 채용하기가 무척 어렵다고들 한다. 그래서 리크루팅을 어떻게 잘할 수 있는지 가르쳐 준다고 하면 수강생이 잔뜩 몰린다. 리크루팅 담당자들 대부분은 후보자들을 발굴하고 계속 접촉을 시도해서 그들이 입사하도록 설득한다. 심한 경우에는 그냥 출근 도장만 찍으라면서 입사를 권유하기까지 한다. 그만큼 보험 설계사라는 직업을 꺼리는 사람들도 많고, 보험사는 사람 숫자를 채우는 데에 급급해 다소 자질이 없는 사람들도 뽑으려고 하는 경우가 태반이다.

나는 이런 리크루팅과는 조금 다른 전략을 구상했다. 마치 미국에서 걸려 온 전화처럼 말이다. 먼저 지점에 텔레마케터 두 명을 고용했다. 이들은 구인 구직 사이트에서 이력서를 살피고 전화 거는 업무를 맡았다. 실제로 금융 영업을 하면 괜찮을 듯한 이력서를 선별해 전화를 걸어서 이렇게 말한다. "안녕하세요? ○○○ 님이시죠? 사이트에서 보고 연락드렸습니다. 저희 회사에서 하반기 채용을 진행 중인데, 지점장님이 우연히 이력서를 열람하시고 면접을 봤으면 좋겠다고 하셨습니다. 축하합니다! 아쉽게도 면접 기회가 딱 두 번인데, 둘 중에 어느 날이 가능하신가요?”

이 한 통의 전화에는 축하, 권위, 기회는 두 번이라는 절판 마케팅 전략과 보험사 특유의 같이 일하자는 풀 Pull 전략이 아닌 푸시 Push 전략이 담겨 있다. 그 두 날짜에 안 되면 나중에 다시 약속을 잡더라도, 일단 이렇게 전화 통화로 안내문을 보내줄 테니 살펴보고 참석 예약을 하라고만 말한다. 타 보험 회사에서 설계사를 채용하는 방식과 다르게 간단한 전화 통화 후 안내문만 발송한다. 아주 당당하고 사무적으로 입사를 원하는 사람들이 많으니 기회를 줄 때 면접을 보러 오라는 식으로 푸시한다. 그러면 그중 상당수가 궁금하기도 해서 시간을 정한 후 정말로 면접을 보러 나타난다.

후보자들이 지점을 방문하면 이제 본격적인 세일즈 프로세스가 시작된다. 지점 스태프가 나가서 정중히 인사를 하고 창문도 없는 다소 허름한 대기실로 안내한다. 그런 다음 지점장이 아닌 매니저가 들어가서 인사한다. 그러고는 종이컵에 담긴 커피나 차를 한 잔 권하면서 지점장님이 무척 바빠서 지점에 잘 없는데, 오늘 면접을 할 수 있게 되어서 축하한다고 말한다. 지점장님께 지금 면접이 가능한지 여쭤보겠다고 말하고 나서 잠시 자리를 비운다.

이때 보통 같은 시간대로 후보자들의 약속을 잡아서 두세 명을 동시에 면접한다. 최대한 같은 시각에 오도록 했기 때문에 사람이 많은 것에 깜짝 놀라게 된다. 보험 설계사를 이렇게까지 하고 싶어 하는 이 지점은 어떤 곳인지 궁금해질 때쯤 지점장실로 안내한다.

세일즈 상담 시에는 고객이 창문을 바라보게 앉히면 시선이 분산되므로 벽 쪽을 바라보도록 자리를 배치하는 것이 맞다. 하지만 금융 판매업이라는 직업을 떠올릴 때면 한강이 내려다보이는 멋진 사무실에서 일하는 상상을 했으리라. 그래서 강변에 있는 사무실을 십분 활용해서 후보자들이 한강을 바라볼 수 있는 창문을 향하도록 앉게 한다. 이런 좋은 사무실에서 일하고 싶다는 욕구를 자극하는 것이다. 그리고 후보자 두세 명이 동시에 앉기 때문에 긴장감이 감돈다.

이제 지점장인 나는 후보자들에게 차를 한 잔 권하는데, 이미 밖에서 마셨다고 사양한다. 그러면 다시 내가 마시고 싶으니 한 잔씩 더 하자고 한다. 평소에도 나는 비서를 시키는 일 없이 커피를 직접 내려 마시곤 한다. 하지만 이 순간엔 다르다. 일부러 평소에 쓰지도 않는 인터폰을 누르고 커피를 부탁한다. 잠시 후 비서가 고급 도자기 커피 잔에 담긴 커피를 내온다. 방금 전 매니저를 만났을 때와는 격이 다르다.

마침내 면접을 시작한다. 보통 보험 회사들은 친절하게 우리 회사 우리 지점에서 같이 일하면 좋은 점을 열심히 설명하고 자극해서 입사를 유도한다. 하지만 나는 업계에서 가장 입사하고 싶은 회사이자 가장 일하고 싶은 지점이다 보니 입사를 원하는 사람들이 넘쳐서 다 받을 수 없기 때문에 면접을 통해 필터링해야 한다면서 친절하지 않게 밀어붙이며 면접을 진행한다. 나는 정말로 열정이 있고, 꼭 입사해서 일하고 싶다는 사람을 채용하고 싶은 것인데, 후보자들은 친절하게 권유하는 방식이 아닌 데에 놀라서 쩔쩔매며 면접을 치르게 된다.

마지막으로 합격 여부는 비서가 개별로 통보할 것이며, 합격자에게는 매니저가 천천히 앞으로의 업무를 알려 줄 것이라고 말하고서 면접을 마친다. 이렇게 경쟁률이 높아 보이고, 격식과 절차를 갖춘 대기업처럼 치러지는 보험 설계사 면접을 뚫고 입사한 직원들은 지금도 업계에서 멋지게 활동하고 있다.

걸려 온 한 통의 국제 전화에서 배우고 연구해서 만들어 낸 세일즈 프로세스의 구조화를 통해서 더 큰 성과를 얻을 수 있다는 확신을 갖게 된 유익한 경험이었다. 더블 세일즈를 달성하려면 항상 무엇에서든 배울 점을 찾아내고 내 것으로 만드는 노력이 필요하다는 사실을 다시 한번 강조하고 싶다.

2. 내 사업의 세일즈 프로세스를 만들어 두었는가?

세일즈 교육을 하면서 가장 강조하는 것 한 가지를 꼽으라면 역시 세일즈 프로세스라고 할 수 있다. 왜 세일즈의 프로세스를 확립해야 할까? 그냥 열심히 잘하면 되지, 꼭 그런 프로세스가 필요할까? 그런 의

문을 풀기 위해 세일즈 프로세스가 무엇인지와 그 필요성을 세 가지로
나눠서 이야기해 보겠다.

세일즈 프로세스란?

일종의 영업 활동이나 사업의 업무 절차 또는 단계를 의미한다. 세일
즈에서 고객이 찾아오는 업종은 '인바운드 세일즈 Inbound Sales'라고
하고, 고객을 찾아가는 업종은 '아웃바운드 세일즈 Outbound Sales'라
고 칭하는데, 두 가지를 나눠서 살펴보자. 고객이 찾아오는 업종은 고
객의 입장이 되어서 생각하면 프로세스를 쉽게 떠올릴 수 있다.

■ 인바운드 세일즈

노출: 길에서 노출이 잘 되고 있는가? 건물, 간판, 현수막, 배너 등이
어떻게 보이고 있는가? 온라인상에서 검색하면 정보가 잘 노출되고
있는가? 포털 사이트의 지도 검색이나 내비게이션 검색에 잘 나오는
지, 웹 사이트에서 잘 보이는지, SNS상에서 어떻게 나타나고 있는지
점검한다.

유입: 노출된 것을 접하고 얼마나 들어가 보고 싶은가? 매장 유입이 원
활하게 이루어지고 있는가? 주차장으로 진입할 때 우리 매장의 무엇
이 보이는가? 주차장 관리원은 친절한가? 엘리베이터나 계단에서는
매장이 어떻게 보이는가? 매장 입구에 들어설 때는 무엇이 보이고, 들
리고, 어떤 냄새가 나는가? 처음 마주치는 표지판은 무엇이고, 처음

만나게 되는 사람은 누구인가?

대면: 누구와 처음 대면하고, 무슨 말부터 하고 있는가? 첫말은 어떻게 건네고 있는가? 대면해서 진행되는 상담 및 고객 응대의 프로세스는 미리 설정해 둔 대로 이루어지고 있는가? 고객을 대할 때 태도, 옷차림, 표정, 화법, 시스템은 만족스러운가?

업무 또는 경험: 우리 서비스나 제품을 경험하는 고객의 만족도는 어떤가? 성과를 내는 방향으로 제공되고 있는가? 고객이 우리를 어떻게 기억하는가? 주위 사람들에게 소개하고 싶도록 서비스하고 있는가?

구매 전환: 실제로 얼마나 구매하도록 또는 객단가가 높아지도록 하고 있는가? 유입 후 구매로 전환되는 확률을 수치화해서 그 확률을 높여야 한다.

퇴점: 우리 매장을 나갈 때 고객은 무엇을 느끼면서 나가는가? 우리는 고객이 나갈 때 무엇을 하는가? 나간 후 무엇을 하는가?

재방문(재구매) 및 사후 관리 : 고객이 돌아간 후 고객 관리는 어떻게 하고, 재방문이나 재구매를 위해서 어떤 노력을 하고 있는가? 고객이 우리를 잊지 않고 다른 고객들에게 소개하도록 어떻게 대처하고 있는가?

■ 아웃바운드 세일즈

고객 리스트: 만나려는 고객들의 리스트는 얼마나 확보하고 있는가? 계속 이 리스트가 마르지 않게 새로운 물을 채우고 있는가?

전화: 고객에게 전화로 약속을 잡는가, 판매를 하는가? 약속을 잡고

방문하는 경우에 전화를 얼마만큼 하는가? 얼마나 적절하게 하는가? 약속을 잡아내는 확률은 얼마나 되는가? 전화로 판매하는 경우에는 어떻게 하면 판매율을 높일 수 있는가?

초회 면담: 약속을 잡고 방문하든 그냥 문을 열고 들어가는 개척 영업으로 방문하든 고객과 첫 만남에서 어떻게 초회 면담을 성공적으로 수행하고 있는가? 고객이 내 이야기에 귀 기울이게 하려고 어떻게 하는가?

욕구 탐색: 내가 팔려는 상품을 판매하는 경우도 있지만, 대부분의 세일즈는 고객의 욕구를 알아내기 위해서 질문과 경청을 통한 욕구 탐색을 시행한다.

제안: 그 욕구를 파악한 결과에 따라 제안하게 되는데, 이때 얼마나 효과적으로 제안하고 있는가?

거절 처리: 고객이 제안에 승낙하면 좋지만 거절하더라도 그냥 돌아서는 게 아니고, 그 거절을 극복하고 다시 고객의 마음을 열게 할 수 있는가?

계약 체결: 계약 절차는 고객이 편하도록 진행되고 있는가? 충분히 이해하고 계약한 후 잘한 일이라는 확신을 갖도록 하고 있는가?

소개 요청: 어렵게 찾아간 고객에게 소개를 받거나 주위 사람들을 내 고객으로 유치하기 위한 활동은 잘하고 있는가?

사후 관리: 고객을 계약 이후 또는 실패 이후에 어떻게 관리하고 있는가? 언젠가 다시 고객이 되거나 재구매를 하고, 소개를 하도록 만드는 일련의 활동을 하고 있는가?

이런 인바운드 세일즈와 아웃바운드 세일즈는 업종별, 특성별로 조금씩 다를 수 있다. 따라서 위에 언급한 것을 참고해 자신만의 세일즈 프로세스를 정리해 보면 좋다. 각 프로세스의 단계별로 그 단계를 잘 수행하려면 어떻게 해야 하는지, 그 단계에서 가장 중요한 핵심이 무엇인지 연구하고, 고민하고, 실행하는 것은 성과를 높이는 지름길이 된다.

그런데 이렇게 세일즈 프로세스를 정리하면 좋은 점이 무엇일까?

첫째, 세일즈 프로세스가 정형화되면 내가 이룬 성과를 다른 사람도 이루게 만들 수 있다. 만일 내가 사장이 아닌 1인 세일즈맨이라면 그저 열심히 탁월한 센스로 성과를 잘 만들기만 해도 만족스럽다. 하지만 내가 아닌 직원들이 비슷한 성과를 내도록 하려면 어떻게 해야 할까? 누군가를 가르쳐서 성과를 올리게 하려면 정형화된 세일즈 프로세스가 필요하다. 내가 요리를 잘해서 장사를 잘할 수는 있지만, 요리사를 여럿 두거나 프랜차이즈 사업에 나서려면 그 솜씨를 레시피로 계량화한 매뉴얼이 있어야 하고, 그 매뉴얼대로 하면 일정한 결과물이 나오게 할 수 있어야 한다. 내가 잘하는 게 쉬울까, 남을 잘하게 만드는 게 쉬울까? 당연히 남을 잘하게 만드는 일이 더 어렵다. 하지만 한 사람을 잘하게 이끌 수 있다면 그런 사람을 100명, 1000명도 만들어 낼 수 있다.

둘째, 세일즈 프로세스가 정형화되어 있으면 실적 목표와 더불어 활동량 목표를 정할 수 있다. 직원들에게 실적만 강요하고 평가한다면 과연 일하고 싶을까? 한 명은 열심히 하는데 성과가 오르지 않고 있고, 다른 사람은 그냥저냥 일하다가 우연히 성과가 난 경우에는 더욱 큰 박탈감을 느낄 것이다. 그래서 세일즈 프로세스를 정형화하고 그 프로세스별로 '실적 목표'와 함께 '활동량 목표'를 정하고 그것을 수치화하여 피드백하면, 실적과 활동량이라는 밸런스를 유지하면서 실적과 더불어 활동량의 평가로 인정받고 동기 부여도 가능해진다. 실적이 신통치 않아도 활동량이 좋으면 칭찬할 수도 있고, 활동량이 충분한데 실적이 나지 않는다면 그 원인을 찾아서 분석하고 함께 토론하면서 개선해 볼 수도 있다.

무엇보다도 영업 활동의 목표를 정할 때 세일즈 프로세스의 통계를 계량화해 두면 실적을 높이기 위한 활동량의 목표를 정할 수 있다. 예를 들어서 30명의 가망 고객에게 전화해서 약속을 잡는데 20명과 약속이 잡히고, 20명과 대면 상담을 했는데 10명에게 제안하게 됐고, 두 명이 흔쾌히 승낙한 반면 세 명은 거절 처리를 통해서 계약으로 이어졌다면, 이제 숫자를 파악하게 된 것이다.

30통 전화 → 20명 대면 상담 → 10명 제안 → 2명 승낙
→ 3명 거절 처리 → 5명 계약

그렇다면 같은 기간 내에 계약을 10명으로 늘리려면 어떻게 해야 할까? 60통의 전화 걸기가 활동량의 시작 목표로 설정된다. 적어도 주

단위로 실적 목표와 함께 활동량을 체크하면서 일하면 탁월한 성과를 올릴 수 있다. 내가 1인 세일즈맨이라고 해도 스스로 이런 활동량 목표와 활동량 피드백을 체크하면 성장의 원동력으로 삼을 수 있다.

셋째, 세일즈 프로세스가 정형화되어 있으면 성과가 나지 않을 때 문제점을 찾고 개선할 수 있다. 성과가 좋지 않으면 대부분 세일즈 프로세스 중 계약 체결 단계인 클로징에만 문제의 해결책이 있다고 생각하곤 한다. 하지만 성과라는 것은 성과가 나기까지의 일련의 프로세스가 있었기에 가능하므로 클로징 단계에 문제가 있는지 점검한 후 문제가 없다면 대개 그 전 단계를 역순으로 확인해서 해결책을 찾을 수 있다. 거절 처리는 잘하고 있는지 점검하고, 거절 처리를 잘하고 있다고 판단되면 제안을 잘하고 있는지 살핀다. 제안도 잘하고 있다면 고객의 욕구를 흘려듣고 고객이 원하는 게 아닌 내가 원하는 걸 제안하고 있었던 것은 아닌지 욕구 탐색 단계를 체크한다. 욕구 탐색도 문제없다면 초회 면담에서 고객이 자신의 욕구를 진실하게 털어놓을 수 있도록 라포(신뢰감) 형성을 잘하고 있었는지 점검한다. 마지막으로 라포 형성도 잘했다면 기본적으로 고객을 만나는 횟수가 부족한 게 아닌지 돌아본다. 고객과 약속을 충분히 잡고 있었다면, 그 전 단계인 가망 고객 숫자가 부족했던 것이 아닌지 점검한다.

다소 복잡해 보이는 세일즈 프로세스를 딱 3단계로 압축해서 설명하자면, PTC라고 할 수 있다.

Pool(가망 고객 숫자) × Try(판매 시도 횟수) × Closing(성사율)
= Performance(성과)

어느 사장님이 "우리는 정말 열심히 판매를 권유하고, 직원들의 고객 상담 능력이 뛰어나서 계약도 잘하는데, 성과가 너무 저조합니다."라고 고민해서 하루 종일 그 매장을 관찰한 적이 있다. 결론적으로 타 매장들보다 걸어 들어오는 고객 수가 현저히 적었다. 결국 노출과 유입을 얼마나 증대할 수 있느냐가 핵심인데, 그 간단한 생각을 왜 하지 못했을까?

평소에 세일즈 프로세스를 눈에 보이게 표로 만들어 붙여 두고 단계별로 활동량 목표 점수가 어떤 점에서 부족한지 점검한다면, 어려움을 극복할 때 큰 도움이 될 것이다.

이제 내가 하는 일에서 세일즈 프로세스를 정형화시켜 보자. 처음에는 그냥 종이 한 장을 꺼내서 볼펜으로 순서만 적어 봐도 좋다. 그렇게 시작해서 점점 프로세스를 체계화시키고, 그 단계별 핵심 사항과 성과 향상을 위한 아이디어를 정리하면 '더블 세일즈'를 달성할 수 있다.

세일즈 프로세스 정형화의 장점

1. 내가 이룬 성과를 다른 사람도 이루게 만든다.
2. 실적 목표와 함께 활동량 목표를 정할 수 있다.
3. 성과가 오르지 않는 문제점을 파악 후 개선할 수 있다.

3. 세일즈 프로세스 단계별 목표는 무엇인가?

자신만의 세일즈 프로세스를 작성했다면 이제 그 프로세스의 단계별로 무엇이 중요한지, 무엇을 잘해야 하는지 적어 보면 된다. 각 세일즈 프로세스의 단계에서 기본적으로 중요한 점과 어떻게 그 단계를 완수할지에 대해서 함께 생각해 보자.

> **고객 발굴: 가망 고객 명단은 사용한 만큼 계속해서 채워야 하며, 항상 일정한 가망 고객 숫자를 유지하라!**

가망 고객 명단이 계속 마르지 않게 일정 숫자 이상으로 관리되고 있는지 점검해야 한다. 만일 가망 고객 명단을 300명이라고 하면, 이 300명의 명단에서 100명이 계약 고객으로 넘어갔을 때 다시 100명을 채워 넣는 작업이 이루어져야 한다.

지속적인 고객 발굴은 지인, 소개, 개척, 단체 영업 정도로 구분해서 생각해 볼 수 있다. 내가 아는 지인들을 리스트로 만들고, 그들 모두에게 내가 하는 일을 정확히 알리는 것을 영업의 첫 시작으로 생각하자. 지인을 통해 소개 받은 사람에게도 내가 하는 일을 명확히 알려 주는 작업이 필요하다. 꾸준히 개척 영업이나 단체 영업을 통해서 가망 고객을 확보하고 있는지, 온라인 마케팅으로도 가망 고객이 확보되고 있는지 점검해야 한다. 우리가 목표로 한 가망 고객 명단이 300명이라면 항상 이 300명에 미달되지 않게 유지해야 한다는 사실을 잊지 말자!

전화 약속을 잘 잡기 위해서 중요한 것은 무엇일까? 스크립트(대본)를 작성하고 나만의 말투로 다듬어서 입을 훈련시키는 일이다. 입이 자동으로 열리게 될 때까지 쉼 없이 지인들에게 스파링 파트너를 요청해 연습 전화를 걸어야 한다. 그리고 매일 몇 통을 건다는 활동량 목표와 몇 건의 약속을 잡아내겠다든가 몇 건의 판매에 성공하겠다는 성과 목표를 동시에 정해서 계속해야 한다. 고객을 관리하는 측면에서 지속적인 고객 터치도 필요한데, 고객 리스트를 매일 띄워 놓고 순서대로 전화를 거는 것도 중요하다.

하루에 '바를 정(正)'을 4개 적는다고 작정하고, 최소한 20명에게는 전화 걸기를 습관화하는 것도 방법이다. 눈에 보이도록 활동량을 기록하면 더욱 강력히 동기 부여를 해 주기 때문이다. 전화를 한 통 걸 때마다 '바를 정(正)'자에 한 획을 긋는 것이다.

하루에 대면 상담을 몇 명 하겠다는 활동량 목표를 정하고, 최선을 다해서 고객 상담에 임한다. 그리고 대면 상담의 목표가 고객의 욕구를 이해하고 정보를 얻은 후 제안 및 계약을 위한 약속을 잡아내는 것인지, 아니면 바로 판매를 시도하는 것인지에 따른 성과 목표도 정하고 나서 대면 상담을 시작해야 한다. 그런데 이런 목표들과 함께 대면 상담에서 중요한 것이 고객을 만났을 때 '아이스 브레이킹 Ice breaking'을 하는 일이다. 단순히 생각하면 만나서 가볍게 안부를 묻고 칭찬하는 정도로 고객에게 호감을 사려는 의도라고 생각할 수도 있다. 하지만 명심할 것은 사람들이 바쁘게 살다가 세일즈맨을 만났을 때 갑자기 본론을 꺼내 버리면 하던 일 때문에 머릿속이 뒤엉켜서 우리 이야기가 강력히 전달되지 않는다는 사실이다.

이때 머릿속을 환기시키고 이제부터 상담으로 진입한다는 신호를 주는 것이 '아이스 브레이킹'의 주목적이다. 급해도 꼭 잠시 환기해 주는 작업 후 본론으로 들어가야 한다. 대면 상담을 잘해 내기 위해서는 역시 처음에는 고객 상담 '스크립트'를 작성해서 달달 외우고, '롤플레이'를 통해 충분히 연습이 되어 있어야 한다. 세일즈맨 초기에 연습한 롤플레이 덕분에 어느 순간 나도 모르게 자연스러운 상담을 진행해서 성과를 만들어 내는 단계에 도달한 사실에 스스로 놀라는 일을 겪고 나면, 제대로 된 고객 상담 연습을 했다고 봐도 좋다.

> **욕구 탐색: 나만의 파워 질문(Power Question)을 작성해서 만남 전에 20개 이상씩 준비하라!**

고객의 욕구를 파악하기 위해 가장 좋은 방법은 질문과 경청을 잘하는 것이다. 좋은 질문은 저절로 나오는 게 아니라서 평소에 고객과 상담할 때 던질 질문을 리스트로 만들어 둬야 한다. 사소한 질문부터 강력한 질문까지 최대한 리스트를 작성해 보자.

『당신의 세일즈에 SPIN을 걸어라』(닐 라컴 Neil Rackham 지음)라는 책에서 특히 질문의 유형을 잘 분류하고 있는데, 상황(Situation)을 파악하는 사실 확인 질문들로 시작해서, 문제(Problem) 제기형 질문들로 고객의 불만과 욕구를 불러일으키고, 문제 확대(Implication) 질문으로 더 큰 심각성과 문제의 영향을 깊이 인식하게 만들며, 마지막으로 문제 해결(Need pay off) 질문을 통해서 고객의 문제가 해결되도록 유도해 마무리하는 것이다.

여기서 중요한 것은 이런 공식보다도 가볍게 안부를 묻는 질문부터 사실 확인, 문제 제기, 욕구를 자극하는 질문들까지 생각나는 대로 모두 정리해 보고, 각 질문들이 종류별로 상당량 확보되어 있는지 살펴보는 일이다. 그리고 고객을 만나거나 상담하기 전에 미리 그 고객에게 할 질문들을 생각하고 글로 적어 둔다. 그러면 고객 상담 중에 내가 작성한 파워 질문들이 욕구 탐색은 물론 욕구를 자극해서 거래로 이어지게 하는 중요한 역할을 수행하게 된다.

질문을 던지면 고객은 답을 해야 하고, 상담의 주도권을 질문하는 사람이 쥐게 되며, 고객이 질문에 답하는 동안 그다음 스텝을 준비할 수도 있고, 고객의 대답을 통해서 더 많은 정보를 파악할 수 있기 때문에 질문이 강력한 것이다. 다만 질문을 해서 고객이 답하는 동안 이를 잘 경청하는 자세가 기본이고, 고객이 자기 이야기를 잘 들어 줘서 고맙다는 생각이 들도록 하는 노력도 필요하다.

지난번 상담 후 다시 만나서 프레젠테이션을 하는 경우, 많은 세일즈맨이 곧장 본론으로 진입해 버리는 실수를 저지른다. 첫 상담 때는 아이스 브레이킹도 하고 호감을 사려는 노력도 기울였는데, 유독 제안하는 단계에서는 '지난번에 만났으니까'라는 생각에서 바로 본론으로 들어가 버린다. 이때도 역시 아이스 브레이킹을 통해서 머릿속을 환기해야 하며, 호감을 얻고자 노력하면서 제안에 들어가야 한다.

제안할 때 잊지 말아야 할 점은 지난 상담 시 알게 된 사실부터 재확인하는 질문을 던져야 한다는 것이다. 고객은 지난번 상담 때 자신이 이야기한 내용을 명확히 인지하고 제안을 준비했다는 사실에 만족해할 뿐만 아니라, 재확인성 질문이기에 계속해서 '네'라고 대답하게 된다. 세일즈에서 일명 'Yes Set'이라고 말하는, '네'라는 대답을 6회 이상 반복하다 보면 '네'라는 긍정적인 대답을 하는 방향으로 마음의 준비가 된다는 점도 중요한 역할을 담당하기 때문에 항상 재확인 질문을 잊지 말도록 하자.

제안서는 복잡하고 길어질 수도 있는데, 간단히 잘 요약한 한 장짜리 제안서를 추가로 첨부하면 좋다. 물론 설명도 간단명료하면서 임팩트 있게 하는 것이 중요하고, 프레젠테이션 때는 장소, 좌석 배치, 시각화 자료, 설명식 텍스트 자료, 발표자의 억양과 제스처 등 만반의 준비와 연습이 이루어져 있어야 하는 것이 당연하다. 제안 단계에서 가장 중요한 포인트는 우리가 가고자 하는 결론과 함께 고객의 반론을 미리 예상해서 준비해야 한다는 것이다.

클로징 Closing은 크게 3단계로 구성된다. 고객이 '구매를 할까?'라고 생각하는지 알 수 있는 '구매 신호'. 그 구매 신호를 포착해서 고객에게 "하세요!"라고 마무리를 시도하는 것. 마지막으로 "하세요!"라고 말했는데 고객이 거절했을 때, 그것을 극복해 내는 '거절 처리'로 나눠진다.

　첫째, 구매 신호에는 어떤 것들이 있을까? 고객의 얼굴이 다소 굳어 있다가 표정이 밝아진다든지, 숫자를 계산하는 듯한 표정을 보이거나 자세를 적극적으로 고쳐 앉는다든지 등이 있다. 또 계약을 한다고 생각하고 던질 법한 질문들이 모두 구매 신호에 해당되는데 계약 후 페널티를 물어본다든지, 구체적인 계산을 요하는 질문을 한다든지, 배송과 AS를 물어본다든지, 결제 방법과 옵션들을 묻는다든지 같은 계약하고 나서 벌어질 일들에 대한 구체적인 질문들을 말한다. 일할 때 고객이 어떤 구매 신호를 보내오는지 관심을 갖고 잘 정리해 두면 적절한 타이밍을 잡아서 고객에게 "하세요!"라는 말을 건넬 수 있다.

둘째, "하세요!"는 어떻게 말해야 잘하는 걸까? 고객에게 정직하게 "하세요!" "서명하세요!" "결정하세요!"라고 말하면 반감을 살 수도 있다. 그래서 우리는 클로징을 학습할 때 고객에게 부담스럽지 않으면서 매끄럽게 마무리를 유도할 수 있는 화법을 연구한다. 그중에서 몇 가지를 소개해 보겠다.

■**체험 권유형:** "일단 한번 사용해 보세요." "입어 보세요." "드셔 보세요." "만져 보세요." "앉아 보세요." 이런 체험을 권유하는 모든 것이 클로징의 대표적인 기법 중 하나다. 물론 체험 권유는 이후 구매 신호를 다시 잘 포착해서 구매를 결정하게끔 재권유가 필요할 경우가 많다.

■**양자택일법:** 고객이 아직 결정하겠다고 말하지는 않았지만 구매 신호를 포착했다면, 계약 후에 벌어질 일들을 질문하면 되는데 그때 대표적인 방법이 '양자택일법'이다. "자동 이체는 5일이 좋으세요? 15일이 좋으세요?" "배송은 댁으로 받으실래요? 회사로 받으실래요?" "흰색과 은색 중에서 어느 쪽으로 하시겠어요?" 같은 질문이다.

■**전제화 화법:** 양자택일법을 비롯해서 계약을 전제로 던지는 모든 질문이 전제화 화법에 해당한다. "결제 은행은 어느 은행이 좋으세요?" "할인받을 카드가 있을 것 같은데요?" 등 계약 후에 필요한 질문을 먼저 던져서 이제 계약한다는 점을 알린다.

■**2차적 마무리 화법:** 만일 고객이 중요한 사항을 결정하지 못하고 고민하고 있다면, 사소한 것부터 마무리 지어 놓는 방법이다. "색상은 흰

색이 좋으시다는 거죠?" "이 옵션은 선택하시겠다는 거죠?" 등 중요도가 높지 않은, 미리 결정해도 될 사항들을 먼저 결정하도록 유도한다. 그러면 나중에 가장 중요한 결정만 남기 때문에 계약 자체를 안 할 가능성은 낮아진다.

■**주문서 마무리:** 휴대폰 매장을 성공적으로 15개 운영하는 지인이 매장 톱 세일즈맨들의 공통점을 분석해 봤더니, 모두 고객이 들어와 상담을 시작하면 구매할 폰을 올려놓고 동시에 계약서를 꺼내 하나씩 질문하면서 빈칸을 채워 나간다고 한다. 고객은 계약서가 점점 채워지는 모습을 지켜보다가 결국 인적 사항과 서명만 하면 끝나는 상황에 직면하게 되는 것이다. 이를 '묵시적 클로징'이라고 칭하는데, 고객에게 말로 하지 않고 계약이 이루어졌다는 묵시적인 메시지를 전하는 경우이다.

■**침묵 클로징:** 침묵이 무슨 화법이나 기술이냐고 반문할지 모른다. 하지만 협상 교육에서 중요하게 다루는 것 중의 하나가 바로 '침묵'이다. 고객이 무리한 요구를 하거나 무례할 때, 그러면 안 된다면서 계속 설명하고 설득하는 경우와 잠시 고객의 눈을 응시한 채 3~5초 정도 침묵하는 경우는 어떻게 다를까? 그런 대화 중 침묵은 무척 긴 시간으로 느껴진다. 고객은 자신이 너무 심하게 말하거나 행동한 것이 아닌지 스스로 고민하게 된다. 그 후로는 세일즈맨의 말을 귀담아듣고 좀 더 친절하게 세일즈맨을 대하게 된다. 그것이 바로 침묵의 힘이다.

간단하게 세일즈 프로세스별로 우리가 무엇을 해야 하고, 어떻게 그 단계를 더 잘 수행할지 이야기해 봤다. 각 단계를 하나씩 별도의 챕터로 구성할 수도 있지만, 앞으로 실전에서 도움이 될 이야기들을 더 다룰 예정이기에 이 정도로 마친다. 세일즈 프로세스와 그 단계별 전략은 세일즈의 모든 것이라고 해도 과언이 아닐 만큼 중요하다. 부디 자신만의 프로세스를 작성해 보고, 그 프로세스 단계별 전략을 심화 학습해 보는 시간을 꼭 가지길 바란다.

4. 6의 법칙이란?

세일즈를 학습하고 현장에서 실행하면서 매우 간단하지만 현실성 있게 와 닿았던 한 가지 법칙이 있는데, 바로 '6의 법칙'이다. 세일즈의 역사 속에서 가장 인기 있었던 교육은 '클로징' 교육이었다고 해도 과언이 아니다. 그 클로징 교육의 선구자이자 '클로징의 아버지'라고 불린 더글라스 에드워드 J. Douglas Edwards가 처음 이야기했던 법칙인데, 보통 세일즈를 실행할 때 6의 법칙이 나타난다는 것이다.

사람들이 어떤 새로운 제안을 받거나 누군가 새롭게 접촉해 올 때 평균 6회의 거절을 하고, 그 거절들을 카테고리로 나누면 크게 여섯 가지로 나눠 볼 수 있다는 말이다. 열심히 영업을 해야겠다고 결정하면 누구나 가장 간단한 방법으로 매장 주변을 부지런히 돌아다니면서 홍보물을 나누어 줘야겠다고 생각한다. 또 아웃바운드(고객을 찾아가는)

세일즈를 실행하는 업종이라면 특정 지역을 정해서 소위 '개척 영업'을 돌아야겠다고 작정한다. 그런데 돌아다니면서 홍보물을 배포하다가 '별로 효과가 없는데….'라며 중단한 경험이 있지는 않은가?

특히 개척 영업을 한다는 세일즈맨들은 특정 상권을 두세 번 돌아보고 나서 반응이 시원치 않다며 중단한 경험이 있을 것이다. 여기서 사람들이 보통 6회 거절한다는 사실을 간과했을 수 있다는 점이 중요하다. 권유에 대한 거절이 아니라도 가망 고객은 새로운 사람이 찾아오면 마음속에서 이야기를 듣지 않겠다는 거절이 여섯 번 정도 자연스럽게 일어나게 된다.

그러면 이렇게 생각해 보자. 고객이 6회 거절하거나 말을 듣지 않는다는 사실을 깨달았으니 처음부터 7회 찾아가고, 권유하고, 거절을 처리하는 훈련을 한다면 어떨까? 특정 지역을 몇 번 가 보고 '여기는 아닌가 보다' 하고 포기하지 말고, 애초에 7회 방문하겠다는 계획을 세우는 것이다.

실제로 나는 세일즈맨들과 함께 7회의 방문 계획을 세워서 실행해 보았다. 첫 방문 때는 명함만 돌리고, 두 번째는 우리가 하는 업무의 안내문을 돌린다. 물론 이런 것을 돌릴 때 그냥 건네기보다는 정중히 인사하며 눈을 마주치고, 말로라도 나와 우리 회사를 알리면서 "이것에 대해 필요하거나 궁금한 점이 있으면 언제든 연락주세요!"라는 말 정도는 하고 나온다. 무엇보다 크게 미소 지으면서 말이다. 세 번째는 우리 회사의 주력 상품 안내문, 네 번째는 내 개인적인 면까지 알 수 있는 상세한 프로필을 돌린다. 다섯 번째는 고객들이 궁금해할 듯한 유익한 정보를 전하고, 여섯 번째는 작은 선물들을 들고 가서 퀴즈나 추첨을 통해서 재미와 참여를 유도해 이야기를 나눌 수 있는 기회를 만들어 낸다. 마지막으로 일곱 번째는 지금까지 일곱 번을 방문했는데, 우리가 뭐하는 사람들이라고 생각하느냐는 질문을 넌지시 던지기도 한다.

이런 7회의 방문 계획을 세우는 데에는 어떤 정답도 없다. 하지만 많은 세일즈맨이 한두 번 시도하다 마는 경우가 부지기수라는 점을 떠올리면 도리어 희망과 가능성을 발견할 수 있다.

어째서 이런 지속적인 방문이 효과를 낼 수 있을까? 이것을 세일즈에서는 고객에게 '부채감'을 느끼도록 만든다고 말한다. 마치 보험 설계사들이 매주 매장이나 사무실을 방문해서 건빵을 놓고 가기도 하고, 어느 날은 사탕을, 때로는 볼펜을 주고 가면, 전혀 관심이 없다가 문득 무엇인가 필요하다는 생각이 들 때 그래도 매주 들렀던 일로 빚진 듯한 마음이 들어서 그 사람에게 문의하게 되는 경우와 비슷하다.

이렇게 지역을 돌면서 사탕이나 건빵을 주는 일이 아직도 효과가 있느냐고 묻는다면, 최근에도 H생명 매니저가 강남역 상권을 매주 순회한 덕분에 한 약국의 약국장(약국의 대표를 약사가 아니라 약국장이라고 칭하는 것은 세일즈를 학습하는 사람의 기본이라고 본다)과 월 납입 보험료 800만 원짜리 계약에 성공했다는 소식을 들은 적이 있다.

요즘에 우리 매장이나 사무실을 방문하는 세일즈맨들의 수를 과거 10년 전과 비교해서 생각해 보면, 점점 인터넷 등 온라인 마케팅만 열심히 하고 있는지 몰라도 분명히 찾아오는 횟수가 줄었다고 느낄 것이다. 4차 산업혁명 시대에는 영업의 시대가 온다고도 하고, 전문가들은 얼굴을 마주하고 감성과 공감으로 영업해야 한다고 말하는데, 거꾸로 행동하고 있는 것은 아닌지 돌이켜 보고 거기서 기회를 잡을 수 있다고 생각해야 한다.

내 사업장이 지역 영업이 필요한 업종인지 한번 곰곰이 짚어 보자. 예를 들어 나는 여행사를 운영하고 있지만, 여행사라면서 상가를 돌며 회사를 홍보하거나 사무실을 방문해 영업하는 모습을 본 적이 없다. 물론 지인 소개를 통해 기업이나 관공서 상대로 영업하면 효율성이 높다는 것은 인정하지만, 수많은 여행사가 점점 사업이 위축되고 규모가 축소되는 마당에도 늘 사무실 안에서만 고객 응대하기에 바쁘다. 동네 상권에서조차 영업하지 않는다는 사실이 내게는 그저 신기할 따름이다.

우리 직원들이 저가 온라인 여행사들 때문에 치명타를 입었던 시기에 광고지를 만들어서 상권 영업에 나섰을 때, "우와! 항상 온라인 마케팅에만 치중했는데, 이렇게 광고지를 돌려서 문의가 늘어날 줄은 상상도 못했네요!"라고 놀라워했던 기억이 아직도 생생하다.

다른 관점에서 6의 법칙은 거절의 유형이 보통 여섯 가지 정도 나오기 때문에 거절 유형들을 잘 정리해서 여섯 가지 큰 카테고리에 맞춰 거절을 처리하고 응대하는 화법을 준비하고, 입이 훈련될 때까지 연습해 두자는 것이다. 고객이 A1을 이야기하면 내 입이 저절로 A2라고 말하도록 훈련해 둔다.

이렇게 되면 고객의 거절을 응대할 때 스트레스를 줄일 수 있고, 좀 더 효율적으로 성과를 높일 수도 있다. 만일 고객에게 전화를 걸어 약속을 잡으려고 하는데 고객이 "바빠요!"라고 말한다면, "아! 고객님 맞습니다. 소개받을 때 무척 열심히 사시는 분이라 바쁠 것이라는 얘기를 듣고 전화했습니다. 바쁘실 줄 알기에 불쑥 찾아뵙지 않고, 전화로 먼저 약속을 잡고 나서 찾아뵈려고요. 혹시 다음 주 화요일이 좋으세요, 아니면 수요일이 좋으세요?"라고 응대하는 연습을 한다.

여섯 가지의 대표적인 거절로써 사람들은 첫째 '바빠요(시간 없어요).' 둘째 '돈이 없어요(여유가 없어요).' 셋째 '다음에요(지금 결정하지 않을래요).' 넷째 '필요 없어요(필요성을 모르겠어요 또는 이미 충분해요).' 다섯째 '못 믿겠어요(제품이나 당신을 어떻게 믿죠?).' 여섯째 '이미 가던 데가 있어요(아는 사람이 있어요).'를 이야기한다. 그러면 이 여섯 가지 대표적인 거절들이 고객의 입에서 나오리라 예상하고 그에 대비해 두면 좋다. 항상 시도는 6회를 넘어서 7회 계획하고, 고객의 입에서 나오는 여섯 가지 정도의 거절 유형을 평소에 꾸준히 연습해서 자연스럽고 정중하게 거절을 부메랑으로 되돌리면서 계속 영업 활동을 이어 나갈 수 있어야 한다.

자영업자로서 사업의 매출이 부진하면 속이 타고 발을 동동 구르게 된다. 하지만 혹시 영업은 나가지 않고 매출 걱정만 하고 있지는 않은지 되돌아보고, 발로 뛰어서라도 영업 성과를 내고 매출을 늘리겠다는 절실한 마음으로 용기 내어 당장 동네 상권부터 일곱 번 방문해 보았으면 좋겠다. 준비에만 몰두하지 말고, 한 번의 방문을 시작하는 것이 절반이라는 생각으로 실행해 보자. 그 어려운 첫걸음이 '더블 세일즈'를 향한 소중한 시작이라는 점을 유념하길 바란다.

5. 무대를 만들고 춤춰라!

'라포 Rapport'라는 말을 들어봤는가? 라포란 상호 간의 신뢰와 공감대를 형성하는 것을 일컫는다. 업종마다 차이가 있겠지만 사전을 찾아보면 '상담, 치료, 교육 등은 특성상 상호 협조가 중요한데 라포는 이를 총족시켜 주는 동인(動因)이 된다. 라포를 형성하기 위해서는 타인의 감정, 사고, 경험을 이해할 수 있는 공감대 형성을 위하여 노력하여야 한다. 따라서 효과적인 장애 학생 교육이나 부모 상담을 위해서는 라포의 형성이 무엇보다 중요하다'라는 내용이 실려 있다.

우리가 일하면서 고객을 상대할 때 이 '라포'가 형성된다면 무엇을 하든 성과가 압도적으로 높게 나올 수 있다. 업종과 업무 프로세스상 신뢰감을 형성하는 수준은 아니더라도, 고객과 서로 지금 순간에 집중하는 상호 간 암묵적 동의가 이루어졌는지가 중요하다고 말하고 싶다.

달리 표현하자면 '무대를 만들고 춤춰라!'라는 얘기다. 고객의 마음속에 라포까지는 아니어도 내가 춤출 때 제대로 공연을 감상하도록 준비시켰는지를 말한다. 무대를 만들고 그 위에서 춤을 춰야 공연이다. 무대를 만들지도 않고 바로 춤을 추어 대면 그것은 막춤이고 가치가 떨어지는 행위다. 세일즈에서는 이를 전문 용어로 'Set the stage'라고 한다. 말 그대로 무대를 만든다는 뜻이다.

예를 들어 자영업자들을 찾아오는 세일즈맨을 생각해 보자. 한 세일즈맨이 상가를 개척 영업하는데 가게 문을 열고 들어가서는 바쁘게 일하고 있는 사장님 뒤통수나 옆에다 대고 자신이 누구며 왜 방문했는지, 무엇을 판매하려는지 열심히 설명한다고 가정해 보자. 바쁘게 일하고 있는 사장님이 세일즈맨의 이야기를 들을 준비가 되어 있을까? 그리고 세일즈맨은 설명할 준비가 충분히 되어 있을까? 무대를 만들지도 않은 채 춤을 추어 대면 사장님 입장에서는 잡상인이나 귀찮은 존재 정도로 여겨질 뿐이다. 차라리 문을 열고 들어선 후 밝게 인사하고 나서 사장님이 일을 멈추고 나를 바라보며 "뭔가요?"라고 물어보길 기다리는 편이 훨씬 낫다. 그때 사장님께 다시 인사하면서 "딱 1분만 말씀드릴게요!" 하고 이야기를 시작한다. 사장님은 잠시나마 암묵적으로 동의가 이루어진 상태에서 세일즈맨의 설명을 듣는 것이므로 무대가 만들어진 후 춤추는 모습을 보게 되는 셈이고, 따라서 이것은 공연이 된다. 그러면 성과를 얻을 가능성이 한층 높아진다.

만일 사장님이 아무 반응 없이 일만 한다면 그때는 "사장님! 1분만 잠시 말씀드리겠습니다. 무척 도움이 되실 겁니다!"라고만 한다. 사장님이 거절할 때까지 말이다. 거절하면 "언제 오면 1분만 이야기를 들어 주실 수 있습니까?"라고 여쭤본다. 그래도 거절하면 다음 날이나 다음 주에 다시 방문해서 "사장님, 지난주에 왔던 ○○○입니다! 오늘은 딱 1분만 시간을 내주세요!"라고 말한다. 이쯤 되면 앉아서 이야기를 나누게 된다.

실제로 '6의 법칙'대로 여섯 번 찾아가서 1분만 이야기하자고 하면, 대부분 귀찮아하거나 어이없어하면서도 일단 해 보라고 승낙한다. 이제 무대가 만들어졌으니 춤을 추면 공연이 시작되는 것이다. 고객을 찾아갔을 때 고객이 바쁘다고 해서 급히 말하기보다는 눈이라도 온전히 마주치고(아이 컨택 Eye contact) 잠시 이야기를 나누는 것이 중요하다는 사실을 재차 강조하고 싶다.

이제 고객이 우리 매장이나 사무실을 찾아왔다고 생각해 보자. 이때도 어김없이 무대를 만들고 나서 춤을 춰야 한다. 바쁘다는 이유로 무대도 만들지 않고 바로 춤을 춰 버린다면 고객에게 우리 인상을 좋게 남길 기회를 잃어버릴 수 있다. 사업장을 방문한 고객은 대부분 Set the stage 단계를 거치기 때문에 우리가 미처 의식하지 않고 응대하고 있는지도 모른다.

예를 들어 병원을 찾은 환자가 인적 사항을 말하자마자 대기석에 앉지도 못한 채 바로 의사와 대면했는데, 의사가 다짜고짜 진료 도구를 들이대면서 질문하기 시작한다고 생각해 보자. 과연 신속한 서비스라고 감동할까? 대기석에 앉아서 병원에 비치된 의사의 경력 사항, 각종 자격증과 수료증, 전문성에 관한 안내문 등을 살피면서 '이 의사는 정말 믿을 만하구나.'라는 신뢰감을 갖고 의사를 마주할 때 만족스러운 결과가 나타난다. 물론 의사도 환자가 들어와 앉으면 잠시라도 눈을 마주 보고, 이제 내가 당신을 위한 공연을 시작한다는 메시지를 전하는 것이 성과를 거두는 강력한 요소임을 잊지 말자.

미용실 문을 열고 들어서자마자 바로 거울 앞에 앉히고는 가위를 들고 무엇을 할지 묻는다면 고객이 감동할까? 음식점에 들어가 앉자마자 무엇을 시킬지 물어보면 고객은 어떤 기분이 들까? 물론 업종별로 특성이 달라서 빠른 서비스가 요구되는 경우도 있을 수는 있다. 하지만 고객에게 잠시 틈을 주고, '이제 당신을 위한 무대를 만들어 춤을 추겠다.'라는 메시지를 전달하는 것은 결실을 맺는 데에 무척 중요하다.

고객이 우리 음식점을 방문하면 물과 메뉴판을 먼저 건네는 행위가 일종의 Set the stage라고 할 수 있다. 주문을 받을 때 직원이 고객과 눈을 마주치고 잠시나마 '당신을 위한 공연을 시작할게요.'라는 메시지를 전하는 듯한 순간을 만들어 내는 수고가 필요하다. 한때 패밀리 레스토랑에서 직원이 테이블 옆에 무릎을 꿇고 앉아서 고객과 눈을 맞추며 주문받는 것으로 사람들 입에 오르내렸던 적이 있었다. 이는 고객에게 '지금 주문을 받고 이제부터 본격적으로 서비스를 시작합니다.'라는 메시지를 강력하게 전달한 것이다.

물론 자리에 앉기 전 대기석에서도 이런 작업들이 선행된다. 간단한 음료를 제공하며 미리 메뉴판을 건네서 살펴보게 하거나 기다리는 동안에 지루하지 않도록 이벤트를 진행하는 것들 모두 이제 우리 서비스를 본격적으로 제공받게 될 것이라는 공연의 예고편을 보여 주는 일이다.

사무실을 찾아온 고객에게 앉으라고 권하면서 바로 본론으로 들어가기보다는 정중히 인사를 나누고, 명함을 주고받으며 잠시 '아이스브레이킹' 시간을 갖고 차 한 잔을 대접하면서 이런저런 업무 외 이야기를 나누는 것 역시 Set the stage의 일환이다.

이제 우리가 공연을 시작한다는 메시지를 고객에게 알리고 나서 공연을 해야 한다는 점을 명심하면서, 자신이 사업에서 성공적인 공연을 위한 무대를 어떻게 만들고 있는지 재점검해 보길 바란다.

Set the stage의 예	
병원	환자가 대기석에 앉아 의사의 경력 사항, 자격증, 전문성에 관한 안내문 등을 살피면서 신뢰감을 갖는다.
음식점	손님이 오면 자리로 안내하고 물과 메뉴판을 먼저 제공한다.
사무실	찾아온 고객과 인사를 나누고 차 한 잔을 대접하면서 아이스브레이킹 시간을 갖는다.

6. 보이게 일하라!

어느 날 나는 부부만의 여행을 떠나려고 여행사에 여행 상품을 문의했다. 그런데 내가 예약하고 싶은 상품이 예약 대기 상태라고 했다. 대기자가 네 명인데 출발까지 여유가 좀 있어서 좌석이 확정될 가능성이 높아 보인다고 하기에 대기자로 우선 예약을 넣었다. 하지만 부부만의 여행이니 필요하다면 돈을 좀 더 내고 확정되는 상품을 선택할 생각도 갖고는 있었다. 상품 가격에 꽤 차이가 나니까 일단은 여행사 직원의 말을 믿고 며칠 기다려 보기로 결정했다.

이제 여행사 직원의 업무 처리 과정을 함께 들여다보자. 여행사 직원은 대기자로 예약을 받았으니 어떻게든 좌석 확정을 받아야겠다고 생각했다. 그래서 본사에 연락도 해 보고 상황을 파악하지만 역시 네 명의 대기자 상태는 변함이 없었다. 그래도 혹시 좌석 상황이 나아지지 않을까 해서 수시로 살펴보곤 했다. 상담 후 이틀째 아침에 출근해서 어떻게 됐는지 재차 확인했지만 역시 별반 다르지 않다는 사실을 알게 되었다. 점심때도 저녁에 퇴근하기 전에도 그대로였다.

3일째에 출근하자마자 체크했더니 다행히 두 명이 취소되어서 대기자 수가 두 명으로 줄어들어 있었다. 네 명이 더 취소되어야 좌석이 확정된다. 그래서 본사 팀장에게 전화를 걸어 어떤 고객들이 대기자인지 물어보기도 했다. 그리고 기존 확정자 중에서 취소할 만한 사람들은 없는지도 알아봤다. 팀장은 아직 시간이 있으니까 변동 가능성이 높아서 확정될 수 있을 것 같다고 말했다. 퇴근 전까지 몇 번 확인했지만 역시 좌석은 미확정 상태였다.

4일째 출근해서 대기자 상황을 확인해 보니 기쁜 소식이 있었다. 4인 가족 신청자에게 일이 생겨서 예약을 취소했다고 한다. 결국 4일 동안 고생한 보람이 있었다. 좌석이 확정되어서 고객이 얼마나 기뻐할지 생각하며 전화를 걸었다. "고객님! 드디어 좌석이 확정됐습니다. 제가 말씀드린 대로 기다리신 보람이 있지요? 여행 경비에서 40만 원이나 절약할 수 있으니까요. 정말 축하드립니다!"

그런데 고객인 나는 4일 동안 여행사 직원에게서 연락 한번 없었기 때문에 다른 여행사에 돈을 좀 더 주고 상품을 확정한 다음 계약금까지 지불한 상태였다. 왜 이 직원이 상담 후 다음 날도, 그다음 날도 아무런 연락이 없다가 이제야 연락했을까 하는 서운한 마음도 들었다.

이런 일은 많은 서비스 업종에서 흔히 겪게 된다. 고객이 갖는 마음의 속도와 고객을 응대하는 쪽이 갖는 마음의 속도에는 차이가 있다. '며칠은 기다리겠지.'라는 생각으로 매일 열심히 알아본 직원은 결정적으로 자신이 좌석 확정을 받으려고 성심껏 일하고 있다는 사실을 고객에게 알리지 않았고, 고객은 그가 자신을 방치했다고 생각하게 되어 버렸다.

이런 상황에서는 고객에게 일하고 있다는 점을 알렸어야 한다. 상담한 다음 날 고객에게 짧게 전화를 하든지 문자를 하든지, 아침 점심 저녁으로 좌석을 알아봤으나 아직 변동이 없다고 전하고, 3일째에는 본사 팀장과 연락해서 기존 예약자들의 취소 가능성도 체크했는데 다행히 대기자가 두 명 줄어서 가능성이 더 높아졌다고 알려 줬어야 한다.

고객은 이런 자세를 어떻게 받아들일까? 매일 연락해 오는 직원을 귀찮다고 여길까? 오히려 '매일매일 나를 위해서 열심히 알아보고 노력하는구나.'라고 생각해서, 혹시 다른 여행사를 알아봤다면 그 내용을 얘기하면서 어떻게 해야 좋을지 상의할 것이다. 그러다가 마침내 좌석이 확정되었다는 연락을 받으면 고객은 며칠간 계속 자신을 위해서 성실히 일한 여행사 직원에게 고맙다는 마음과 말을 전하게 될 것이다.

우리는 직원이나 자녀를 대할 때 그들의 결과만 보고 이야기하곤 한다. 그러기보다는 과정을 보면서 그 과정을 칭찬하고 개선하도록 도와야 한다. 마찬가지로 내가 일할 때도 동료나 상사에게 결과만 이야기하지 말고 과정도 알려 주면 더 좋은 평가를 받을 수 있다. 큰 빌딩에서 엘리베이터를 기다릴 때 엘리베이터가 몇 층에 있는지 표시되지 않는 경우 답답했던 경험이 있지 않은가? 패키지여행을 갔는데 가이드가 다음 목적지가 어디며 얼마나 걸리는지, 지금이 어디쯤인지 알려 주지도 않고 목적지에 도착해서야 "다 왔습니다."라고 한다면 어떻겠는가?

음식점이라면 '우리는 좋은 식재료를 엄선해서 사용합니다!'라고 말하기보다는 사장님이 새벽에 졸린 눈을 비비고 하품하면서 길을 나서는 모습, 시장에서 직접 식재료를 꼼꼼히 고르는 모습, 재료를 손수 다듬으며 정성을 다해 준비하는 모습을 사진이나 영상으로 담아서 고객에게 전달하면 그 감동과 고객 경험이 음식에 진정한 가치를 더할 수 있다. 자정이 다 된 시간에 미용실 앞을 지나는데, 말단 직원이 마네킹 머리를 손질하며 연습하고 있는 모습을 본다면 어떤 생각이 들까? 이런 모습을 고객과 공유하면 어떨까?

> "고객은 상품이나 서비스의 품질은 아주 까다롭게 평가하지만 고객을 위한 노력을 평가할 때에는 아주 관대해진다!"
>
> – 댄 애리얼리 Dan Ariely (듀크대학교 행동 경제학자)

7. 창의적 고객 발굴 시스템

수많은 세일즈맨들을 만나서 물어봤다. "만일 내가 신(神)이고 당신의 영업을 위해 딱 한 가지만 해결해 준다면 무엇을 빌겠습니까?"라고 질문하자 모두 공통된 대답을 했다. 가망 고객을 달라는 것이었다. 그만큼 영업이든 사업이든 성공의 관건은 고객을 발굴해 내는 능력이 아닐까 싶다. 업종별로 다르지만 어떤 업종은 열심히 고객 발굴을 하는가 하면, 어떤 업종은 대부분 그냥 고객이 들어오기만을 감나무 밑에 누워서 연시 떨어지길 기다리듯 바라곤 한다. 본인의 사업이고 생존이 걸린 문제인데도 왜 그저 고객이 생기길 기다리고만 있는지 궁금했다. 이유를 물어봤더니 영업을 어떻게 해야 할지 몰라서 그렇다는 말을 듣기도 했다. 이제 어떻게 고객을 발굴할 수 있을지 즐거운 상상을 해 보

자. 물론 Chapter 2에서 이야기한 '업종별 세일즈의 성격을 살펴보자!' 의 내용처럼 내 업종에 더 맞는 방법을 찾아야겠지만, 기본적인 아이디어를 떠올리는 데에 도움이 되길 바란다.

고객 관리는 계속 창의적으로 진행하면 피로감이 누적되어 점점 더 많아지는 고객을 관리하기 힘들기 때문에 '기계적으로 하라!'고 말하지만, 고객 발굴은 같은 방법으로만 지속하면 더 많은 기회를 놓칠 수 있으므로 창의적인 방법으로 다양하게 시도해 보자는 의미에서 '창의적 고객 발굴'이라는 용어를 사용한다. 그러나 이런 창의적인 방법도 일정 횟수는 같은 방법으로 시도해 보고 효과적인지 어떤지를 결정해야 한다. 그 횟수를 적어도 7회 이상이라고 말하는 이유는 이미 알고 있을 것이다.

이 고객 발굴 활동은 '하는 것'이 중요하다. '더 잘하는 것'은 이 책을 통해서 연구하고 학습해 나갈 수 있으니, 딱 한 가지 '용기'를 당부하고 싶다. 고객을 발굴하고자 실행하는 용기야말로 우리를 생존을 넘어 성공의 길로 안내한다는 점을 잊지 말자.

관공서 영업은 기본이다

공무원들이 들으면 싫어할지 모르겠지만, 관공서는 대민 업무를 해야 하는 특성상 대부분 문이 열려 있다. 이는 바꿔 말해서 영업하러 들어가기 쉽다는 뜻이다. 내 사업장 주변의 관공서에는 전단지라도 만들어서 돌려야 한다.

두려워 마라! 그냥 꾸준히 돌리기만 해도 성과가 나타날 테니. 더욱 자세한 관공서 개척 영업에 관해서는 뒤에 별도로 다시 다룰 것이다. 여기서는 중요한 사실 한 가지만 기억하자! 시청, 도청, 군청, 동사무소(행정복지센터), 세무서, 도서관, 경찰서, 소방서 등 가능한 한 모든 관공서 직원에게 적어도 우리 동네에서는 내 업종에서 내 사업장 이름이 가장 익숙해야 한다.

상가 영업은 기본이다

상가를 돌아다니는 영업은 거의 모든 업종에서 기본이다. 온라인 마케팅이 발달하면서 발로 뛰는 세일즈맨이 줄어들었기 때문에 더 좋은 기회가 온 셈이다. 전단지, 명함, 판촉물을 들고 주변 상가를 돌아보자. 『더블 세일즈』 책을 읽으면서 분명히 어떻게 해야 더 높은 성과를 올릴지는 학습할 수 있으리라 생각한다. 앉아 있지만 말고 그저 나가서 무엇이라도 돌려 보자. 틀림없이 성과가 날 것이다. 혼자 나가기 두렵다면 누구든 함께 나서서 안내문을 돌리자. 지속적으로 하는 것이 중요할 뿐이다. 요즘 시대에 보험 설계사가 사탕을 돌려서 수천만 원의 월급을 받게 된 계약 성사도 이렇게 시작되었다는 사실을 기억하자!

　상가 영업의 확률을 높이는 방법으로는 업주들의 사업을 더 잘되게 도울 수 있다고 접근하는 것이 있다. 예를 들어서 그 매장을 포털 사이트에서 검색해 보니 노출이 저조한 상황이라면 지도 검색 등록을 요청해 주겠다고 제의할 수도 있고, 블로그 포스팅을 한 번 해 주겠다고 할 수도 있다. 또한, 내비게이션 업체별 지도에도 잘 등록되어 있는지 점검해서 등록해 주겠다고 말할 수 있고, 우리 고객들에게 추천 매장 또는 제휴 업소로 소개하겠다고 제안할 수도 있다. 내 입장에서는 대부분 비용이 거의 들지 않는 것들이지만, 상가 업주들에게는 자신의 사업을 잘되게 돕고자 고민하고 노력하는 협력자라는 느낌을 전달하는 일이 중요하다. 이런 방법이 정말로 효과가 있느냐고 반문할 수 있으므로 한 가지 사례를 들어 보겠다.

지금은 우리나라에서 철수한 야후라는 포털 검색 사이트에는 지도에 업체를 노출해 주는 '야후 거기'라는 서비스가 있었다. 유료 광고도 가능했지만 우리는 무료 등록만 상가 업주들에게 안내하고 도와주겠다고 나섰다. 상가 사장님들은 그 효과가 얼마나 될지 보다는 자신의 사업을 위해서 관심을 두고 이야기한다는 점에서 무척 고마워했다. 장사가 잘 안되는 곳일수록 더욱 그랬다.

그러던 중에 우리는 새로운 사실을 알게 되었다. 장사가 안되는 가게라고 해서 우리 상품이나 서비스를 이용할 돈이 없다고 속단하는 것은 섣부른 판단이었다. 종종 상점을 운영하는 업주들은 여러 매장을 소유하고 있거나 본인이 건물주인 경우도 있었다. 업주들은 장사가 잘되든 안되든 상관없이 고마움의 표시로 우리 상품과 서비스를 구입해 주었고, 그 금액은 대개 일반 직장인보다 더 컸다.

네이버, 다음 또는 내비게이션 지도에서 검색하면 나오지 않던 업체를 우리가 잘 보이도록 만들어 준다면 어떨까? 이런 간단한 업체 등록은 검색해 보면 방법이 잘 나와 있으니까 어렵지 않게 할 수 있다. 아니면 그 업체를 위해서 내가 전단지를 만들어 그 앞을 지나는 사람들에게 뿌릴 때, 가망 고객인 상점 업주가 나에 관해서 어떻게 생각할까? 상가를 방문해 내 상품이나 서비스를 판매하려고 공들이는 것도 좋다. 그러나 가끔은 판매하려고 애쓰기보다 그 매장의 영업이 잘 되도록 도우려고 노력하고, 그 사실을 업주가 알게 하면 정말 큰 고객이 될 수 있다. 이것은 용기와 고객을 사랑하는 마음으로만 시작할 수 있는 마케팅이다.

주변 상권의 기업체 영업은 생존이다

내 상권 주변의 기업들을 공략하는 방법은 여러 가지가 있겠지만, 크게 두 가지를 생각할 수 있다. 하나는 전화를 걸어서 약속을 잡는 것, 또 하나는 그냥 찾아가는 것이다. 당연히 전화를 걸어 약속을 잡는 쪽의 결과가 더 좋다. 하지만 약속 잡는 일이 힘들다면 그냥 찾아가는 것도 나쁘지 않다. 다만 더 좋은 성과를 기대하려면 찾아갈 때 '이슈 Issue'를 만들어 가야 한다는 점을 말하고 싶다. 그 이슈는 무엇이든 괜찮다. 무료 쿠폰 전달, 직원들을 위한 할인율 제공, 즉석 선물 증정 이벤트, 식권(이용권) 계약 제안, 유익한 정보 브리핑 등 찾아가는 이유가 그럴듯하게 포장된 아이디어라면 더없이 좋다.

　처음 영업에서 주변 상권 기업을 찾아가려는 1차 목표는 책임자급의 명함(연락처)을 확보하는 것이라는 사실을 기억하자. 명함을 통해 전화로 방문 브리핑이나 제안을 위한 미팅 약속을 잡을 수도 있고, 간단히 우리 매장에서 진행하는 이벤트 소식을 지속적으로 알릴 수도 있다.

만일 내가 음식점을 운영하고 있다면 주변 상권 기업들의 책임자급 연락처만 많이 알아도 주말, 월말, 연말 회식을 우리 매장에서 가지라고 문자를 보내는 것만으로 단체 고객을 늘릴 수 있으며, 매출이 가장 적게 나오는 날에는 문자를 받은 사람에게만 매장 이용 시 할인과 추가 혜택을 제공한다고 안내해서 매출의 균형을 맞출 수도 있다. 개인별 마케팅을 전개하는 한편, 기업이나 단체 대상의 마케팅도 상당히 중요하다는 점을 놓치지 말자.

응모함 이벤트로 지역 거점을 만들어 내자

아크릴 투명 응모함은 인터넷에서 보통 1~3만 원 선으로 구입할 수 있다. 이제 이 응모함으로 내가 타깃으로 삼는 지역의 영업 거점을 만들어 보자. 첫 순서는 그 지역에서 타깃이 되는 고객들이 많이 올 만한 음식점이나 매장을 선정한다. 음식점을 예로 들면 가장 이해가 빠를 테니, 갈비탕과 고기를 파는 가칭 '더블 갈비'라는 식당을 떠올려 보자.

더블 갈비 사장님을 찾아가서 우리가 진행할 고객 이벤트에 그곳 갈비와 메뉴들을 경품으로 구입해 사용하고 싶다고 말하면 친절히 판매 상담을 해 줄 것이다. 그런데 고객 이벤트용 응모함을 다른 곳이 아닌 더블 갈비에 비치해서 손님이 식사를 마치고 나갈 때 응모함에 명함이나 연락처를 넣으면 월말에 추첨해서 더블 갈비 음식 상품권을 주겠다고 제안하는 것이다. 사장님은 매출을 올려서 좋고, 매장을 방문한 고객에게 사은 행사를 하는 느낌이라서 좋고, 또 당첨자가 결국 더블 갈비에 와서 식사하게 되니까 세 번 좋은 일이다.

이렇게 이벤트 응모함을 비치할 때 작은 글씨로 두 가지 내용을 적어 놓아야 한다. 하나는 마케팅 용도로 사용된다는 점과 당첨 경품은 고객의 직장으로 방문해서 전달한다는 점이다. 그 경품이 무엇이든 직접 전달하는 것이 원칙이다. 이 이벤트 결과로 우리가 어떤 마케팅을 전개할 수 있는지 생각해 보자.

첫째, 내 사업의 각종 이벤트나 정보를 문자와 이메일, 우편으로 알릴 수 있다.

둘째, 직접 고객의 직장에 방문하니까 차 한잔하면서 이야기를 나눌 수도 있고, 그 회사에 직원이 많다면 방문한 김에 소정의 판촉물이나 내 사업을 알리는 안내문을 돌리고 나올 수도 있다. 경품을 받는 한 사람뿐만 아니라 그 사람이 일하는 기업이나 단체에서 당첨자 이름을 언급하며 영업을 돌 수 있는 기회를 얻는다.

셋째, 당첨된 고객은 우리에게 호의적일 수밖에 없다. 한 번쯤은 이지역에서 좀 더 좋은 결과를 얻기 위해서 어떻게 하면 좋을지 조언을 구하는 '부탁의 기술'을 사용할 수도 있다.

넷째, 이벤트 응모함을 비치했던 업소의 사장님은 우리 고객으로 만들기 좋은 관계를 형성한 것이므로 꼭 충성 고객으로 유치한다.

버릴 것이 하나도 없는 응모함 이벤트 마케팅을 지금 바로 기획하고 실행해 보길 바란다. 다만 이벤트를 실행할 때 상식으로 알아 둘 점이 있다. 이벤트 경품은 예산 범위 내에서 배분할 때 1등 상품의 경우 당첨자가 한 명이더라도 기대감이 커지는 좀 비싼 것으로 준비하고, 2등은 저렴하지만 갖고 싶은 아이템으로 여러 가지를 구성해서 당첨 확률이 높다고 생각하게 하면 좋다. 가장 안 좋은 것은 중간 정도의 가격으로 1~5등을 골고루 배분하는 경우인데, 비용만 많이 들고 '로또 같은 기대감'도 '당첨 확률이 높다는 기대감'도 결여된 매력 없는 마케팅이 되기 쉽다.

지역을 거점으로 하지 않는 다수의 가망 고객을 확보하려면 모임에 나가는 것이 가장 좋은 방법 중 하나인데, 이는 '모임의 기술'에서 다시 다루기로 하자. 부디 우리 사업의 생존과 성공을 위해서 끊임없이 새롭고 창의적인 방법들을 떠올리고 실행해서 '더블 세일즈'를 만들어 가길 바라며, 그런 아이디어와 사례들을 '더블 세일즈' 모임에서 함께 공유하고 배워 나가길 기대한다.

8. 모임의 기술

나는 잠재 고객은 연락처만 알게 된 사람, 가망 고객은 1:1로 3분이라도 따로 만났던 사람으로 구분해 고객 관리를 하고 있다. 잠재 고객은 시간이 지나면 다시 완전히 모르는 사람이 되어서 아깝게 사라져 버리는 정보가 되지만, 얼굴을 따로 한 번이라도 맞댄 가망 고객은 몇 년이 지나도 연락하고 만날 수 있는 인연으로 남게 된다. 그래서 잠재 고객을 발굴하고 그 잠재 고객을 다시 가망 고객으로 바꾸는 단계가 가장 중요하다고 믿는다.

이때 어떻게 하면 잠재 고객을 많이 확보하고 가망 고객으로 전환할 수 있을까? 그 답은 모임 참석에 있다고 말하고 싶다. 동창 모임이나 친목 모임 같은 관계를 기반으로 한 모임들은 잠재 고객 단계를 생략하고 바로 가망 고객 단계로 진입하므로 일단 논외로 하고, 다수의 모르는 사람들과 만나서 시작되는 모임 상황을 예로 설명해 보려 한다.

요즘은 인터넷 모임 사이트나 각종 SNS를 통해서 다양한 교육 행사들이 많이 열린다. 행사 중에는 CEO 대상 모임도 있고, 일반적인 모임들도 자주 열린다. 교육비가 무료인 행사부터 1인당 1만 원 정도의 저렴한 것들도 많다. 이런 행사에 참석할 때 나는 되도록 제일 먼저 행사장에 도착한다. 행사장에 들어가기 전에 미리 주변 식당, 분식집, 편의점, 베이커리, 카페 등의 위치를 파악해 둔다. 행사장에 들어서면 음료수는 어디에 준비되어 있는지, 커피나 녹차는 비치되어 있는지, 자판기나 화장실은 어디에 있는지 등을 확인한다. 그리고 사람들이 오기를 기다린다.

사람들이 한두 명씩 도착하면 내가 다가가서 인사를 건넨다. "오시느라 수고 많으셨습니다. 자리는 편하신 곳에 앉으시고, 화장실은 나가서 오른쪽 끝에 있고요, 음료수는 뒤에 있는데 커피랑 녹차가 준비되어 있어요. 혹시 시장하시면 이 건물 건너편에 분식집과 식당이 몇 군데 있고, 편의점은 건물을 나가서 왼쪽에 바로 있습니다.”라고 말하면서 명함도 건넨다. 그러면 상대방은 명함을 받고 내게 다시 자기 명함을 건네면서 더 궁금한 점들을 물어보곤 한다. 나는 이제 이곳에 오는 사람들의 명함을 확보하게 된다. 눈도장도 찍었으니 잠재 고객과 가망 고객 사이 정도의 위치에 선 것이다. 만일 종일 교육을 받는 행사라서 점심시간이 있을 경우에는 사람들이 전부 내게 다가와 같이 식사하자고 말한다. 함께 식사할 사람이 마땅치 않으면 자신이 행사장에 도착했을 때 반갑게 맞이해 준 내게 오는 것이다.

나도 모임에 참석한 한 사람에 지나지 않지만 그들은 나를 주관자처럼 느꼈을 것이다. 이제 나는 행사 사진을 50여 컷, 5~10초의 짧은 영상을 5개 정도 찍는다. 그리고 그 사진과 영상을 자동 편집해 주는 앱으로 전송한다. 그러면 끝마치기 전에 그날 행사를 추억할 영상이 음악과 어우러져 완성된다. 마침내 잠재 고객을 가망 고객으로 만들기 위한 준비가 완료된 것이다.

모임이 끝나면 인사를 나누고 헤어진다. 그 후 참석자들은 문자를 한 통씩 받는다. 이때 문자는 꽤 긴 글로 보낸다. 짧은 문자는 시인 정도의 글 솜씨가 아니라면 인사치레처럼 느껴지기 쉽다. 하지만 긴 문자는 상당히 정성이 담겼다고 여겨지기 마련이다. 긴 문자를 여러 사람에게 각각 작성해서 보내지는 못하지만, 길게 쓴 문자를 먼저 메모장에 저장해 두고 복사해서 붙여 넣으며 머리글만 받는 사람을 떠올리는 글로 바꾼다.

인원이 많아서 이것도 힘들다면, 그냥 단체 문자를 길게 써서 보낸다. 문자 말미에는 '오늘 행사를 추억할 영상을 하나 만들어 봤습니다.'라는 글과 함께 링크가 딸려 간다. 그 링크를 누르면 음악이 깔리면서 영상이 흘러나온다. 사람들은 '이 사람 참 대단하네!'라고 감탄하며 잠시 내 얼굴을 한 번 더 떠올리게 된다. 그리고 이 영상은 1년 뒤에 다시 받아볼 수 있도록 미리 예약 문자를 보내 둔다. 명함 같은 것은 받아서 바로 명함 정리 앱으로 사진만 찍으면 알아서 핸드폰에 저장된다.

집으로 돌아오면 오늘 알게 된 연락처를 주소록에 정리한다. 특히 이메일 주소는 내가 사용하는 메일 서비스에 등록한다. 네이버나 다음 같은 무료 이메일 서비스를 사용한다면 100명 단위로 그룹을 만들어 입력해 둬야 편하다. 무료 이메일은 단체 메일을 100명 단위로 발송할 수 있기 때문이다. 이에 관해서는 뒤에 고객 관리 시스템에서 다시 설명하겠다. 그리고 단체로 이메일을 보낼 때는 '한 명씩 보내기' 또는 '개별로 보내기'를 클릭해야 한다. 그래야 메일을 받는 사람들이 수신자란에서 남의 이메일 주소 100개를 보게 되는 일을 방지할 수 있다. 이메일뿐만 아니라 우편물 주소록도 입력해서 고객 관리 시스템을 가동시킨다.

이제 중요한 원칙들을 실행하기 시작한다. 우선 전화는 꼭 첫 만남 이후 3일 이내에 한다. 전화를 걸어 안부를 묻고, 주로 계신 지역이 어디냐고 질문한 뒤 근처를 지날 때 한 번 들러서 인사라도 나누자고 말한다.

잊지 말아야 할 것은 상대가 주로 있는 지역이 어디인지 꼭 적어 둬야 한다는 사실이다. 나는 핸드폰에 저장하는 이름 옆에 지역명도 같이 적어 놓는다. 그리고 그 지역에 갈 일이 있을 때 전화를 걸어서 잠시라도 만나는 것이다. 서서 잠깐 이야기를 나누더라도 행사장에서 100명이 같이 인사를 나눴던 것과 비교하면 엄청나게 개인적인 관계가 형성되는 셈이다. 그렇게 잠시 1:1로 만나고 나면 그 관계는 상당히 오랫동안 '아는 사람'으로 남는다.

이메일은 처음 한 통은 정성 들여서 길게 쓴다. 물론 단체 메일이다. 행사에서 있었던 일과 사진을 한두 장 넣어서 글을 완성한다. 그리고 글 마무리에는 앞으로 종종 우리 회사나 내가 이메일로 소식을 전하겠다고 한 줄 적는다. 그 후로는 자동 이메일 시스템을 이용하면 정기적인 소식이 발송되는 것이다.

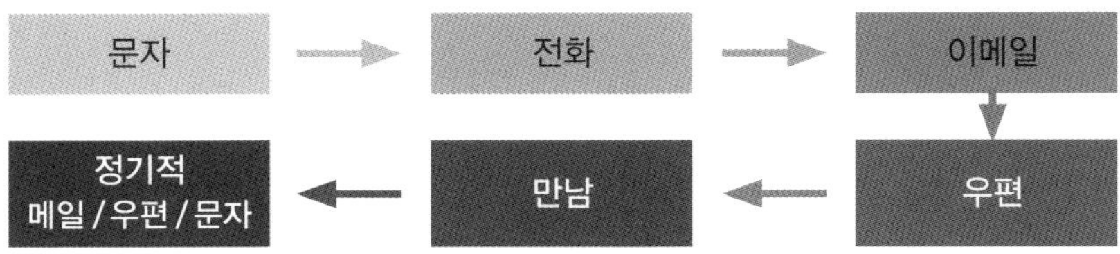

우편물도 정기적으로 보내면 사람들이 나를 꽤 깊이 기억할 수 있고, 내가 하는 일을 명확히 알려 두면 필요할 때 내게 연락하게 된다. 다시 한번 강조하지만 잊히지 않는 것이 가장 중요하고, 잊히지 않는 것의 핵심은 단 한 번이라도 1:1로 만나고, 그 후에 계속 가망 고객과의 스

킨십이 이어지도록 메일, 우편, 문자, 혹은 SNS상에서의 접촉을 유지해야 한다는 점이다.

가망 고객은 말 그대로 가능성이 보이는 고객이라는 뜻이다. 분명히 어느 순간 영업에 도움이 되는 일이 생길 것이라는 확신을 가져도 좋다. 틀림없이 우리는 노력한 그 이상의 보상을 '더블'로 받을 수 있다.

9. 기계적 고객 관리 시스템

고객 발굴은 창의적으로 계속해야 더욱 새로운 기회를 만들 수 있다. 반면에 고객을 관리할 때는 내내 창의적이나 즉흥적으로 하게 되면 피로감이 누적되고, 관리할 숫자가 늘어나면서 점차 관리의 집중도가 떨어지게 된다. 그래서 고객 관리는 고객 발굴과 달리 다소 기계적으로 얼마나 관리를 잘하는지가 관건이 된다. 어떻게 하는 것이 제대로 된 고객 관리인지 딱 한 번만 깊이 생각한 후 나만의 고객 관리 시스템을 완성해 두면 좋다.

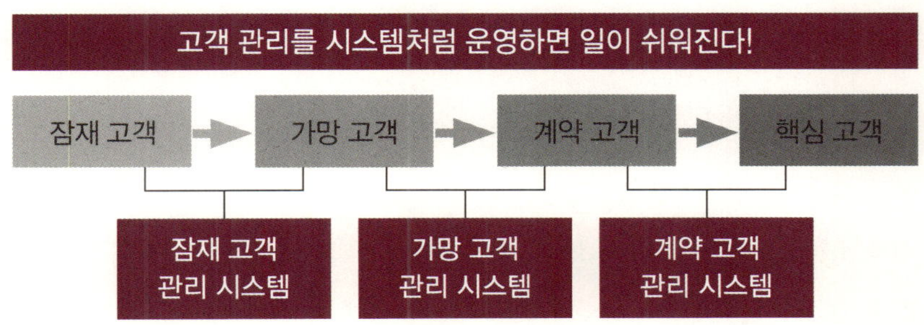

고객 관리는 크게 세 가지로 나눠서 생각하자.

첫째, 고객 명단을 등급별로 나눠서 관리하라!

고객 관리에서 가장 중요한 것은 고객의 명단을 등급별로 관리하는 일
이다. 이것을 엑셀로 관리한다고 가정하면, 엑셀 표에 먼저 성명, 전
화번호, 이메일 주소, 우편 주소, 주된 활동 지역 등 필요한 기본 정보
들을 입력한다. 그 후 이 고객 리스트를 등급별로 나누는 것이다.

고객	분류	최근 접촉	이름	직함	생년월일	회사명	휴대폰	이메일	지역
1	B	2017-05-24	손석희	대표	1965-07-03	알파산업	000-0000-0000		
2	A	2017-06-01	김석훈	팀장	1978-11-09	대흥	000-0000-0000		
3	C	2017-06-02	조승연	대리	1984-03-27	에이스	000-0000-0000		
4	D	2017-07-07	하승진	과장	1980-12-23	컴퓨엔	000-0000-0000		
5	E	2017-07-26	윤병인	본부장	1971-02-24	코난	000-0000-0000		
⋮	⋮	⋮	⋮	⋮	⋮	⋮	⋮		
⋮	⋮	⋮	⋮	⋮	⋮	⋮	⋮		

■ 고객 등급별 액션 플랜

A(핵심)등급: 이벤트 초대 + B등급 전체 서비스

B(중요)등급: 명절 선물 고급, 판촉물 + C등급 전체 서비스

C(계약)등급: 명절 선물 중급, 잡지 발송, 기념일 선물, 달력+D등급 전체 서비스

D(가망)등급: 문자, 우편물 소식지

E(잠재)등급: 이메일, 전화

F(가족)등급: 고객의 가족(별도 관리 필요 없음)

둘째, 고객 관리 연간 주기표를 작성하라!

해마다 때마다 고객 관리로 무엇을 준비할지 생각하는 일은 상당한 스트레스가 될 수 있다. 그런 고민을 하다 보면 고객 관리의 타이밍을 놓치는 일이 벌어지기도 한다. 그래서 연간 날짜별 고객 관리 주기표를 만들어 두고 그날이 되면 기계적으로 주저 없이 정해진 고객 관리 액션을 취한다. 새해가 될 때 떡국떡을 보낸다든지, 신학기가 다가오면 자녀들의 학용품을 챙긴다든지, 계절별로 보내기에 적당한 택배 선물을 정해 놓는다.

예를 들어서 봄가을로 구충제를 챙겨서 고객들에게 발송했다고 치자. 요즘 누가 봄가을로 구충제를 챙겨 먹고 있을까? 그런데 누구나 알 만한 브랜드의 구충제를 받으면 먹게 되며, 보내온 세일즈맨을 기억하기 마련이다.

저렴한 비용으로 할 수 있는 고객 관리도 얼마든지 있고, 돈이 들지 않는 것들도 많이 있다. 중요한 것은 고객 등급별로 서비스 내용을 정리하고, 시즌별로 어떤 고객 행사를 진행할지 미리 정해 두면 실행력을 높일 수 있다는 사실이다.

월	일	이벤트
1	1	계간 소식지
2	2	신학기 참고서
	10	밸런타인데이 초콜릿
3	2	구충제
	10	화이트데이 초콜렛
4	1	사진엽서 + 계간 소식지
5	3	진심이 담긴 가족용 손 편지
6	1	가족사진이 담긴 머그잔
7	1	계간 소식지
8	2	신학기 참고서
9	6	구충제
	15	추석 선물
10	1	고객 감사 사례 & 계간 소식지
11	1	매니저 & 지점장 편지
	30	탁상 달력
12	10	크리스마스카드
	29	신정 떡국떡

셋째, 고객 관리 시스템을 가동하라!

앞의 '모임의 기술'에서 언급했듯이 고객을 만나고 나서 연락처만 갖고 있다면 '잠재 고객' 단계이다. 여기서 '가망 고객'으로 전환하는 작업이 중요하며, 이후에는 완전히 고객 관리 시스템에 등록되어서 자동적으로 돌아가게 해야 한다. 즉 이메일, 우편, 선물, 전화, 대면 등의 방법을 순차적으로 진행하는데, 이때 필요한 것이 고객 등급 분류표와 연간 주기표이다.

고객 관리 자동화 시스템을 조금 더 세부적으로 이야기해 보자면 정기적인 이메일과 우편물 발송이 중요하다. 최근 다량의 광고 문자를 받아 봐서 알겠지만, 광고 문자에서 기인한 피로감이 상당하다. 따라서 문자는 주기적으로 안부를 묻거나 짧고 좋은 글을 보내는 방식으로 내가 여전히 이 일을 잘하고 있다는 느낌과 유대감만 유지하도록 한다.

■ 우편물 발송의 노하우

정형화된 인쇄물이 아니라 나만의 소식지를 만들어서 프린트 혹은 인쇄해 우편물을 발송하면 남다른 성과를 낼 수 있다. 사람들은 수작업한 듯이 직접 만든 인쇄물에서 정감을 느낀다. 또 내가 만든 소식지에는 내 사진과 근황을 함께 싣는 것이 좋다. 인간적인 나를 보여 주는 쪽이 화려한 광고 문구보다 강력한 경쟁력을 키워 준다.

1년에 1회 이상은 자필 편지를 써서 보내자. 다만 하나하나 다 자필로 쓰기 힘들다면, 복사해서 발송할 수도 있다. A4 용지에 깨끗하게 손 글씨로 적은 후 복사해서 보내도 좋고, 스캔을 해서 내가 제작하는 소식지의 첫 장에 넣어도 괜찮다. 사람들은 손 글씨를 보면 뭔가 하고 한번은 쳐다보게 되고, 어떤 고객들은 진짜로 직접 썼는지 손가락으로 문질러 보는 경우도 있다. 이런 손 글씨 형태의 편지에는 개인적인 내용이 포함되면 좋은데, 내 삶에 속한 고유 명사들을 구체적으로 사용해야 효과가 높다.

예를 들어서 '고객님 덕분에 월급을 받아서 차를 몰고 아이들과 마트에 가서 장도 보고, 주유소에서 기름을 넣고 주말에는 나들이도 갈 수 있음에 감사드립니다.'라는 식보다는 '고객님 덕분에 말일이면 국민은행의 급여 통장으로 월급이 들어오고, 11년 된 검정 소나타를 몰고 아내 미호 씨랑 우리 딸 윤상이, 승연이를 데리고 이마트에 가서 필요한 것들을 쇼핑하면서 아이들이 좋아하는 뽀로로 장난감을 사기도 합니다. 또 SK주유소에서 주유한 후 아이들과 가까운 용문산 계곡으로 나들이도 갑니다. 고객님께 감사드립니다.'라고 적는다. 세일즈에서 '멘탈 픽처 Mental Picture'라고 말하는, 고객의 머릿속에 그림을 그려 주면 그 기억이 오래간다는 사실에 착안한 방식이다. 이런 한 통의 편지가 나를 특별한 세일즈맨으로 기억하도록 돕는 것이다.

하지만 이런 편지도 수많은 광고 우편물과 동일하게 취급되면 뜯어보지도 읽히지도 않을 것이다. 그래서 고객이 뜯어보고 싶어지도록 봉투 색깔을 빨간색, 노란색, 파란색으로 바꾸어 가면서 보내기도 한다. 봉투 겉면에도 손 글씨로 주소를 적는 쪽이 좋은데, 필요하면 아르바이트를 쓸 수도 있고, 최근에는 손 글씨를 인식해서 프린트해 주는 서비스까지 등장했다.

결정적으로 고객이 봉투를 뜯지도 않을까 봐 걱정된다면 뜯지 않아도 속을 볼 수 있는 투명 봉투에 넣어서 보내는 방법도 있다. 투명 봉투에 담긴 손 글씨 편지를 발견하게 되면 고객은 꼭 봉투를 열어서 내용물을 확인하려고 한다. 주소는 라벨지로 부착하면 되는데, 미리 우체국에 투명 봉투로 발송하는 대량 우편물에 관해서 상담하고 나서 이용하기를 조언한다. 우편물을 이렇게까지 유난스럽게 보내야 할까 싶기도 하지만, 대량으로 보내면 비용도 만만치 않기 때문에 자주는 아니더라도 우리 메시지가 임팩트 있게 전달되도록 노력하는 것은 곧 투자 비용의 효율성을 뜻한다.

■ 이메일 발송의 노하우

이메일은 매주, 격주, 또는 매월 일정한 주기로 보내는 것이 답이다. 정형화된 회사 이메일보다는 내가 직접 쓴 이메일이 더 효과적이다. 디자인이 뛰어날 필요도 없다. 그저 내 일상 속에서 찍은 사진 한 장과 그에 관련된 이야기를 적어 보내면 된다. 물론 유익한 내용이 담겨 있으면 더욱 좋다. 회사에서 발송해 주는 이메일이 주기적이라면 조금 횟수를 줄이는 쪽을 선택하고, 내가 직접 써 보내는 이메일을 우선적으로 활용하길 권장한다. 꼭 유료가 아니라 무료 이메일 서비스로도 충분한데, 방법은 앞의 '모임의 기술'에서도 언급했다. 네이버나 다음 같은 무료 서비스는 100명 단위로 그룹을 나눠 두고, '개인별 보내기' 또는 '한 사람씩 보내기' 설정만 기억하자!

만약 스스로 작성하는 이메일을 꾸준히 보낼 수 있을지 걱정이라면, 메일의 주제를 먼저 선정해 두고 그 주제를 차례대로 돌리면 좀 더 쉽고 지속적으로 메일을 작성해 보낼 수 있다. 물론 글감을 얻는 채널들도 확보해 두면 좋다. 중요한 것은 정기적인 발송이 지닌 힘이라는 사실만 잊지 말자!

한 후배는 매주 월요일마다 간단하게 자기 업종에서 고객에게 도움이 될 내용을 이메일로 보내면서 간간히 첨부 파일로는 전문성 있는 자료들을 발송했다. 고객들은 매주 받게 되는 이메일을 보낸 사람이 정성 들인 만큼 빠짐없이 클릭해서 읽어 보지는 않는다. 그러나 매주 월요일이면 오는 이메일을 통해서 '이 세일즈맨이 열심히 일하고 있구나.' '매우 성실하구나.'라고 생각하고, 이따금 개인적인 이야기들을 접하면서 조금씩 친근감을 느낄 것이다. 그러다가 한 달 정도 이메일을 보내지 않으면 무슨 일이 생겼나 하고 연락이 오기도 한다. 고객들이 세일즈 활동에 길들여지는 것이다. 우리가 꾸준히 실행하는 모든 일들은 성과에 분명히 반영된다는 믿음을 갖고 흔들림 없이 밀고 나가자!

■ 정기적이지 않은 이벤트가 감동을 준다

사실 고객은 정기적인 것에 길들여지지만 정작 큰 감동을 받는 것은 비정기적인 이벤트라고 생각한다. 특별한 날에는 남다른 이벤트를 준비해 보자. 전화를 걸어서 노래를 불러 준다거나 고객이 감동할 만한 무엇이든 목록으로 만들어 두고 실행해 보자.

맛난 음식을 먹다가 그것을 새로 주문해 택배나 퀵서비스로 보내고 전화해 보자. 갑자기 맛있는 것을 먹으니 고객 생각이 났다며 선물로 보내고 나서 전화하면 받는 고객의 기분이 어떨까? 이런 돌발 선물은 정기적인 고객 관리와는 또 다른 힘을 발휘한다. 그 밖에 산지에서 특산물 올려 보내기, 추억을 만들어 공유하기(액자, 앨범, 영상 등), 고객의 경조사에서 두드러진 모습 보이기, 해외여행 중에 엽서 보내기 등이 독특한 고객 관리를 위한 아이디어가 될 수 있다. 이외에도 창의적인 아이디어들을 미리 정리해 두고 기계적 고객 관리 시스템의 일환으로 정착시켜 때와 장소에 맞게 활용하면 엄청난 성과를 올려 주는 시스템이 구성될 것이다.

10. 고객 관계 강화의 핵심 열쇠

어버이날을 앞두고 인터넷에서 영상 하나가 화제가 되었다. '세상에서 가장 어려운 직업'이라는 제목이었는데, 이 제목을 세일즈 교육 때 거론하면 대부분 본인의 직업이 세상에서 가장 어려운 직업이라고들 말한다.

영상의 내용은 가짜 채용 공고를 내서 후보자를 화상으로 인터뷰하는 것이었다. 이 직업은 24시간 대기해야 하고, 종합적인 각종 능력을 갖춰야 하며, 고객이 식사를 마쳐야 먹고, 가장 중요한 사실은 휴식도 급여도 없다는 것.

모두들 그런 직업이 어디 있냐며 헛웃음을 짓는다. 이때 면접관이 세상에서 수억 명이 이 직업을 갖고 있다고 말한다. 바로 'Moms(엄마)'이다. 순간 너나없이 눈시울을 붉힌다. 그다음 영상 마지막에 자막이 뜬다. '오늘 엄마에게 카드라도 한 통 써 드리세요!'

이 영상을 본 우리는 감동을 받고, 이런 감동을 준 것에 감사하기까지 하다. 그런데 마지막 자막 아래에 작은 글씨로 'Visit CardStore.

com(카드스토어를 방문하세요)'이라고 적혀 있다. 감동을 받은 우리가 어디서 카드를 구입할까? 해외 직구도 발달한 요즘 세상이니 기왕이면 내게 감동을 준 그 회사에서 카드를 주문할 것이다. 이는 고객 만족이 아니라 고객 감동의 힘이다. 이제는 지식과 정보로 고객을 리드할 수 있는 시장 상황이 아니다. 고객의 마음을 강력히 사로잡아 생존을 넘어서 성공으로 향해야 한다. 그래서 예전에는 저질 영업쯤으로 비치던 '관계 영업'이 시대를 뛰어넘어서 세일즈 핵심으로 다시 떠오른 것이다. 어떻게 하면 고객 관계를 강화할 수 있을까?

첫째, 오늘 하루는 고객이 한 분뿐이라고 생각하라!

고객 관계를 강화할 핵심은 다수를 위한 다수의 고객 관리가 아니라 당신만을 위한 당신만의 고객 관리라고 말할 수 있다. 만일 우리에게 365명의 VIP고객이 있다면 어떻게 관리하는가? 365일 동안 365명의 고객에게 동시에 동일한 고객 관리와 마케팅을 펼치고 있을 것이다. 하지만 이렇게 바꿔 본다면 어떨까?

365일 중 한 명의 고객당 1일을 온전히 투자하는 것이다. 예를 들어서 오늘은 365명의 VIP 중에서 '김미호 고객님을 위한 날'이라고 정하고, 오늘 하루는 김미호 고객만을 생각하면서 김미호 고객을 감동시킬 연구를 하고, 김미호 고객을 위해 할 수 있는 모든 일들을 실행하는 것이다.

전화를 걸어서 노래를 불러 주고, 편지를 한 통 써서 보내 주고, 이메일도 정성을 들여 아주 길게 한 통 보내고, 김미호 고객 모습이 담긴 사진들을 모아서 영상으로 만들어 주고, 앨범이나 액자도 준비하고, 되도록 함께 식사를 하든지 차를 한 잔 마시든지 자리를 마련한다. 김미호 고객만을 위한 책을 한 권 사서 앞 표지에 정성 들여 글을 적어서 선물하고, 김미호 고객의 걱정이 무엇인지 생각해 보고 도움이 될 전문가를 연결해 주거나 자료를 찾아 정리해서 보내 준다. 김미호 고객이 매장을 운영한다면 매장에 나가서 일을 도와주기도 하고, 김미호 고객이 좋아하는 음악을 선곡해서 틀어 주고, 김미호 고객과의 여행을 계획한다.

이렇게 하루를 온전히 진정한 VIP고객을 위해 무엇인가 준비할 때 다양한 이벤트를 계획할 수도 있지만, 이벤트 전담 직원을 두고 매일 단 한 분의 고객을 만족시키는 역할을 부여한다면 어떤 성과가 나타날까? 이 시점에서 한 가지 당부하고 싶은 것이 있다. 그 VIP 명단에 꼭 자기 배우자와 부모님을 넣어 주길 바란다. 가족도 틀림없이 감동할 것이다.

둘째, 아이 컨택의 힘을 믿어라!

Chapter 6 방문 세일즈 스킬 편에서 아이 컨택에 대해서 자세히 다루겠지만 고객과의 관계를 강화할 때 아이 컨택만큼 강력한 무기가 없다고 단언한다. 그것이 되도록 한 번은 만나야 하는 이유이기도 하고, 만났을 때 아이 컨택만 잘해도 성과는 생각 이상으로 높아진다. 아이 컨택도 평소에 연습해야 하는 스킬인데, 고객과 아이 컨택을 많이 할수록 관계는 나아질 것이다. 아이 컨택에서부터 고객과 소통이 시작되기 때문이다.

매장을 찾아오는 고객을 상대한다면 더없이 좋은 아이 컨택의 기회다. 고객이 내 눈을 바라보게 만드는 노력이 필요하고, 나 또한 고객의 눈을 바라보고 이야기하는 시간을 일정 시간 이상 확보하면 고객과의 관계는 빠르고 견고하게 형성될 것이다. 고객을 찾아가서 만나는 방문 세일즈는 당연히 마주 앉아서 이야기를 나누는 경우가 대부분이지만, 그런데도 실제로 아이 컨택을 중요하게 여기고 실행하는 세일즈맨들은 많지 않다. 내가 다른 세일즈맨보다 비즈니스 미팅에서 성과가 좋은 편인 이유는 분명히 아이 컨택의 힘이라고 자부한다.

셋째, 고객과 업무가 아닌 고객 개인에게 관심을 가지고 대화를 시도하라!
고객과 비즈니스 미팅을 하다가도 종종 고객의 개인적인 관심사와 가족 이야기, 최근에 겪고 있는 어려움들에 관해서 듣곤 한다. 대부분 만남의 초반에 아이스 브레이킹할 때 이런 개인적인 이야기를 나누다가 업무의 본론으로 들어가기 전에 아름답게 마무리하고 본론을 시작한다.

그 후에는 어떻게 하는가? 아마도 많은 세일즈맨이 업무적인 본론을 잘 풀어 가는 데에 집중할 것이다. 하지만 업무에는 어떤 세일즈맨이나 다 똑같이 집중한다. 정말로 세일즈에서 탁월한 성과를 내려면 업무 외에 고객이 언급했던 개인적인 사항들에 대해 정리하고 이를 위해 최선의 노력을 기울여야 한다.

실제로 내가 고객 미팅을 할 때 어떤 고객이 자녀의 진로에 대해 고민하고 있었다. 호텔, 관광, 모바일 디자인이라는 각기 다른 분야 중 어느 쪽으로 진학시키면 될까? 자녀의 진로 문제만큼 고객에게 중요한 일은 없을 것이다. 개인적으로는 업무보다 훨씬 더 신경 쓰이는 문제다. 고객이 그런 고민을 살짝 비췄을 때 업무에만 열심인 세일즈맨이 무슨 매력이 있겠는가?

나는 현직 특급 호텔 총지배인과 인사팀장을 찾아내 현재의 업계 정황에 관한 설명을 문자로 받았다. 관광 쪽도 마찬가지로 알아보고, 모바일 디자인 쪽도 다행히 국내 대형 회사 사장이 예전 고객이라는 이유로 좀 더 현실적인 정보들을 취합할 수 있었다. 게다가 진로 컨설턴트도 한 명 알고 있었다. 이런 내용들을 잘 정리한 후 주고받은 문자까지 캡처해서 고객에게 전달하고, 별도로 한 시간 정도 카페에서 만나 대화를 나누었다.

고객이 내게 고맙다는 말 외에 업무적인 보상을 하겠다고 한 것은 아니다. 하지만 어떤 결과가 나왔을까? 나는 어느 세일즈맨과도 비교 불가능한 파트너가 되었다. 항상 이런 성과를 기대하고 고객을 위해 노력하지는 않는다. 이미 내게는 남의 일에 발 벗고 나서서 도움을 주겠다는 진정한 세일즈맨다운 습관이 배어 있다. 지금 이 책을 쓰고 있는 이유이기도 하다. 내가 누군가에게 도움이 되고 싶다고 생각하고 그런 행동을 하면, 다시 상대가 내게 도움을 주는 것이 세상의 이치다.

넷째, 고객과 추억을 만들어라!

고객 관리에서 여러 번 말하지만 고객과 추억을 만드는 것만큼 좋은 관계 강화가 또 없다. 예를 들어 고객과 골프를 치면 하루 종일 같이 지내고, 가끔 숲 속에 들어간 공도 찾고 가벼운 내기도 하면서 에피소드가 쌓이고, 같이 사우나를 하고, 맛있는 음식을 먹으면서 이야기를 나누는 것이 주는 강력한 '놀이친구' 효과를 얻을 수 있기 때문이다. 영업할 때 가장 뛰어난 관계 형성 방법이 골프라는 말도 있다.

그런데 이렇게 함께 골프 치며 보낸 하루를 사진과 영상으로 만들어 고객과 공유하고, 중요한 순간은 액자로 만들어서 선물하고, 또 장시간 고객과 있었던 일들은 앨범으로 만들어 전하면 남다른 추억이 생긴다. 추억은 신기하게도 눈물 날 정도로 애착을 갖게 하는 효과가 있다. 꼭 골프가 아니라도 좋다. 고객을 초청해서 관광버스로 당일치기 여행을 같이 떠나도 좋고, 영화 시사회를 열어서 함께해도 좋다.

세일즈맨은 같이 학습하고, 놀고, 맛있는 음식을 먹는 다양한 순간을 항상 사진으로 찍고 짧은 영상으로 차곡차곡 쌓아 두어야 한다. 그렇게 정리한 기록들을 어느 순간에 콘텐츠로 만들어서 고객에게 전달할 수 있다. 바로 추억을 전하게 되는 것이다.

고객을 진심으로 사랑하면, 사랑하는 사람을 위해서 어떻게 기쁨을 줄 수 있을지 방법을 찾게 된다. 그런 진심이 단순한 고객 관리를 넘어서 고객의 마음을 움직이는 법이다. 고객을 사랑하는 마음을 표현하는 방법을 지금까지 몇 가지 적어 봤는데, 꼭 '더블 세일즈'를 달성하는 데 도움이 되길 바란다.

11. SNS 마케팅으로 매출을 극대화하라!

우리가 무슨 사업을 하든지 간에 이제 온라인 마케팅을 빼놓고는 생각하기 힘든 시대가 되었다. 비록 전문적으로 학습해 실행하진 않더라도 온라인 마케팅의 개념과 전략을 이해해서 내 사업에 꼭 필요한 요소들을 활용할 수 있도록 핵심만 간추려서 이야기해 보겠다.

온라인 마케팅의 변화에 대한 이해

나는 일찍이 온라인 전문 여행사를 창업한다고 홈페이지를 제작하는 데 전 재산을 사용했다. 지금은 300~500만 원이면 그럴싸한 여행사 홈페이지를 만들어 주지만, 그 당시에는 게시판 하나 프로그래밍 하는 비용이 200만 원 정도여서, 최종 홈페이지 견적이 1억 7천만 원이었다. 당시 100만 원도 안 되는 월급을 받던 내가 회사를 관두고 나와서 창업했던 우리나라 인터넷 태동기의 일이다.

그런데 전혀 생각하지 못했던 일에 좌절하고 말았다. 홈페이지 제작에 전 재산을 들였더니 홈페이지 홍보에 쓸 돈이 없었던 것이다. 나중에 전문가에게 조언을 들었는데, 사업할 때는 차라리 예산 중 제작에 20%를 사용하고, 알리기 위한 마케팅에 80%를 쓰는 편이 더 효율적인 전략이 될 수 있다는 얘기였다.

이미 홍보비로 지출할 돈도 없고, 그 시절에는 SNS도 없어서 홈페이지는 무용지물이 될 상황에 처해 버렸다. 혼자서 대형 피켓을 들고 길거리 홍보에도 나서 봤지만, 결국 전 재산을 털어 만든 홈페이지가 별다른 성과 없이 점점 낡은 제작물로 변모해 가는 것을 지켜보며 눈물을 삼켜야 했다. 요즘 같은 시대였다면 돈이 없어도 알릴 방법을 충분히 찾을 수 있었을 것이다. 그때부터 나는 온라인 마케팅에 관심을 기울이게 되었고, 실전적인 내용으로 SNS 강사 양성 교육 과정을 만들어서 대기업 영업 조직에 판매하기도 했다.

온라인 마케팅의 3단계

온라인 마케팅은 기본적으로 검색/노출, 친구 맺기와 인맥 파도타기, 구독자 마케팅이라는 3단계로 나눠 볼 수 있다.

■ 1단계: 검색/노출

온라인이라고 하면 사람들은 자연스레 '검색'을 떠올린다. 사업하는 입장에서는 사람들이 검색했을 때 내 사업체가 노출되면 당연히 매출에 큰 도움이 된다. 이것을 '검색/노출'이라고 말하겠다. 검색하면 온라인상에 우리 사업체가 얼마나 잘 노출되고 있는지를 점검하고 관리해야 한다. 지금부터 우리나라 검색 서비스 1위 업체인 '네이버'를 기반으로 정리해 보자.

　고객들이 네이버에서 무엇을 검색했을 때 내 사업체가 나와 주면 좋은 지를 곰곰이 생각해서 검색하게 만들 '키워드'를 10개 이상은 늘 염두에 두고 있어야 한다. 그리고 수시로 검색해 봐야 한다. 검색하게 되면 그 결과로 어떤 것들이 나오는지 순서대로 정리하면서 이야기해 보자.

1) 키워드 광고: 내가 공략하려는 키워드를 검색했을 때, 돈을 내고 광고하는 영역이 대부분 먼저 뜬다. 이 키워드 광고를 학습하는 것이 온라인 마케팅의 기본이다. 다행히 포털 검색 회사들은 광고 회사나 다름없기에 이런 광고 방법을 온/오프라인상에서 무료로 교육하고 있으므로 사업을 한다면 꼭 한 번 수강해 보길 바란다.

물론 주위에 키워드 광고를 해 본 경험자들이 있다면 잠시 과외를 받는 방법도 유용하다.

– 네이버 검색 광고 : http://searchad.naver.com

– 다음 검색 광고 : http://ad.kakaocorp.com

2) 지도: 특히 매장을 가진 사업자라면 당연히 포털 사이트 지도에 나와야 한다. 고객이 우리 상호를 검색했는데 결과가 잘 노출되지 않는다면 심각한 것이다. 지도 검색 시 상호 노출은 무료로 등록하는 것이니만큼 꼭 등록하길 바란다. 네이버, 다음뿐만 아니라 각종 내비게이션 제작 회사에도 등록 요청을 직접 온라인으로 할 수 있으며, 모두 무료로 등록할 수 있다.

3) 블로그: 자영업자들을 대상으로 하는 많은 블로그 마케팅 교육이 인기를 끌고 있다. 그러나 최근 블로그 마케팅이 무척 힘들어진 것도 사실이다. 그렇지만 꾸준히 학습하고 실행할 수 있다면 블로그를 지속적으로 운영하는 쪽이 당연히 좋다. 적어도 고객이 검색했을 때 내 블로그 글이 노출되면 광고비를 절약할 수 있는 것이기 때문이다. 다만 비용을 들이지 않고 마케팅할 수 있다는 생각으로 자신이 잘 운영하지도 못하면서 시간만 흘려보낸다면, 차라리 대행사를 이용해서 블로그 마케팅을 전개하는 편이 낫다는 결정을 내릴 필요도 있다. 또한, 전문 블로거들을 초대해서 체험 후기 마케팅을 전개하는 방식도 어렵지 않게 진행할 수 있으므로 평소에 관심을 두고 시도해 보자.

4) 카페: 블로그 활동은 하루에 자신이 게시 글을 한두 개 쓰면 잘한다고 말할 수 있다. 반면에 카페는 활성화되면 회원들이 쓰는 글까지 노출될 수 있으므로 하루에 100개가 넘는 글도 게시된다는 점에서 큰 경쟁력을 지닌다. 카페 마케팅은 성공만 한다면 가장 강력한 온라인 마케팅 도구 중 하나이다. 그러나 카페를 활성화해서 성공적으로 게시 글을 노출시키기까지가 쉽지 않다. 최근에는 회원 수가 꽤 많은 카페를 수백에서 수천만 원에 구입해서 전문 마케팅 대행사를 통해 몇 달간 글이 잘 달리도록 만드는 아이디어를 찾아내고 글을 올리는 소위 '길트기' 작업을 해 주는 서비스를 받는데, 매달 몇 백만 원은 지불해야 한다. 대규모 프로젝트로 마케팅을 전개하면 좋은 경우에는 카페 마케

팅 대행도 알아볼 필요가 있다. 다만 대행사 중에서 옥석을 가리기가 쉽지는 않으므로 믿을 만한 사람들을 통해 알아보고 선택하길 바란다.

5) 지식인: 주로 고객이 궁금해 할 것을 지인의 아이디로 질문을 올린 다음, 내가 전문가 입장에서 답을 달아 주는 방식으로 마케팅을 전개해 왔다. 그래서 사람들이 지식인을 잘 믿지 않는 경우도 많다. 그런데도 일단 노출이 된다는 측면에서 유용한 방법일 수 있다. 다만 업종에 따라 상위에 노출된 우리 '작업 글'에 경쟁자들의 정성을 다한 답글이 달리기도 해서 효과가 반감되기도 한다는 점을 감안하고 사용해야 한다. 오히려 진짜든 작업 글이든 남들이 올린 글에 내가 열심히 답글을 다는 것도 좋은 마케팅 방법이 될 수 있다.

6) 뉴스: 검색했을 때 나오는 뉴스들 중에는 광고료를 지불하고 광고성 기사를 작성해서 보내면 실어 주는 '온라인 신문사'들의 기사가 꽤 있다. 심지어 이것을 전문적으로 대행해 주는 업체들까지 존재한다. 물론 광고료를 주지 않고 대행사가 정보성 기사를 제대로 작성해서 온라인 신문사들에 보내고 채택되게 해 주는 일도 있다고 들었다. 그런데 대개 중급 인지도를 가진 온라인 신문사는 게재되는 기사 한 건당 15~25만 원 정도의 비용을 책정하고 있다. 아무래도 사람들은 내가 올린 블로그 글보다 미디어에 기사가 실리면 더 믿음을 갖는 경우가 많기 때문에 이런 홍보 사업이 성장한 것이라고 본다.

7) 이미지/동영상: 검색을 하면 이미지와 동영상도 별도의 카테고리로 검색 결과가 노출된다. 블로그에 글을 쓸 때 동영상과 이미지를 적절히 넣어서 올리면 이미지/동영상 카테고리에 노출되기도 하는데, 이 영역에 나오는 것 역시 마케팅 효과를 얻을 수 있으므로 활용하자.

어떤 식당에서는 매일 영업 전에 업주와 직원들이 '요구르트 100개 안 쉬고 마시기'를 동영상으로 찍어서 블로그와 유튜브 등에 올리고, 돈가스 가게에서는 대형 돈가스를 7분 내에 먹으면 돈을 받지 않는다고 하면서 그 영상을 찍어 다시 마케팅에 사용하기도 한다. 이렇게 이슈가 될 만한 아이디어를 내서 실행하면 효과적이긴 하다. 그보다 먼저 노출되는 것에 의미를 두고 내 사업체를 알리는 이미지와 동영상이 해당 카테고리에서 검색되도록 하는 일부터 시작해 보자.

온라인 마케팅을 이렇게 하라고 쓴 글을 보면서 어쩌면 구체적으로 어떻게 해야 할지 궁금할 수 있다. 참 재미있게도 위에 언급한 것들을 어떻게 하는지 '검색'해서 찾아보면 내가 할 수 있는 방법이 다양하게 나올 것이다. 사람들은 온라인 마케팅을 궁금해 하면서 온라인 검색도 하지 않고 일단 강좌부터 들으려고 한다. 요즘에는 대체로 'How to(방법)'들을 검색하면 친절하게 화면 캡처까지 해서 설명 글을 올려놓고 있으니 적극적으로 이용하기 바란다. 가장 중요한 것은 지속적인 관심을 가지고 마케팅 전략을 이해한 후, 내가 직접 할 것과 대행을 맡길 것을 분류하는 일이다.

■ **2단계: 친구 맺기와 인맥 파도타기**

검색/노출이 세상의 모든 온라인 마케팅이었던 시대를 지나 어느 날 SNS가 등장했다. 우리는 이를 통해서 인맥의 파도를 타면 돈을 들이지 않고 마케팅을 전개할 수 있다고 생각했다. 그래서 페이스북 친구가 5000명 한도였던 시절에도 페이스북에 가입하자마자 밤새 친구 신청을 하러 여기저기 누비고 다녔다. 트위터는 친구 맺기 요청을 해 주는 사이트를 이용해서 팔로워 수를 극대화하려고 노력했다. 정작 친구가 많아졌다고 해도 돈을 안 들이고 광고하는 효과가 저절로 나타나지는 않는다. 여기서 중요한 것은 자신의 SNS상 정체성을 확실히 정해 놓고 한 가지를 계속 밀어붙여야 한다는 점이고, 가능하면 사람들과 실제로 소통해야 한다.

인맥의 파도를 탔던 사례를 소개하자면, 최근에 갑질 소동의 중심에 섰던 도시락 판매점 '스노우폭스'를 들고 싶다. 뉴스에 갑질의 횡포가 방송되자 사람들은 분개했다. 그때 '갑질하는 고객은 쫓겨날 수 있다'는 메시지를 담은 배너를 매장에 세워 둔 스노우폭스의 공고문이 SNS의 파도를 타기 시작했다. 조회 수가 몇 백만을 넘어서고 결국 뉴스에서 이 업체 대표인 김승호 대표를 인터뷰하게 된다. 뉴스 인터뷰를 통해서 그는 개념 있는 사업체 이미지를 주는 것과 함께 자연스러운 업체 홍보를 할 수 있었다. 김승호 대표는 마케팅 목적으로 배너를 세우지 않았을 수 있지만, 이렇게 이슈가 될 만한 주제를 공략하는 것이 인맥 파도타기의 효율성을 높이는 방법이다.

잊지 말아야 할 것은 이슈가 되는 주제라도 고객들이 스스로 사진을 찍어 올려서 뉴스에까지 나오기는 쉽지 않다는 점이다. 평소에 SNS에 연결되어 있다가 이런 이슈가 될 만한 글을 올려서 인맥 파도타기가 시작되는 것이다. 페이스북, 인스타그램(이미지가 임팩트 있는 업종), 카카오스토리 등 활용할 수 있는 채널들은 꾸준히 학습하고 친구를 늘려 나가면서 널리 알려질 법한 아이디어를 생각해 내서 뉴스에 등장할 기회를 만들어 보자!

■ 3단계: 구독자 마케팅

사람들은 이제 검색도 친구 맺기도 피곤하다. 그냥 내가 관심 있는 것들을 '구독하기'로 설정해 두면 알아서 정보를 내게 보여 주는 쪽이 편하고 부담스럽지 않다. 그래서 최근 이 구독자 방식의 마케팅이 대세다. 어떤 구독자 마케팅들이 있는지 살펴보자.

1) 페이스북 페이지: 페이스북의 개인 프로필과 달리 운영자가 일방향 글을 발행하는 방식이다. 프로필은 서로 친구 신청과 승낙을 하지만, 페이지는 '좋아요'를 클릭한 사람이 운영자의 새 글을 담벼락에서 보게 된다.

2) 카카오스토리 채널: 카카오스토리도 친구 신청과 승낙 방식의 개인용이 있고, 페이스북 페이지처럼 일방향으로 글을 발행하고 구독하게 만

드는 '채널'이 있다. 사람들이 공유하고 싶을 만한 콘텐츠를 정기적으로 생산해서 올려 주면 '공유하기'가 시작되어 구독자가 늘어나고, 구독자가 늘면 마치 내가 광고 회사를 가진 것 같은 일이 벌어진다. 광고 게재로 광고비를 받거나, 광고로 물건을 팔아서 수익을 만들 수도 있다.

3) 밴드: 밴드는 원래 커뮤니티로 시작되었다. 그런데 점차 일방향 밴드(리더만 글을 올릴 수 있음)가 성장하는 추세이다. 어느 밴드에 초대를 받아서 가입했는데, 게시 글은 밴드장(리더)만 올릴 수 있지만 내용이 괜찮아서 탈퇴하지 않고 종종 그 밴드에 들어가서 둘러본다면 그 밴드의 구독자가 된 것이다. 최근에는 동네 엄마들을 대상으로 반찬 가게들도 밴드에 반찬을 만들었다고 올리고, 바로 주문을 받아서 배달해 준다. 쇼핑몰의 역할까지 담당하는 것이다.

4) 유튜브: 특정 분야에 집중해서 지속적으로 영상을 만들어 올리는 것으로 구독자를 유치하기 시작하면, 이 구독자들이 상당히 강력한 팬덤을 형성하게 된다. 누가 이런 영상을 볼까 싶은 유튜브 채널들도 구독자가 쌓여서 막강한 영향력을 발휘하는 현상은 요즘 다양한 개인들의 욕구를 반영한다. 중요한 것은 계속해서 구독자를 유치하는 일이다. 유튜브는 구독자 유치를 통해서 자체 수익을 발생시키는 '유튜버'가 될 수도 있고, 유튜브를 우리 사업의 홍보 채널로도 활용할 수 있는 일거양득 측면이 있으므로 전략을 잘 세워서 도전해 보면 좋겠다.

구독자 마케팅에서 가장 중요한 것은 사람들이 관심을 갖는 소재로 구독자를 모으고 난 다음, 수익화 마케팅이 전개되어야 한다는 점이다. 따라서 운영 채널은 사람들이 관심을 가질 수 있는 '타이틀'로 결정해야 한다. 잡지로 비유하자면 잡지의 제목을 정하는 것에서부터 시작한다.

만일 삼성전자가 구독자 마케팅을 시작한다면서 '삼성전자'를 구독하라고 열심히 알리면 고객은 어떤 생각이 들까? 삼성전자를 구독하면 '온통 광고만 보게 되겠구나'라고 반감을 가질 수도 있다. 그런데 조금 색다르게 '스마트폰 100배 활용 꿀팁! by 삼성전자'라는 타이틀이라면? 당연히 후자를 구독하고 싶어진다. 이처럼 구독을 유도할 때는 내 사업체명으로 하는 것이 적절한지, 아니면 사람들이 관심 가질 타이틀로 할지를 먼저 정하고 사람을 모은 후에 그들을 대상으로 내 사업을 마케팅하는 것이 가장 중요한 핵심이므로, 처음에 운영할 타이틀을 심사숙고해서 잘 결정해 보자.

온라인 마케팅과 SNS 마케팅은 꾸준히 성실하게 실행하는 사람이 승자가 된다. 근육 운동처럼 매일 한결같이 지속해야지, 생전 안 하다가 갑자기 몰아서 하게 되면 근육통만 심해질 뿐 근육은 늘지 않는다. 이 방식은 지속적인 관심과 실행이 요구된다. 아니면 확실한 온라인 마케팅 협력자를 만들어 둬야 한다. 또 매장이 있는 업종이라면 당연히 매장에 들어온 고객들이 가장 큰 기회이며, 이 고객들이 자신의 SNS에 우리 매장의 서비스와 상품을 올리고 싶게 만드는 리마케팅 Remarketing을 반드시 실행해야 한다.

지면의 글로 온라인 마케팅을 설명하는 일이 쉽지 않지만, 이 글을 통해서 온라인 마케팅의 기본 전략을 이해하고, 새롭게 도전하는 계기가 되길 바란다. 조만간 꼭 독자와 직접 대면해서 핵심 전략을 알려 줄 기회를 마련해 볼 생각이다.

온라인 마케팅과 SNS 마케팅은
꾸준히 성실하게 실행하는 사람이 승자가 된다.

DOUBLE SALES PSYCHOLOGY

더블 세일즈 심리학

1. Small Yes가 Big Yes를 부른다
2. 머리가 복잡해지면 '구매 실행력'이 떨어진다
3. 같은 돈 그러나 다른 돈
4. 가던 길을 되돌아오라고 하지 마라!
5. 입소문을 내줄 '빅 마우스' 고객을 집중 관리하자!
6. 후기 마케팅으로 성과를 극대화하라!

Chapter **4**

더블 세일즈 심리학

1. Small Yes가 Big Yes를 부른다

번화가를 걷다 보면 NGO(비정부 국제 조직) 단체에서 활동하는 젊은 청년들이 다가와 후원하라는 요청을 한다. 그럴 때 어떻게 반응하는가? 요즘은 이렇게 길에서 "후원하세요!"라는 말로 쉽게 'Yes'라고 할 사람들을 후원자로 유치하기는 어려운 실정이다. 아무리 "후원하세요!"라고 목청껏 외쳐 보아도 성과를 낼 수 없다.

그럼 어떻게 해야 할까? 세일즈를 공부하는 사람으로서 프로세스 단계를 나눠 생각할 필요가 있다. 우선 유동 인구가 많은 곳에 가서 자리를 잡아야 하며, 가판대와 권유하는 세일즈맨(NGO 활동도 후원을 세일즈하는 것)의 모습이 어떻게 매력적으로 보이면 좋을지 점검해야 한다.

이제 후원자를 유치하기 위해서 권유를 시작해야 하는데, 세일즈 프로세스에서 가장 중요한 첫 단계는 바로 '첫말 걸기'다. 지나가는 사람들에게 어떻게 첫말을 걸어야 이 단체의 가두 캠페인이 성공할 수 있을까? 이 단계의 핵심 목표는 무엇인가? 여기서는 지나가는 사람을 멈춰 서게 만들어야 비로소 후원자 유치 가두 캠페인이 시작되는 것이다.

따라서 그들의 1차 목표는 멈춰 서게 만드는 'Stop'이다. 만일 길을 걷는 사람을 뒤쫓아 가면서 계속 왜 후원을 해야 하는지, 아이들이 얼마나 굶주리고 아프고 힘든 상황인지 설명한다면 어떻겠는가? 그렇다고 무작정 길을 가로막고 세울 수도 없다.

이런 난국을 타개하려고 한 NGO 단체가 처음으로 시작한 것이 바로 "아이들을 위해서 스티커 한 장만 붙여 주세요!"이다. 예능 프로그램에서 연예인 인기투표를 할 때 스티커를 부착하는 것과 같은 방식인데, 사람들은 후원은 안 해도 스티커 한 장 정도 붙여 주는 일에는 기꺼이 동참한다. 스티커를 붙이려고 '멈춰 서게' 되는 것이다. 여기서 멈춰 선 것은 첫 번째 Yes, 스티커를 붙여 주는 행위는 부탁을 들어주는 두 번째 Yes가 된다.

이때 본격적으로 이야기를 시작한다. "스티커를 붙여 주셔서 정말 감사합니다. 잠시만 이 아이들에 대해 설명 좀 드릴게요!"라고 말한다. 설명만 듣겠다는 행위는 세 번째 더 큰 Yes. 설명을 듣다 보면 가슴이 찡하면서 도와주고 싶어진다. 그때 후원을 하면 한 달에 3만 원으로 지구 저편에 있는 아이들을 살리고, 그 가족들이 병들지 않도록 도울 수 있다며 후원 용지를 내민다. 마지막 Yes를 요구하는 클로징을 시도하는 것이다.

이 세일즈 프로세스에서 가장 중요한 것은 'Stop'이지만, 그걸 가능하게 만드는 열쇠는 작은 부탁으로 'Small Yes'를 이끌어 낸 아이디어다. 이런 작은 Yes를 반복하다 보면 계속 Yes를 말하게 된다. 세일즈에서는 이를 'Yes Set'이라고 부르며, Yes를 6회 이상 끌어내면 이어서 Yes의 방향으로 가기 쉬워진다는 말이 있다.

예를 들어 텔레마케터에게서 걸려 온 전화를 받아 보면 뻔한 개인 정보를 확인하는 질문으로 시작된다. 한 번에 몰아서 물어보고 '네'라는 답을 들어도 될 텐데, 여러 번 '네'라는 대답을 끌어낸 후에 본론으로 들어간다고 느낄 것이다. 이는 '네'라고 답하는 연습을 시켜서 마음속에 '네'라는 답을 하도록 준비하게 만드는 작업의 일환이다.

『설득의 심리학』(로버트 치알디니 Robert B. Cialdini 지음)이라는 책에 실린 재미있는 실험이 하나 있다. 마당이 딸린 주택에 살고 있는 사람에게 공공 기관에서 찾아와 '안전 운전합시다!'라는 캠페인을 실시 중인데, 마당에 '안전 운전'이라고 쓰인 큰 표지판을 설치하자고 요청하면 다들 거절했다.

반면에 열흘 전에 미리 그 대상 가정을 방문해서 안전 운전 캠페인을 위해 현관문에 '안전 운전!'이라는 작은 스티커 하나를 붙이자고 요청했을 때는 그러라고 동의했다. 시간이 지난 후 그 가정을 다시 방문해서 "아, 이미 우리 캠페인에 참여해 주고 계시네요? 감사합니다. 이

번에는 마당에 푯말을 좀 설치해도 될까요?”라고 물었더니, 참여율이 400% 이상 상승했다고 한다.

‘일관성의 법칙’이라는 것이 작용하기 때문에 사람이 가던 길을 제자리에서 ‘뒤로 돌아’ 다시 거슬러 올 때는 마음이 편치 않다. 가던 방향으로 계속 가고 싶은 심리를 이용해서 가장 ‘작은 예스(Small Yes)’를 말하도록 하는 방법으로 그 방향에 발을 들여놓게 만드는 것이다. 이루고 싶은 목표가 있을 때, 가장 작은 예스를 말하게 만든 후 점점 더 큰 예스를 이끌어 낼 전략을 세우고 실행하면 좀 더 쉽게 ‘큰 예스(Big Yes)’에 도달할 수 있다.

2. 머리가 복잡해지면 ‘구매 실행력’이 떨어진다

2002년 노벨 경제학상은 경제학자가 아니라 심리학자인 대니얼 카너먼 Danniel Kahneman이 수상해서 세상을 떠들썩하게 했다. 경제학에서는 인간이 합리적인 소비를 한다고 말하는데, 심리학과 경제학의 접경 부분을 다루는 ‘행동 경제학자들’에 의하면 고객은 실제로 합리적인 결정이 아니라 비합리적인 결정을 자주 내린다고 한다.

행동 경제학 분야에서 잼을 전시 판매하는 매장에 관한 아주 유명한 실험이 진행되었는데, 이 실험에서 한 매장은 고객의 선택권을 늘리려고 24가지 잼을 전시했고, 한 매장은 6가지 잼만 전시했다. 그 외에는 동일한 조건에서 고객들의 구매 내용을 분석했더니 고객들은 24가지보다 6가지 잼을 전시했을 때 훨씬 더 구매 확률이 높았다는 결론에 이르렀다. 선택안이 많으면 고객의 선택권을 늘려 줘서 좋은 서비스라고 느낄지는 몰라도 생각이 복잡해져서 구매라는 실행력은 반감시킨다는 것이다.

한때 퇴근길에 아빠들을 가장 힘들게 하는 것이 '골라 먹는 재미가 있다! 31가지 아이스크림'을 광고하던 '배스킨라빈스 31'이라는 말도 있었다. 바닐라, 초코, 딸기, 녹차 등 몇 가지 아이템만 판매하는 '하겐다즈'가 오히려 더 구매 실행에 나서기 쉽게 느껴지고, 구매 만족도 역시 높게 나타난다고 이야기하기도 한다. 그래서인지 배스킨라빈스는 언제부턴가 '이달의 추천 메뉴'라는 POP를 제작해 매장 안에 놓기 시작했다. 이제는 그나마 아빠들이 익숙해져서 "아이들이 좋아할 만한 것으로 알아서 골라 주세요!"라고 주문하는 일도 일반화되어 배스킨라빈스가 더 이상 어렵게 느껴지지는 않는다. 나도 아이들과 배스킨라빈스에서 아이스크림을 자주 사 먹는데, 고를 때는 여전히 아내에게 부탁한다.

혹시 잘 모르는 음식점에 가서 "뭐가 맛있나요?"라고 물어봤는데, 직원이 "다 맛있어요!"라고 답하면 어떤 생각이 들었는가? 단순하게 어떤 음식이 맛있냐는 질문이라기보다는 어떤 메뉴를 얼마나 주문하면 좋을지 조언해 달라는 뜻의 요청이므로 음식점에서는 미리 손님 인원수와 성향에 따라 준비된 멘트를 연습해 둘 필요가 있다. 보통 종류

가 많고 복잡해 보이는 메뉴판에도 '추천'이나 '베스트' 같은 표시를 해 두는 것은 머리가 복잡해지면 구매 실행력이 떨어져 버리기 때문이다.

그런가 하면 고객에게 얼마나 기억이 쉽게 떠오르는지가 실제로 얼마나 고객을 만족하게 했는지보다 더 중요하기도 하다. 고객이 우리 장점을 쉽게 떠올리면 다시 찾게 되고, 주위 사람들에게 선뜻 소개도 할 수 있다. 그것이 우리의 원투 펀치이고, 리마커블해지는 방법이다. 무엇이 전문인지, 무엇이 장점인지 너무 많은 것을 강조하기보다는 한두 가지 강력한 메시지를 전할 수 있도록 전략을 짜야 한다.

독일에서 BMW의 소비자 만족도를 실험한 결과가 언론에 많이 소개된 적이 있다. 일명 '기억의 용이성'이라는 측면의 실험인데, A그룹에게는 BMW의 장점 열 가지를 떠올려 보라고 하고, B그룹에게는 BMW의 강력한 장점 한 가지만 떠올려 보라고 했다. 그 후 두 그룹을 대상으로 BMW가 얼마나 좋은지 선호도를 측정했다. 결과는 어땠을까?

열 가지 장점을 떠올리게 한 A그룹보다 강력한 한 가지만 떠올리게 한 B그룹이 BMW에 대한 선호도가 더 높았다. 열 가지 장점을 떠올릴 때는 처음에 몇 가지는 쉽게 떠올리지만 점점 더 장점을 떠올리기 어려워졌고, 차츰 '생각했던 것보다 BMW의 장점이 그렇게 많지 않구나.'라는 느낌을 갖게 되었기 때문이다.

반면에 강력한 장점 한 가지를 떠올려 보라고 한 B그룹은 본인이 중요하게 생각하는 한 가지만 떠올리니까 '역시 BMW는 이런 점이 좋단

말이야!'라며 BMW를 선호한다고 답했다는 것이다. 고객에게 제안서를 보여 주며 프레젠테이션하는 경우에도 분량이 많은 제안서와 함께 간략하게 정리한 한 장짜리 제안서를 제공하고, 중요 포인트만 눈에 띄게 전면에 배치하는 것도 비슷한 이치다.

흔히 고객에게 우리가 어떤 장점을 가졌는지 길게 열거하면 고객이 더 좋아하고, 고객에게 선택안이 많으면 많을수록 고객이 더 만족스러워할 것이라고 생각한다. 하지만 실제로 결과는 이와 반대로 나타난다. 고객에게 좀 더 심플하게 선택할 수 있도록 하고, 강력한 장점 한두 가지를 기억할 수 있도록 하면 더 좋은 성과를 올릴 수 있다는 점을 현업에서 잘 활용해 보자.

이런 고객의 심리학(행동 경제학)에 관심을 가지고 관련 서적들을 찾아보면 세일즈와 마케팅이 생각보다 재미있다고 느껴지고, 현장에서 무척 유용하게 활용할 수 있다는 사실을 실감하게 될 것이다.

3. 같은 돈 그러나 다른 돈

지금부터 행동 경제학의 재미있고 유용한 몇 가지 사례를 같이 살펴보면서 학습 욕구를 불러일으켜 봤으면 한다. 그중 돈을 인식하는 관점에 대한 이야기를 몇 가지 함께해 보자.

잠시 카페에 앉아서 전에 샀던 복권을 맞춰 보니 10만 원에 당첨이 되었다. 횡재한 기분에 한껏 들떠서 카페를 나서니 내 차에 불법 주차

스티커가 붙어 있는데 벌금이 10만 원이라면 오늘의 기분은 어떨까? 경제적으로 따지면 분명히 내 자산에 변화가 없는 만큼 기분의 변화도 없어야 한다. 하지만 사람들은 하루 종일 딱지를 떼어 벌금 10만 원을 낸 점을 아까워할 것이다.

이것이 사람은 이익보다 손실에 강하게 반응한다는 '손실 회피 심리'이다. 고객에게 마케팅을 할 때도 고객이 얻을 이익을 이야기하기보다는 고객이 결정하지 않아서 입게 될 손해나 기회의 손실을 강조하는 편이 강하게 작용할 수 있다. '아, 그때 샀어야 하는데!'라는 아쉬움을 고객이 지금 느끼게 만드는 작업을 해야 한다.

스마트폰 무선 충전기를 사야 해서 알아보니 내가 있는 곳에서는 4만 원이다. 그런데 1시간을 가거나 인터넷으로 구입하면 2만 원에 살 수 있다는 사실을 알았다. 어떻게 하겠는가? 아마도 당장 필요하지 않다면 '나중에 사야지' 할 것이고, 꼭 필요해서 4만 원에 구입했다면 마음이 영 불편할 것이다. 그런데 만약 오늘 새로 나온 스마트폰을 사려고 하는데 여기서는 102만 원이고, 1시간 떨어진 곳이나 인터넷에서는 100만 원이다. 어떻게 하겠는가? 아마도 서슴없이 102만 원에 바로 구입할 것이다.

이렇듯 같은 돈인데 총액 중 50%인지, 2%인지가 우리에게 주는 영향력에는 상당히 차이가 나타난다. 세일즈를 할 때 고객에게 큰 금액을 이야기하면서 적은 액수를 덧붙이는 경우에는 저항이 크지 않다는 점을 활용하면 도움이 될 것이다.

길을 가는데 상가를 분양하는 곳에서 한 세일즈맨이 외친다. "4억짜리 물건인데, 5% 할인해 드립니다!" 또 다른 세일즈맨은 "4억짜리 물건인데, 2000만 원 할인해 드립니다!"라고 외친다. 어느 쪽이 귀에 확와 닿을까? 아마도 2000만 원 할인이 더 강력히 귓가를 울릴 것이다.

그런가 하면 문구점에서 볼펜을 하나 사려는데, 1000원짜리를 10% 할인해 준다는 말과 100원 할인해 준다는 말은 어느 쪽이 솔깃하게 들리는가? 대다수는 10% 할인이 100원보다 더 매력적이라고 답하지만, 이는 성향에 따라서 다를 수도 있다.

하지만 한 가지 확실한 사실은 금액이 커지면 커질수록 '퍼센티지'보다는 '금액'이 더 강력하게 들린다는 점이다. 따라서 세일즈 현장에서는 금액으로 말할지 퍼센티지로 말할지도 생각하고 전략을 세워서 실행해야 한다.

오랜만에 친구들을 만나서 점심을 먹는데, 잘 모르는 근처 한정식집에 들어가게 됐다. 상차림 메뉴를 보니 2만 원짜리와 3만 원짜리 코스가 있다면 어떤 메뉴를 고르겠는가? 사전 정보가 없어서 '구매 실패의 두려움'을 극복해야 하기 때문에 실패해도 부담이 적은 2만 원짜리 코스를 주문하는 것이 일반적이다.

그런데 내가 그 한정식집 사장이라면, 3만 원 상차림을 더 판매하고 싶을 때 어떻게 하면 좋을까? 메뉴판을 옆 페이지의 표처럼 구성하면 된다.

A코스 1人 50,000원	영양돌솥밥, 양념 통낙지, 소갈비찜, 수제 떡갈비, 모둠전, 표고버섯 탕수육, 소고기 샤브 + 야채, 생전복 + 생조개 샤브
B코스 1人 30,000원	영양돌솥밥, 양념 통낙지, 소갈비찜, 수제 떡갈비, 모둠전, 소고기 샤브 + 야채
C코스 1人 20,000원	영양돌솥밥, 수제 떡갈비, 모둠전, 소고기 샤브 + 야채

이 메뉴를 보면 보통 3만 원짜리 코스를 선택하게 될 것이다. 가끔은 판매를 목적으로 하는 것이 아니라 객단가를 끌어올리려고 넣는 5만 원짜리 상차림처럼 메뉴판도 전략을 세워서 제작할 필요가 있다.

학자들은 열심히 이런 사례를 연구하고 논문을 발표한다. 우리는 이런 학문의 결과물을 실제로 사업에 적용해서 성과를 높일 수 있으니 얼마나 감사한 일인가! 세일즈 현장은 그 어떤 학자의 연구실보다도 더 학습하고 연구하기에 좋은 환경을 갖추고 있어서 행복하다. 오늘 내가 학습한 것을 바로 내일 현장에서 사용해 성과를 내기도 하고 고객과 접하면서 효과가 있거나 없는 다양한 사례를 모을 수 있는데, 과연 어떤 학자가 연구하는 주제에 대해 바로바로 현장에서 피드백을 받을 수 있겠는가?

사업자들과 현장 세일즈맨들을 축복받은 행동 경제학자가 아닐까 생각하면서 명함에 '행동 경제학자' 또는 '현장 경제학자'라는 직함을 추가해 보면 어떨까? 우리는 그런 존경을 받을 자격이 충분하다고 믿는다.

4. 가던 길을 되돌아오라고 하지 마라!

세일즈를 시작하고 초기에 나는 우리 회사가 최고이며, 내가 몸담은 업종에서 가장 진정성을 가지고 고객을 위해서 일하는 사람을 꼽으라면 당연히 나 자신을 들 만큼 열정적으로 일했다. 이 열정으로 고객에게 내 진심을 전달하면 된다고 믿었다. '진심은 통한다!'라는 생각을 가졌던 것이다. 그래서 열심히 고객을 만났고, 기존에 고객이 거래하던 업체나 세일즈맨이 옳지 않게 자신들의 이득을 위해 고객에게 좋지 않은 상품과 서비스를 제공한 꼼수에는 고객보다 더 억울해하고 분개했다. 진심으로 고객의 입장이 되어 속상해했다. 그들이 고객에게 무슨 짓을 저지른 것인지, 얼마나 비열하게 자기 이득을 챙긴 것인지 설명하고, 이제 제대로 된 세일즈맨인 나를 만났으니 다행이라고까지 자신 있게 이야기했다.

그런데 이상하게 고객들은 기존의 잘못을 인정하고 바꾸려고 하지 않았고, 심지어 진실을 알려 준 나조차도 밀쳐 내곤 했다. 도대체 실적이 오르질 않았다. 진심과 진실로 고객을 대하려는 내게 기회가 열리지 않은 것이다.

그러던 어느 날 세일즈의 챔피언급 세 분을 찾아가서 성공의 비결이 뭐냐고 물었더니 공통된 대답은 '긍정의 언어'를 사용한다였다. 절대로 고객에게 부정적인 표현을 쓰지 않는다는 것이다. 더군다나 타사를 헐뜯거나 다른 상품을 잘못되었다고도 하지 않는다. 그 진짜 이유는 나중에서야 깨닫게 되었다. 아주 간단한 원칙을 모르고 있었던 것이다.

사람은 가던 길을 갑자기 돌아서 되돌아오는 것을 몹시 싫어한다. 일명 '일관성의 법칙'이 작용하기 때문이다. 그동안 자신이 하고 있던 것들이 설사 잘못되었다고 해도 그걸 곧바로 인정하고 바로 뒤돌아서서 내게 오진 않는다. 고객에게 기존의 실행과 선택들에 관해 잘못이라고 말한다면, 한편으로는 고객이 잘못했다고 질책하는 것이나 다름없다. 같이 속상해 하는 진심은 잘 전달되면 좋다. 하지만 같은 업종에 종사하는 사람들을 험담하는 행위는 내 얼굴에 스스로 침을 뱉는 것이나 마찬가지다.

나는 예전에 '바람의 딸' 한비야 씨와 함께 아프리카 짐바브웨에 긴급구호 활동을 다녀온 경험이 있다. 온종일 구호 식량을 나르느라 녹초가 된 몸을 지프에 싣고 컴컴한 초원을 달려서 숙소로 이동하고 있었다. 모두 코를 골면서 곯아떨어졌고, 나 역시 졸고 있다가 뒤에서 한비야 팀장과 NGO 직원이 하는 말을 듣게 됐다. 직원은 자신이 일하는 NGO는 세계적으로 인정받는 TOP 5에 들고 후원금을 제대로 사용하고자 노력하며 잘 해내고 있는데, 많은 NGO들이 후원금을 올바로 사용하지도 못하고 현지에서 안 좋은 일들을 상당수 저지르며 욕을 먹인다면서 다른 단체 험담을 하고 있었다. 물론 타당한 근거를 가진 이야기가 대부분이었다.

그러자 한비야 팀장이 따끔하게 몇 마디를 건넸다. "선생님, 지금 NGO에서 일하시면서 다른 NGO를 욕하시는 건가요? 그건 누워서 내 얼굴에 침 뱉는 게 아닐까요? 그들도 다 나름대로 열심히 하고 있었을 겁니다. 부족하더라도 말이죠. 선생님께서 지금 그들이 까마귀이고 우리는 독수리라고 제게 설명하시는 건데요. 까마귀들과 같이 날고 있으면서 우린 까마귀가 아니라 독수리라고 말하는 게 무슨 소용이 있겠어요? 그저 독수리답게 까마귀보다 더 높이 날아오르면, 사람들은 우리가 까마귀가 아니라 독수리라는 것을 쉽게 알 겁니다!"

　나는 설핏 졸다가 이 말에 머리를 한 대 얻어맞은 기분이었다. 그간 세일즈를 하면서 다른 회사와 세일즈맨들의 잘못에 분개하며 그들은 까마귀이고 나는 독수리라고 고객들에게 말하고 있었던 것이다. 내가 일하고 있는 분야의 사람들을 마치 사기꾼이나 되는 듯이 이야기했으니 고객들은 나도 같은 부류로 느꼈음이 분명하다.

　그 뒤로 한국에 돌아와서 고객을 만나면 부정적인 이야기를 하지 않았다. 남들이 잘못한 것을 보고 예전 같으면 마구 험담을 늘어놓았을 테지만 그 깨달음 이후로 말하는 방식을 바꾸었다.

　"그분들도 그때는 어쩔 수 없는 상황이 아니었나 싶습니다. 지금 시점에서 제가 좀 더 나은 방향으로 점검하고 더 유리한 방법을 제시해 드릴 수 있어서 기쁩니다. 기존에 선택하고 결정하신 것도 다 이유가 있었을 텐데 잘 생각해 보시고, 저와 상담할 때는 부담 없이 옳다고 여겨지는 것으로 결정하셨으면 좋겠습니다."

　그러다가 정말 잊지 못할 일이 벌어졌다. 어느 구청에 볼일을 보러 갔다가 주차 도장을 찍으면서 습관적으로 내 명함을 건네며 인사를 했다. 주차 도장을 찍어 주시던 분이 내 명함을 보더니 우리 회사 상품에 가입했다고 말을 걸었다. 그래서 감사하다고 인사하면서 "이미 우리 회사 가족이시네요? 혹시 상담이 필요하시면, 오늘은 제가 바로 가 봐야 해서 다음 주 화요일이나 수요일 중에 방문해도 괜찮을까요?"라고 물었더니 그분이 웃으면서 좋다고 대답했다.

그 후 다시 만나서 상담을 하는데, 기존에 가입한 상품들은 텔레마케터가 번번이 더 좋은 저축 상품이라면서 고객에게 맞지도 않는 보험을 말재간으로 팔아 치운 상황이었다. 문제는 거의 6개월마다 새로운 사람이 전화를 걸어서 또 더 우수한 상품이 나왔다며 비슷한 상품을 계속 권유하는 바람에 기존 계약을 유지하기도 버거운 형편이었다. 쉽게 말하면 거의 사기를 당한 수준이었다. 나는 부정적인 언어를 고객에게 사용하지 않기로 다짐하고 있던 상태라 밤새 이 사실을 어떻게 전할지 고민하다가 잠을 설쳤다. 다음 날 고객을 찾아가서 정중히 고개를 숙여 인사한 후 말을 꺼냈다.

"고객님, 진심으로 사과 말씀을 드리겠습니다. 저도 보험 일을 하는 사람으로서 같은 업계에 종사하는 사람들을 폄하하거나 기존에 고객이 결정한 사항들을 부정적으로 이야기하지 않는다는 신념을 갖고 일하고 있습니다. 그런데 어제 고객님께서 가입하신 상품을 보고 어떻게 이 사실을 알려야 할지 고민하다가 잠을 설쳤습니다. 현재 가입하고 있는 상품들의 가입 과정이나 혜택이 만족스럽지 않다는 말씀을 드리게 되어서 같은 보험 설계사로서 먼저 고객님께 사과부터 드립니다. 부디 이런 일로 보험업을 하는 사람들에게 반감을 갖지 않으셨으면 좋겠고, 지금부터라도 제가 최선을 다해서 꼭 그 이상으로 도움이 되도록 노력해 보겠습니다.”

고객은 매우 놀라면서도 자기 잘못이 아닌데도 같은 업계 사람으로서 사과하는 내 모습이 믿음직스러웠나 보다. 그 후로 자신의 상황과 가족들 이야기를 하면서 미래에 대한 불안감 때문에 전화가 왔을 때 쉽게 넘어갔다는 말도 들려주었다. 현 상황에서 도움이 될 만한 동영상 한 편을 보시라고 컴퓨터에 복사해 드리고 나왔더니 한 통의 문자가 도착했다.

“조환성 씨를 만난 건 하나님의 축복인 것 같아요. 진심으로 나를 생각해 주고, 내 마음이 다칠까 봐 고민하고 걱정하며 사과하는 모습을 보면서 많은 위안을 얻었어요. 고마워요.”

그날 문자를 받고 한참을 멍하니 서 있었다. 그다음부터 내가 늘 이야기하던 진심과 진실이 통하기 시작했다. 고객에게 부정적인 말이 아니라 긍정의 언어로 이야기하고, 고객이 가던 길을 잘못되었다고 지적하기보다는 점진적으로 더 나은 방향으로 유도하는 방식의 상담을 진행한 것이다.

이를 세일즈 스킬적인 측면에서 이야기해 보자. 이미 고객이 타사의 10만 원대 상품을 이용하고 있었다고 가정하자. 그런데 이번에 우리 회사에서 50만 원대의 파격적인 서비스를 제공하는 상품이 나왔다면 어떻게 접근해야 할까? 고객에게 타사 10만 원짜리는 10만 원어치 가치일 뿐이라면서 우리 회사의 50만 원대 상품이 더 효율적이고 획기적인 장점을 가졌다고 이야기하기보다는 먼저 타사의 10만 원대 상품을 잘 이용하셨다고 칭찬하고, 어떤 점이 좋았는지부터 물어봐야 한다.

그러고 나서 우리 회사의 비슷한 상품군인 10만 원대 상품도 꽤 매력적이라고 말을 시작하면서 우리 상품도 기존에 사용하던 것과 비교해서 좋은 점이 많다는 사실을 인지하도록 만든다. 그다음 우리 회사에서 이 10만 원대 상품보다 고객들로부터 더 인정받는 신상품이 나왔는데, 10만 원대를 사용하던 분들도 최근에 50만 원대 상품으로 대부분 바꾸고 있다고 이야기를 꺼낸다. 차근히 왜 10만 원대 상품을 이용하던 고객들이 50만 원대 상품으로 옮겨 가는지를 긍정적인 말들로 설명해 나가야 한다.

이 방식은 기존의 타사 10만 원대 상품을 우리 50만 원대 상품으로 바로 꺾는 것이 아니라, 기존에 사용하던 것과 비슷한 우리 상품으로 관심을 가져온 후 우리 10만 원대 상품에서 50만 원대 상품으로 업그레이드하는 권유라는 점이 중요하다. 그러면 고객은 자신이 가던 길을 가면서 이야기를 듣고, 가던 길에서 옆길로 방향을 바꾸게 되고, 다시 그 옆길보다 좀 더 나은 길을 따라서 가게 되는 것이다.

가던 길을 멈춰 선 후 되돌아오는 것은 어렵다는 사실을 다시 한번 기억하자. 고객이 가는 길을 가로막고 "이 길이 아닙니다!"라고 말하지 않기를 당부한다.

5. 입소문을 내줄 '빅 마우스' 고객을 집중 관리하자!

조금 산다는 동네 엄마들이 호텔에서 점심 모임을 갖고 있었다. 여러 엄마들의 온갖 정보와 다양한 의견이 나왔다. 미용실은 어디가 좋다, 학원은 어디가 좋다, 거래 은행은 어디가 좋다, 신용 카드는 무엇을 쓰면 혜택이 많다 등 이런저런 이야기들이 오갔다. 이런 모든 정보는 굉장히 현실적이어서 영향력이 강하다. 그러나 더 강력한 것이 있는데, 바로 화장실에서 듣는 정보다.

최근 수학 공부에 어려움을 느끼는 아이를 어느 학원에 보낼까 고민하던 엄마가 화장실에서 볼일을 보고 있는데, 모르는 사람들이 두런대는 얘기 소리가 들린다. "지난 한 해 동안 우리 아이가 수학 성적 때문에 고민이 많았는데, 입시 전문가가 추천한 '더블 수학 학원'에 다닌 지 3개월 만에 수학을 공부하는 방법이 완전히 달라지고, 지난번 시험에서는 겨우 한 문제만 틀렸다니까요. 그래서 주위 사람들한텐 이 학원 알려 주지 않으려고요!"

이런 소리를 들으면 어떨까? 많은 드라마나 영화에서 정작 중요한 정보는 다 화장실에서 우연히 듣게 되고, 거기서 들은 이야기는 발 없는 말이 되어 천 리를 간다. 이때는 말하는 사람이 자신의 이익이나 듣고 있는 나를 의식하지 않고 이야기하는 것이라서 객관성이 높은 정보라고 여겨진다. 많은 업체가 '우리가 잘해요!'라고 아무리 떠들어도 쉽게 믿기는 어렵다. 하지만 우연히 듣게 된 이런 정보는 제대로 알아봐야겠다는 강한 확신을 준다. 따라서 거꾸로 이런 점을 마케팅과 세일즈 도구로 활용할 수 있다.

'우리가 잘해요!'가 아니라 '거기가 잘 하더라고요!'라고 화장실에서 듣게 되는 정보가 더 힘을 갖기 때문에 필요하면 연기자를 투입해서라도 그런 효과를 만들어 낼 수 있다. 타깃 고객이 언제 어디서 누구에게 우리 메시지를 듣게 되는지가 중요하다. 그런 입소문 정보가 직접적인 마케팅보다 더 강력한 힘을 가지는 것이다.

물론 연기자를 사서 쓰는 것이 바람직한 방법은 아니다. 그 정도로 중요하게 생각해 볼 필요가 있다는 점을 강조하고 싶어서 말해 본 것이다. 당연히 진정성과 진실이 담긴 마케팅을 전개하는 것이 옳은 길이지만, 단 한 번의 필살기가 절실할 때는 정상적인 입소문이 나길 기다리기보다 입소문을 어떻게 만들어 낼 수 있을지 아이디어를 떠올려야 한다. 그래서 연기자를 고용하는 무리수 대신, 입소문을 내줄 만한 '빅 마우스' 고객을 집중 관리하며 친분을 쌓으면서 자주 좋은 이야기를 해 달라고 부탁하는 방법을 이용한다.

'3의 법칙'이라는 영상을 검색해 보면, 세 사람만 집중해서 같은 이야기를 해 준다면 사람들이 쉽게 그 말을 믿는다는 점을 알 수 있다. 이렇게 의도된 입소문도 더블 세일즈를 목표로 충분히 활용할 수 있다.

다만 고객이 실제로 우리 제품과 서비스를 이용했을 때 진정으로 '그 소문이 진짜구나'라고 믿을 수 있도록 철저히 준비해야 하고, 고객 접점의 기회를 만드는 도구라는 인식을 갖고 전략을 세워서 실행하는 것이 중요하다는 사실을 강조하고 싶다. 세일즈나 마케팅 스킬은 고객을 속이는 것이 아니라 고객과 접점의 기회를 만드는 도구로 이용하고, 차후에는 장인 정신과 프로페셔널리즘으로 승부를 걸어야 한다.

6. 후기 마케팅으로 성과를 극대화하라!

음식점에 갔더니 벽면에 연예인들이 방문했던 사진이 가득하고, 유명인들의 잘 먹고 간다는 인사말과 사인이 빼곡히 액자에 걸려 있으면 어떤가? 음식을 먹기도 전에 '여기, 맛집인가보다!'라고 생각할 것이다. 하지만 일각에서는 식당을 창업하면 연예인들의 인맥을 활용해 식사를 대접하고 나서 혹은 일괄적으로 서명을 받아서 진열하기도 한다. 즉 모든 유명인의 서명이 진심으로 맛있어서 자발적으로 작성된 것이 아닐 수도 있다는 사실이다. 그러나 우리는 그런 유명인들의 사인을 보면서 '이 집은 유명한 맛집이구나'라고 인식하게 된다.

내가 하고 있는 사업이 이미 널리 알려진 브랜드거나 높은 고객 평가를 얻고 있어서 더 이상 다른 노력이 필요 없다면, 꾸준하고 열심히 고객 감동 서비스를 실현하면 될 것이다. 하지만 사업 초기에는 내가 제공하는 제품과 서비스가 정말 좋은지 어떤지 고객이 알아차리기 쉽지 않다. 그렇다고 판매자인 내가 아무리 열심히 좋다고 떠들어 대도 그건 누구나 하는 말이다 보니 별반 믿음이 가지 않는다.

그렇다면 해결책은? 바로 '사회적 증거 법칙'에 따라서 고객들의 후기를 보여 주는 것이다. 이때 한 가지 걸림돌은 제품이나 서비스를 경험한 고객이 좋았다고 해서 다들 즐겁게 후기를 작성해 주지는 않는다는 점이다. 그러면 어떻게 해야 좋을까? 고객에게 자발적인 후기를 받아 내면 가장 좋지만, 여의치 않을 때는 다소 강제적인 방법을 동원해 후기를 만들어 낼 수도 있다.

첫 번째 방법은 매장 내에 이용 후기 카드를 비치하고, 작성해서 함에 넣으면 100% 선물 증정은 물론 월 1회 추첨을 통해서 큰 선물을 준다고 게시하는 것이다. 이때 후기 작성에 도움이 되는 일종의 샘플이 마련되어 있으면, 고객이 자연스레 그 후기의 성향을 따르게 되기 때문에 우리가 원하는 방향의 후기를 얻기 쉽다.

두 번째는 고객에게 감사의 문자를 보낸 다음, 이 문자에 회신으로 우리 매장이나 서비스를 이용해서 좋았다는 후기를 상세히 적어 보내 주면 다음번 매장 방문 시 소정의 선물을 증정한다고 제안해서 문자 메시지나 카톡 형태의 후기를 받는 방법이다. 이때 화면을 캡처해서 마케팅 툴에 포함시키면 시각적 효과가 뛰어나다.

세 번째는 위의 두 가지 방법으로 효과적인 후기를 얻지 못할 경우에 사용하는 방법이다. 먼저 우리 매장이나 서비스를 이용한 고객에게 대면이나 전화로 소감을 물어보는데, 좋다는 사람들과 만족스러웠다는 사람들이 나올 것이다. 그들에게 후기를 작성해 줄 수 있는지 정중히 부탁해 본다. 고객은 다소 부담을 느낄 수도 있다. 그때 이용 후기를 지금 말로 자세히 이야기해 주면 그걸 문자화해서 고객의 승인을 받은 다음 사용하겠다고 제안한다. 이런 경우 고객의 직업군이나 동행했던 구성원의 특징을 알아낼 수 있다면 내가 원하는 방향으로 강력한 후기를 얻을 수 있다.

네 번째는 매장을 방문한 고객에게 바로 인증 샷을 찍어 자신의 SNS에 올리면 간단한 선물을 제공한다는 이벤트를 진행하는 방법이다. 가장 간편하면서 효과가 큰 이벤트라고 볼 수 있다. 음식점이라면 보통 음료수 하나 정도나 술 한 병을 서비스하는 것으로 충분하다. 이렇게 즉석에서 사진 찍고 해시태그(#)를 달아서 SNS 계정에 올리고 보여 주는 손쉬운 방법으로 고객을 홍보 대사로 활용할 수 있다.

다섯 번째는 고객 후기를 영상으로 촬영하는 방법이다. 영상으로 후기를 보내 달라는 캠페인도 가능하지만, 고객을 선정해 후기 인터뷰 영상을 찍어도 되겠냐고 동의를 구한 후 촬영하는 방법과 업종에 따라 촬영 기사를 하루 고용해서 고객을 몇 명 선정해 찍는 방법으로 효과와 효율성을 동시에 높일 수 있다.

마지막 방법은 후기를 작성해 줄 고객이 없을 경우에 사용하는데, 특정 직업군에게 어필하고 싶을 때 더욱 유용하다. 예를 들어 우리 서비스를 이용한 의사들이 모두 만족했다고 전하고 싶다면, 우선 지인들

중에서 의사를 찾아낸다. 그리고 우리 서비스를 이용하게 한 다음 위의 세 번째 방법으로 후기를 작성해서 제시하고, 이렇게 후기를 사용해도 되겠냐고 동의를 구한다. 서비스에 만족했다면 어렵지 않게 동의할 것이다. 이제 의사인 고객도 우리 서비스를 이용하고 만족했다는 후기로 활용할 수 있다.

이런 직군별 후기는 특별한 아이템의 영업 시에 아주 효과적인데 주로 공무원, 교사, 디자이너, 요리사, 변호사, 세무사, 회계사, 택시기사, 바리스타 등이 제품과 서비스를 인정했다고 어필할 때 이런 식으로 마케팅에 이용한다. 되도록 고객의 소속과 성명을 밝힐 수 있으면 더없이 좋다.

실제로 내가 진행하는 세일즈 교육을 수강한 '하랑한의원 박용환 원장'이 남긴 교육 소감을 접한 사람들이 너도나도 세일즈 교육을 받고 싶다고 문의해 온 사례가 있다. 이는 방송에도 출연하는 유명 한의사가 세일즈 교육을 받고 나서 환자를 더 성심껏 진료하게 되고, 한의원 운영에 관한 창의적인 아이디어를 얻어 성과를 올릴 수 있었던 세일즈 이상의 수업이었다고 말해 준 덕분이었다. 지금 이 글을 읽고 있는 당신도 어쩌면 이 한의사의 소감 내용을 접하고 내가 진행하는 세일즈 교육의 내용이 궁금할지 모른다. 이것이 바로 후기 마케팅의 힘이며, 검증된 사람의 영향력을 활용한 '사회적 증거의 법칙'과 '권위의 법칙'이 발휘하는 효과다.

지금부터 내 사업에 유효적절한 후기를 만들어 내는 계획을 세워 보자. 만약 자발적인 후기를 얻기 힘든 상황이라면, 마지막 방법인 친절하게 후기를 작성해서 동의를 얻는 것으로라도 최근 마케팅의 트렌드가 된 후기 마케팅을 놓쳐서는 안 된다.

세일즈 현장에서 금액으로 말할지 퍼센티지로 말할지도
고객들의 심리를 잘 파악해서 생각하고 전략을 세워서 실행해야 한다.

■ 성공을 위해 자신의 습관적인 사고방식을 살펴보자!

당신이 성공을 꿈꾼다면 먼저 현재 삶을 만든 자신의 습관적인 사고방식이 무엇인지 살펴보는 일이 필요하다. 자신에 관한 객관적인 사실을 정직하게 받아들이는 것은 자기 향상을 꾀하는 출발점이 된다.

종이를 한 장 꺼내서 다음의 다섯 가지 영역에 관해 솔직하게 답을 적어 보자.

1. 인간관계
다른 사람과의 사이에서 문제를 일으키는 태도, 신념, 기대, 행동은 무엇인가?

2. 건강
자신의 체중, 체력, 외모, 다이어트와 휴식에서 어떤 생각과 신념을 갖고 있는가? 그런 신념이 건강에 득이 되는가, 아니면 해가 되는가?

3. 직업
지위, 성장, 업무의 질, 업무 수행에서 얻는 만족감에 나의 생각이 어떤 영향을 미치는가?

4. 경제력
무엇을 개선하고 싶은가? 경제적인 풍요와 관련된 신념이나 기대에는 어떤 것이 있는가?

5. 내적인 삶의 질
지금의 나를 형성한 신념, 태도, 기대에는 어떤 것이 있는가? 그중에 어떤 것을 바꾸고 싶은가?

브라이언 트레이시 『잠들어 있는 **성공시스템**을 깨워라』 중에서

INBOUND DOUBLE SALES

매장 더블 세일즈

1. 7층에 있는 샌드위치 가게가 왜 성공했을까?

2. '입지 선정'과 '온라인 마케팅'의 밸런스를 생각하자!

3. 고객이 되어 걸어 보라!

4. 은행, 스타벅스를 꿈꾸다?

5. 스타벅스는 왜 진동벨을 사용하지 않을까?

6. 이케아는 무엇을 팔아서 성공했을까?

7. 이벤트로 고객을 춤추게 하라!

Chapter **5**

매장 더블 세일즈

1. 7층에 있는 샌드위치 가게가 왜 성공했을까?

한때 해외 토픽에까지 등장한 '7층에 자리한 샌드위치 가게'를 아는 가? 보통 샌드위치 가게라면 1층이나 2층에 있고, 유동 인구가 존재 해야 한다는 것이 상식이다. 그런데 좁은 빌딩 7층에 위치한 샌드위치 가게가 전 세계로 알려지게 되었다. 만일 당신이 엘리베이터도 없는 7 층에 샌드위치 가게를 차리게 되었다면 어떻게 할 것인가? 걸어 올라 가는 것이 건강에 좋다고 홍보할 수도 있고, 온라인 마케팅을 더 활발 히 강화해서 7층이라는 사실을 감수하고라도 올라오도록 할 수 있다.

하지만 호주 멜버른에 있는 7층의 샌드위치 가게는 한층 새로운 아 이디어를 냈다. '재플 슈츠Jaffle Chutes'라는 가게인데, '재플'은 호주 말로 핫 샌드위치를, '슈츠'는 낙하산을 뜻한다. 여기서는 앱으로 샌드위치를 주문하고 자기 순서가 되면 'X'자 표시가 되어 있는 곳에 서서 봉투에 담긴 샌드위치가 낙하산을 타고 떨어지길 기다린다. 이리저리 분주히 움직이면서 어린 시절 놀이를 하듯이 함박웃음을 터뜨리며 자기 샌드위치 낙하산을 받게 된다.

사람들은 단순히 샌드위치를 사 먹는 것에 그치지 않고, 샌드위치 낙하산을 잡는 '재미', 특이한 방식에 대한 '호기심', 하늘을 올려다보는 '힐링', 낙하산이 떨어지기 전부터 사진과 영상을 찍으며 이 순간의 즐거움을 '추억'으로 만들면서 이 가게를 널리 알리기 시작한다.

재플 슈츠는 사람들에게 샌드위치뿐만 아니라 '고객 경험'을 판매한 것인데, 그 경험이 재미, 즐거움, 행복, 새로움, 역동성, 그리고 추억을 머릿속에 남긴다. 알리기보다 알려지는 것이 너무나 당연한 일이 되어 버려서 결국 전 세계인들이 재플 슈츠를 알게 됐고, 뉴스에도 보도된 것이다. 알리는 게 아니라 알려져야 살아남는 시대에 초 연결성이라는 시대적 흐름을 활용해 성공한 사례다.

이 재플 슈츠를 보고 무엇을 떠올릴 수 있을까? 핵심 단어 두 개를 고르라면 '고객 경험'과 '알려지다'일 것이다. 어떻게 하면 고객에게 즐겁고 감동적인 경험을 맛보게 해서 이를 고객이 영상과 사진으로 널리 알리고 싶게 만들 수 있을지 생각해 봐야 한다.

일전에 어느 카드사 요청으로 세일즈 교육을 진행하면서 이런 궁리를 했던 적이 있다. 어떤 식으로 즐거움이나 감동의 경험을 전달해야 고객이 그것을 영상과 사진으로 알리고 싶어질까? 발급된 신용 카드를 배송할 때 고객의 직장 건물 앞에 'X'자를 그려 놓고 옥상에서 신용 카드 낙하산을 떨어뜨린다면 어떨까? 배송 사원이 카드를 들고 사무실에 들어설 때 주위 사람들이 이 카드사에서 배송이 오면 일제히 "영상 찍어! 영상 촬영!"이라고 외칠 수 있게 만들 수는 없을까? 카드를 전달하는 과정에서 단순히 확인 서명만 받는 것이 아니라 잊지 못할 즐겁고 감동적인 경험과 추억을 선물할 수 있다면 어떨까?

법률이나 세무 상담, 병원 진료 등을 받으러 갔는데, 내 생일이라는 걸 알고 패밀리 레스토랑처럼 직원들이 고깔모자를 쓰고 탬버린을 치면서 노래를 불러 준다면 어떨까? 산부인과에서 임신 소식을 접할 때 초음파 사진 한 장과 함께 "축하합니다!"라는 조용한 한마디를 듣고 나오는 것과 짧게나마 의사와 간호사들이 함께 모여서 축하 노래를 불러 주는 것은 어떻게 다를까?

우리는 이미 재플 슈츠 이전에도 각종 다양한 고객 경험 서비스를 접했을 것이다. 다만 이것을 내 사업에 어떻게 이용할지 전략을 세우지 않았을 뿐이다. 완전히 새로운 창작은 어려울 수 있지만, 기존의 즐겁고 재미있었던 고객 경험을 내 사업에 적용할 방법을 고안하고 실시하는 일은 쉬우면서 효율성도 높다.

자영업자인 우리는 부지런히 남의 것을 배우고 학습해서 내 것으로 만들고 실행해야 한다. 내가 살면서 체험했던 기억에 남는 고객 경험은 무엇인가? 그것이 내 사업에서 가장 강력한 마케팅 도구가 될 수 있고, 우리를 알려지게 만들 수 있다. 자신을 알리려고 수백 수천만 원을 들이는 수고 대신, 고객이 자진해서 알리고 싶도록 유도할 한두 가지 실행 방안을 지금 당장 마련해 보자!

2. '입지 선정'과 '온라인 마케팅'의 밸런스를 생각하자!

프랜차이즈 대리점을 시작할 때는 어디에 얼마의 예산으로 어떤 브랜드 매장을 차릴지만 잘 정하면 그만이다. 프랜차이즈 본사 전략에 대한 믿음으로 사업을 시작하는 것이라고 봐야 하기 때문이다. 그러나 자체 브랜드 매장을 운영하려고 하면 목 좋은 곳은 비용도 많이 들고, 내 브랜드로 과연 얼마나 성공할 수 있을지 리스크에 대한 계산이 쉽게 서지 않을 것이다. 그래서 몇 가지 사례를 통해 입지 선정과 온라인 마케팅의 밸런스를 생각해 보려고 한다.

우선 내가 시도하려는 아이템이 과연 사람들이 일부러 찾아올 만한 것인지를 고려해야 한다. 만일 멀리서도 애써 찾아올 만한 이유와 가능성이 있다면, 목이 좋은 곳을 고집하는 고정 관념에서 벗어나 생각보다 저렴한 곳에 매장을 열고 온라인 마케팅에 비용을 투자하는 편이 리스크도 적고 수익률도 높일 수 있는 방법이 될 수 있다.

한번은 '국대떡볶이' 김상현 대표를 모임에서 만난 적이 있다. 교도소 교도관이라는 한 참가자가 출소자들의 출소 후 직업에 관한 상담을 하고 있다면서, 출소 후 몇 천만 원의 소자본으로 국대떡볶이 창업이 가능한지 물었다. 김 대표는 "우리 매장은 소자본 창업이라고 할 수 없을 것 같

습니다. 저렴한 골목 상권에 차리기보다는 목 좋은 곳에 차려야 한다
는 생각으로 운영하기 때문에 말씀하신 금액의 소자본에 맞는 프랜차
이즈는 아닌 듯합니다."라고 솔직히 말해 주었다.

이는 곧 프랜차이즈의 특성과도 상통한다. 프랜차이즈 가맹점주인
내가 마케팅을 잘한다고 해서 사람들이 일부러 우리 가게에 찾아올 확
률은 높지 않다. 가까운 그 브랜드 매장을 찾아갈 뿐이다. 특히 온라
인 마케팅을 열심히 하면 본사 마케팅을 도와주는 셈일 뿐, 우리 매장
에 득이 되기는 쉽지 않다. 결국 본사가 더 전문성을 발휘해 온라인 마
케팅을 책임져야 하고, 유명 브랜드 간판 덕분에 사람들이 찾아오리라
는 기대감으로 사업하는 것이니만큼 다소 목 좋은 곳을 고집하는 쪽이
맞는다는 얘기다.

그렇다면 내 자체 브랜드로 가게를 차릴 때는 어떨까? 꼭 목 좋은 곳
을 확보해야 할까? 그 답은 사람들이 일부러 인터넷으로 검색해서 찾
아올 만한 업종인지에 달려 있다고 말하고 싶다.

친한 동생이 보험 세일즈를 하다가 어느 날 일을 그만두고 장사를 하
고 싶다고 말했다. 그중에서 음식 장사를 하고 싶다며 계속 준비한 모
양이었다. 그러다 내가 연탄 불고기라는 메뉴를 판매해서 많은 수입을
올리고 있는 이른바 맛집이라는 곳을 발견했는데, 이 집은 인천의 어
느 후미진 곳에 위치해서 임대료가 저렴했다. 가까이에 공영 주차장도
있고 외지다 보니 저녁에는 불법 주차할 공간도 넉넉했다. 사람들이

차를 몰고 찾아와 합법이든 불법이든 손쉽게 주차하고 고기를 먹을 수 있는 여건을 갖추고 있었다.

이 집에서 배우면 장사할 때 큰 도움이 되겠다 싶어서 그 동생을 취직시켰다. 동생은 두 달여간 일하면서 사장님한테 "나는 블로그 마케팅 없는 시대에 살았으면 어떻게 장사했을지 모르겠어. 블로그 덕분에 고정비도 적게 드는 곳에 차려서 이렇게 장사가 잘되니까 감사할 따름이지!"라는 말을 늘 들었다고 한다.

임대료가 500~1000만 원 드는 목 좋은 곳에 가게를 차려서 영업하는 것도 좋은 방법일 수 있다. 하지만 임대료가 3분의 1만 드는 150~300만 원인 곳에 차린 다음 마케팅에 월 100~300만 원을 사용하는 식으로 밸런스 전략을 구사할 수도 있다. 목이 좋지만 주차가 힘든 상황보다는 주차는 수월하지만 유동 인구가 많지 않아 저렴한 자리를 임대해서 시작하고, 오히려 온라인 마케팅에 비용을 집중해서 맛집으로 유명해지는 방법도 효과적이다. 초기 투자 비용도 절약하고 무엇보다 온라인 마케팅 특성상 브랜드가 유명해지면 방송에도 출연하게 되고, 사람들이 찾아와서 체인점을 내고 싶다며 목돈을 주고 분점을 차리는 일까지 벌어지곤 한다.

일반적으로 인터넷을 검색해서 멀리 있어도 찾아가는 아이템들이 있고, 멀면 포기하는 아이템들도 있다. 주로 음식류는 검색해서 멀더라도 찾아가곤 한다. 반면에 공산품을 판매하는 매장, 세탁소 등 생활

편의를 제공하는 업종들은 멀리까지 찾아가지 않는 편이다. 내가 시작하려는 가게가 과연 인터넷을 검색해서 찾아올 만한지는 잠시만 생각해 봐도 쉽게 답을 알 수 있다. 이제 목 좋은 곳에 드는 초기 투자 비용과 고정비로 인한 리스크는 줄이고, 온라인 마케팅 쪽으로 전략을 가져가는 것은 어떨까?

온라인 마케팅의 간단한 방법들은 이 책에서 따로 소개했다. 무엇보다도 사업을 시작할 때 전문가와 상담을 통해서 가능성을 점치는 것은 물론, 초기 마케팅 예산과 지속적으로 집행할 예산 한도를 산정해 보는 일이 중요하다. 차근차근 알아보고 입지 선정과 온라인 마케팅의 밸런스를 심사숙고해 보길 바란다.

최근에는 지방 소도시에 매력적인 점포들을 창업하는 경우가 많아지고 있다. 이를테면 시골 동네에 서울 강남에서 먹힐 만한 매장을 오픈하는 것인데, 서울에서는 그런 비슷한 가게들이 즐비하게 경쟁하는 반면, 지방의 소도시에는 내가 시작하는 매장 하나뿐인지라 경쟁자가 없다. 다만 지방 소도시에서 이런 강남 스타일이 호응을 얻을 수 있을지가 걱정일 텐데, 이때 '온리원 Only One'이 되어야 한다던 삼성 이건희 회장의 마케팅 전략을 이해하는 것이 중요하다.

시골에서 강남 스타일 매장을 열면 동네 사람들에게 판매하는 방식으로는 당연히 유지하기 벅차다. 그러나 관광객이 약간 오는 동네라면 온라인 마케팅을 조금만 활용해도 그 관광지를 방문한 사람들이 도회적인 매장을 찾아오게 할 수 있고, 자연스레 그 지역의 명소로 알려지게 된다.

오래전부터 시골의 전통을 이어가는 곳이 명소가 되는 일은 지당하지만, 요즘은 온라인 마케팅을 통해서 새롭게 생긴 강남 스타일 가게들이 쉽게 명소로 자리매김할 수 있는 시대이기도 하다. 관광객들이 꼭 들르는 명소가 되면 동네 사람들도 결국 그 유명한 우리 가게를 찾게 된다. 지방 소도시에 차리는 것이다 보니 강남의 살인적 임대료의 20~30% 수준으로 창업해서 얼마간의 마케팅 비용과 전략만으로도 크게 성공하는 사례를 제법 접할 수 있다.

서울 근교에 있던 공장을 커피와 베이커리 대형 매장으로 탈바꿈해서 성공한 사례들도 잦고, 지방의 작은 도시지만 관광객들이 많이 방문하는 곳에 차려진 가게들이 승승장구하는 모습도 자주 눈에 띈다. 목 좋은 곳이 아니라 사람들을 찾아오게 만드는 온라인 마케팅에서 시작된 그들의 이야기를 탐구해 볼 필요가 있다.

3. 고객이 되어 걸어 보라!

매장을 가지고 사업하는 경우에는 고객들이 걸어 들어오는 것에서 세일즈가 시작된다. 굳이 나눠서 이야기한다면 고객들이 매장으로 들어오게 하는 과정까지는 마케팅이고, 매장에 들어서서 구매하게 되는 과정은 세일즈 영역으로 분류할 수도 있다. 인바운드 세일즈에서 가장 좋은 '세일즈 프로세스'의 완성과 점검은 역시 고객의 입장이 되어서 걸어 보는 것이다.

많은 사장님들이 마케팅을 도와 달라고 내게 부탁해서 상담에 응하곤 했다. 한번은 일산의 이탈리안 레스토랑 요청으로 전문 블로거와 SNS 마케팅 실력자들을 대동하고 갔다. 그런데 예상하지 못했던 난관에 봉착했다. 음식 맛이 형편없어서 모두 당황할 수밖에 없었다. 고객 입장에서 음식점이라면 음식 맛이 좋은지를 점검하는 일은 가장 기본 중의 기본이다. 그런 다음 서비스와 매장의 구성을 점검하는 일을 시작해야 할 것이다.

이제 냉정하게 우리 매장을 찾아오는 고객이 되어서 살펴보자.

첫째, 인터넷 검색에서 잘 노출되고 있는가?

우선 고객이 우리 매장을 찾아가려고 인터넷 검색을 했을 때 어떤 결과들이 나오는지 보자. 정보가 잘 노출되고 있는지, 지도에도 잘 나타나고 있는지, 고객들의 평들은 영업에 방해가 되지 않는 호평들이 많은지 확인해야 한다. 그다음 매장을 찾아가기 위해서 내비게이션을 실행했을 때 상호 검색으로 결과가 나와야 한다. 꼭 주소를 찾아서 입력해야 한다면 무척 번거롭다.

둘째, 매장을 지나거나 진입할 때 상황을 점검하자!

매장을 지나는 고객들은 우리 간판, 현수막, 게시물, 음악 등을 통해서 우리를 어떻게 인식하고 있는가? 매장에 진입하면서 건물에 우리 매장을 알리는 게시물들은 잘 보이는지, 진입로는 접근하기 쉬운지,

주차는 불편하지 않은지, 대중교통으로 간다면 쉽게 찾을 수 있는지, 지나는 길에 고객에게 우리를 알릴 게시물들을 배치할 수 있는지 확인해야 한다.

셋째, 매장에 들어서서 보이고 들리는 것은 무엇이고, 처음 대면하는 사람은 누구인가?

매장에 들어설 때 문, 게시물, 동선도 체크해야 한다. 무엇이 보이고, 무엇이 들리는가? 또 어떤 냄새가 나는지, 누가 나와 처음 대면하게 되는지 확인해야 한다.

넷째, 처음 나누게 되는 말은 무엇인가?

나에게 처음 말을 건네는 사람이 하는 인사, 태도, 인사말의 내용과 방식, 그리고 안내되는 과정을 점검해야 한다.

다섯째, 우리의 제품과 서비스를 점검하자!

제품에서는 품질과 게시물, 그리고 전달되는 과정 등을 살펴봐야 하고, 서비스에서는 특히 직원이 고객을 대하는 태도, 표정, 말투, 외모, 고객의 주문을 어떻게 받고 응대하고 있는지 점검해야 한다. 여기서 한 가지 더 생각해 볼 것은 세일즈 성과를 높이는 데에 이 순간 이 방식이 최선인지 점검하는 일이다.

여섯째, 제품 사용과 서비스를 받는 본 과정이 만족스러운가?

실제 제품을 구매하거나 서비스를 구매해서 제공받는 과정은 만족스러운지 확인해야 한다. 가장 고객이 만족을 느끼도록 만들 방법은 무엇인지 고민해야 한다.

일곱째, 모든 경험을 마치고 나갈 때 고객이 갖는 느낌과 기억, 결제하는 순간의 경험, 들려오는 소리 등을 점검하자!
여덟째, 매장을 떠난 고객에게 전달되는 우리의 메시지는 무엇이고, 고객 관리는 어떻게 이루어지는가?

이렇게 고객이 되어서 걸어 보는 일의 중요성을 일본에서 유명한 헤어 디자인 프랜차이즈 대표의 강연회를 통해서 다시 한번 곰곰이 생각해 보게 되었다. 최근에는 우리나라의 많은 헤어숍들도 체계화된 고객 관리와 응대를 실행하고 있지만, 이 일본 헤어 디자이너가 일찌감치 이런 세일즈 프로세스를 정립해서 운영했다는 사실에 놀랐었다.

이 헤어숍은 고객이 걸어 들어오면 우선 리셉션에서 반갑게 인사를 건네고는 머리하는 자리가 아니라 상담석으로 안내한다. 고객의 데이터를 토대로 전담 디자이너가 와서 헤어 디자인 상담을 진행한다. 이때 헤어 디자이너는 자신을 기억시키기 위해서 재미있고 인상적인 자기소개와 인사를 한다.

그런 다음 상담을 마무리하고 머리하는 자리로 옮겨 앉도록 안내한다. 세일즈 프로세스의 세분화와 더불어 고객에게 지금부터 헤어 디자인을 시작한다는 '무대를 만들고 춤추기 위한 작업'을 진행하는 것이다. 헤어 디자이너는 머리를 손질할 때 고객과 나누는 이야기가 중요하기 때문에 지속적인 독서 모임을 갖고, 시사 문제를 평소에 학습한다. 그리고 손질을 끝내고 나서 고객이 나가기 전에 다시 잠깐 상담석에 앉아서 처음에 상담한 대로 머리 모양이 잘 나왔는지 마무리 상담을 한다. 즉 구매 실패의 두려움을 극복하고, 잘못이 있으면 그 자리에서 바로잡겠다는 뜻이다. 그런 뒤에 고객은 헤어숍을 나서게 된다.

좀 더 디테일한 사항들도 많지만 그것은 헤어숍을 운영하는 이들과의 이야기로 남겨 두기로 하고, 무엇보다 내가 감탄했던 점은 상담과 시술을 구분했다는 것과 시술이 끝난 후 다시 마무리 상담을 진행한다는 것이었다. 이는 철저히 고객 입장이 되어서 세일즈 프로세스를 점검한 결과이며, 고객의 만족도를 높이고 성과를 올리는 멋진 전략이다.

이제 세일즈 프로세스와 전략을 너무 어렵게 생각하지 말고, 고객의 입장이 되어서 한 걸음 한 걸음 걸으면서 체계화하고, 더 나은 서비스를 제공하려면 어떻게 할지, 더 나은 성과를 내려면 어떻게 할지 생각하고 정리하는 것으로 '더블 세일즈'를 시작해 보자.

4. 은행, 스타벅스를 꿈꾸다?

나의 경쟁 상대는 누구인가? 내가 운영하는 매장의 경쟁 매장은 어디인가? 이제는 동종 업계에서 경쟁 상대를 찾아 벤치마킹하고 그 이상을 만들어 내는 일은 당연하다. 더욱이 점점 업종 간의 경계가 사라지면서 우리는 다른 업종의 도전에 긴장해야 하고, 오히려 다른 업종에서 벤치마킹하면 더 탁월한 성과를 이루어 낼 수 있다는 생각을 가져야 한다.

여기저기 다니다 보면 나와 동종 업계의 사업들만 더 크게 눈에 띄는 것은 당연하다. 하지만 더욱 창의적으로 큰 성과를 거두려면 타 업종에서 배우는 쪽이 더블 세일즈를 향한 더 확실한 방법일 수 있다.

이제 몇 가지 사례를 같이 생각해 보자. 미국의 한 지방 은행은 동네 사람들이 스타벅스 Starbucks에서는 몇 시간씩 머물면서 이야기를 나누곤 하는데, '왜 우리 영업점이 그런 장소가 되면 안 될까?'라고 생각했다. 고객이 머물고 싶은 영업점으로 만들면 고객 접점에서 기회가 확대되어 높은 매출을 올릴 수 있으리라 예상한 것이다. 그래서 새로운 도전을 시작했다.

미국 오리건 주의 지방 은행 '움프쿠아 뱅크 Umpqua Bank'의 이야기다. 이 움프쿠아 뱅크는 미국에 진출하려는 한국의 은행들이 주로 벤치마킹을 했다고 해서 더 유명하다. 서브프라임 모기지 사태로 2009년 뱅크 오브 아메리카 Bank of America가 6100개 지점을 폐쇄하고, 웰즈 파고 Wells Fargo가 600여 개 지점을 폐쇄하는 상황에서도 움프쿠아는 지점을 151개로 늘리며 지역 경쟁사들보다 3배나 예금을 더 많이 유치하는 기염을 토했다. 무엇보다도 내가 가장 부러워하는 일을 성취했는데, 2007년 포춘지 Fortune가 선정한 '일하기 좋은 100대 기업'에서 13위를 차지했다. 도대체 어떻게 한 것일까?

결론부터 이야기하자면 움프쿠아는 '은행'이자 지역의 '문화 커뮤니티 센터'가 된 것이다. 움프쿠아를 변신시킨 장본인인 레이 데이비스 Ray Davis의 말에서 답을 찾을 수 있다. "고객들은 백화점이나 스타벅스에서는 몇 시간씩 시간을 보내는데, 은행에서는 그렇게 하지 않습니다.

우리 자신을 금융 서비스를 판매하는 소매상이라고 생각해 본다면 움프쿠아는 어떻게 달라질까요?”

움프쿠아는 ‘금융 서비스 소매상’이 되기 위해서 직원도 금융 전문가 이전에 일반 고객 접점 소매상 경험이 있는 호텔, 카페, 의류 매장 등에서 잘 훈련된 사람들을 채용했으며, 무엇보다 의지가 남다른지를 가장 중요한 요소로 보았다. 레이 데이비스는 은행 업무야 가르치면 되지만 사람을 진심으로 좋아하는 것, 도전을 대하는 열정 같은 요소는 가르치기 힘들다고 생각했던 것이다.

은행 지점도 변화를 시작했다. 지점을 뜻하는 ‘브랜치 Branch’라는 용어 대신에 ‘스토어 Store’로 명칭을 변경했고, 이 스토어는 ‘위로는 호텔, 아래로는 지역 상점 같은 은행’이라고 정의하면서 사람들이 놀러 오고 머물고 싶은 모습으로 변모한 것이다. 인터넷을 조금만 검색하면 움프쿠아 뱅크의 스토어 사진을 볼 수 있는데, 은행에 들어서면 잘못 들어왔나 하고 고객들이 나갔다가 간판을 확인하고서 다시 들어와 “여기가 은행 맞지요?”라고 물었다고 하니까 그 혁신의 정도를 짐작할 만하다.

창구는 호텔 리셉션을 연상시키고, 고객들이 머물고 상담하는 공간은 고급 카페를 떠올리게 한다. 스토어라는 이름답게 움프쿠아 로고가 찍힌 굿즈(상품)를 판매하기도 하는 등 고객에게 새로운 경험과 만족을 제공했다. 특히 은행에서 각종 다양한 행사 개최와 지역 은행답게 지역 문화 발전이라는 부분에 집중한 것 또한 좋은 전략이었다.

다른 은행을 벤치마킹하고 경쟁 상대로 여긴 것이 아니라 스타벅스 같은 은행이 되겠다고 노력하면서 새로운 개념을 만들어 낸 가장 유명한 성공 사례가 아닌가 싶다. 은행에 오래 머물게 된 고객들에게 움프쿠아가 당연히 더 많은 세일즈를 성사시킬 기회를 얻을 수 있었다는 사실은 쉽게 예상이 될 것이다.

최근에 가장 각광을 받은 사례로는 일본의 츠타야 Tsutaya 서점을 참고해 볼 만하다. 서점을 단순히 책을 판매하는 곳으로 생각했다면 다른 서점들처럼 사양길로 접어들었을지 모른다. 그런데 1983년 히라카타(枚方)점으로 시작한 츠타야는 현재 일본 내에 1500개의 매장과 회원 6000만 명을 가진 서점으로 성장했다. 일반적인 서점들이 점점 문을 닫는 상황에서 연 매출액 2조 원 이상을 올리고 있다는 이 서점의 비결이 무엇인지 전 세계 사람들의 관심이 집중된 것은 당연하다.

그 비결은 과연 무엇일까? 츠타야 서점의 전략을 만들어 낸 마스다 무네아키(增田宗昭)는 상품 자체를 만들면 팔리는 시대도 지났고 상품을 파는 장소도 넘쳐 나고 있기에 이제는 상품 자체의 품질과 용도가 핵심이 아니라고 말한다. '무엇을 어디서 사는지'가 중요한 게 아니라 '왜, 어떻게 사는지'가 중요하다고 강조한다. 그래서 츠타야는 '책'이 아니라 '라이프 스타일'을 판매한다고 말한다.

2003년 시대를 앞서 서점에 카페 기능을 결합한 도쿄의 롯폰기(六本木)점이 문을 열었고, 우리나라 대학로처럼 젊은이들의 거리 같은 느낌을 주는 롯폰기의 츠타야는 결국 젊은 고객들에게 관광 명소로 자리 잡아서 한 번은 가 봐야 할 곳이 되었다. 중요한 것은 책을 사러 가는 게 아니라 스타일리시하기 때문에 가 봐야 하는 곳으로 알려졌다는 점이다. 현재 츠타야는 카페 형태의 서점을 넘어서 삶과 스타일, 문화를 체험하고 소비하는 복합 문화 공간으로 성장했다.

우리나라도 알라딘 중고 서점의 돌풍을 비롯해 서점의 문화 공간화나 다양한 업종에서 카페 형태의 공간 변화들을 쉽게 접할 수 있는데, 참고할 곳이 늘어서 행복하다. 이런 공간의 변화 외에도 남다른 운영 방식으로 고객의 뇌리에 각인된 사례는 무엇이 있을까?

한때 인터넷을 뜨겁게 달구었던 '텟펜(てっぺん)의 마법의 조례'라는 영상이 있다. 일본의 한 이자카야(선술집)는 오후 5시에 개점하는데, 개점 때 전 직원이 둘러서서 큰 목소리로 자신의 꿈, 목표, 생각들을 외치며 조회 시간을 갖는다. 그렇게 우렁찬 소리로 조회를 하다가 영업이 시작되면 들어오는 고객들에게 힘차게 '이랏샤이마세(어서 오십시오)!'를 외치는 것은 당연하다. 그렇게 엄청난 에너지를 뿜어내는 조회 덕분에 고객들을 대하는 직원들의 태도에 열정과 에너지가 넘쳐서 굉장한 성공을 거두게 된다. 그 조회하는 모습을 보기 위해 세계적인 글로벌 기업의 임원들이 참관을 오는 상황까지 벌어졌다고 한다.

텟펜은 이자카야를 단순히 술과 안주를 판매하는 요리점이 아니라 함께 일하는 직원들의 꿈과 희망을 키우는 공간으로 만들었고, 그 에너지와 메시지가 사람들을 감동시켰던 것이다.

이렇게 대단한 것이 아니라도 좋다. 사소해 보이는 한 걸음의 변화도 고객에게 잊히지 않는 순간이 될 수 있다. 나는 이런 '사소한 대단함'을 이야기할 때마다 아직도 언젠가 들렀던 논현동 경복아파트 사거리에 위치한 '가나 기사 식당'에서 돈가스를 주문했던 기억이 제일 먼저 떠오른다.

일행 중 한 명이 "돈가스 양 좀 많이 주세요!"라고 말하자 주문을 받은 종업원이 "3번 테이블에 돈가스 하나는 양 많이!"라고 외치는 것이었다. 곧 다른 종업원들이 따라 외치고 주방에서까지 "3번 테이블에 돈가스 하나는 양 많이!"라고 소리치는 모습에 일행 모두 깜짝 놀라며 감탄했다. 군대의 복명복창하는 문화에서 가져온 아이디어였을까?

이렇게 사소한 더 나은 서비스를 향한 노력이 성과를 높이는 요소가 될 수 있다는 믿음으로 오늘도 같은 업종에서 배우고 참고하고, 다른 업종에서도 아이디어를 얻어서 적용하려고 끊임없이 최선을 다할 때 더블 세일즈가 가능해진다.

이제 우리가 하고 있는 사업의 업종이 무엇인지, 무엇을 판매하고 있는지 잠시 생각해 보자. 그리고 상품과 서비스 자체 외에 고객에게 전하고 싶은 것은 무엇이 있는지, 함께 일하는 직원들과 만들어 내고 싶은 것은 무엇인지 좀 더 깊이 생각해 보자. 다른 업종에서 제공하는 그 무엇을 우리 것으로 도입하면 사람들을 불러 모으고 알려질 수 있을지, 즉 '리마커블'이 이루어질 가능성을 지닌 아이디어를 찾아보자. 생각하고 기획하는 것이 우리 사업을 생존을 넘어 성공으로 이끌어 줄 핵심 요인이 될 수 있다는 믿음으로!

5. 스타벅스는 왜 진동벨을 사용하지 않을까?

스타벅스는 다른 커피 전문점들과는 확연히 다른 점이 하나 있다. 바로 진동벨을 사용하지 않는다는 것이다. 왜 세계 1위의 커피 체인점 스타벅스는 진동벨을 사용하지 않을까?

우리는 지금 너무도 치열한 마케팅 경쟁 시대에 살고 있다. 따라서 고객을 우리 매장으로 방문하게 만드는 것만으로도 참 잘했다고 박수를 받을 만하다. 매장에 들어선 고객은 가장 가까이 우리에게 다가와 준 고마운 사람이자 마케팅을 전개할 가장 최고의 기회를 선사해 주는 제공자이다. 과연 당신은 이런 소중한 기회를 어떻게 사용하고 있는가?

대부분의 커피 전문점들은 고객이 매장에 들어서서 커피를 주문하면 진동벨을 준다. 고객은 진동벨을 받아 자리를 잡고 앉아서 기다리다가 벨이 울리면 커피를 받아 간다. 이는 아주 일반적인 모습이고, 고객 입장에서 편리함을 느끼는 좋은 서비스를 제공하는 것이다. 하지만 진동벨을 준다고 해서 고객이 감동을 받거나 특별히 서비스가 좋다고 인상 깊게 여기는 경우는 없다. 그런데도 우리는 늘 고객 서비스라는 명목으로 진동벨을 건넨다.

이를 마케팅 측면에서 바라보면, 진동벨 시스템은 고객에게 편의를 제공한다는 이유로 고객과 마주할 수 있는 시간을 완전히 상실해 버리는 실수를 범하게 되는 악수일 수도 있다. 그런 이유에서 스타벅스는 진동 벨을 사용하지 않는다. 진동벨을 사용하지 않으면 크게 두 가지 장점을 얻는다.

첫째, 고객에게 친근감을 느끼게 만든다. 스타벅스에서는 '사이렌 오더 Siren Order'라는 스타벅스 앱을 사용해서 결제하면, 고객이 입력한 이름대로 매장에 주문서가 들어간다. 직원은 음료가 나오면 주문서에 적힌 이름을 부른다. 예를 들어서 "조환성 고객님! 뜨거운 아메리카노 한 잔 나왔습니다!"라고 외치기도 하고, '제니' '캘빈' 같은 닉네임을 부르기도 하며, 고객이 '존경받는 리더'라고 입력해 놓으면 "존경받는 리더님!"이라고 부른다. 즉 고객의 이름이나 별명을 호명하면서 음료를 서비스하는데, 이를 듣는 고객은 친근감을 느끼게 되는 것이다.

이런 스타벅스의 서비스는 앱이 등장하기 전부터 주문할 때 고객의 이름을 물어보고 컵에 적어 두었다가 음료가 나오면 호명하던 방식의 연장선상에서 시작되었다. 이렇게 이름을 불러 주는 서비스는 최근의 치열한 영업 환경 속에서 호의적인 반응을 얻는 데에 가장 좋은 마케팅으로 꼽는 '감성 마케팅'을 반영한 것이 아닐까 생각한다.

둘째, 고객이 스타벅스 직원과 상품들 앞에 서 있게 된다. 다른 말로 하면, 추가 판매를 할 수 있는 기회가 생긴다는 뜻이다. 진동벨을 제공하지 않으면, 고객은 주문 후 커피를 받아야 하므로 멀리 가서 앉아 있을 수가 없다. 자연히 커피를 만드는 커피 바 가까이에 서 있게 되고, 직원들이 열심히 커피를 만드는 모습을 보고 커피 향을 맡으면서 스타벅스 커피를 마시기 전에 고객 경험을 하게 된다. 멀리 진동벨을 가지고 가 있으면 이런 고객 경험은 하지 못한다.

또한, 이 커피 바 근처에는 사고 싶은 텀블러, 원두, 디저트 등 구매 욕구를 자극하는 다양한 아이템들이 잔뜩 진열되어 있다. '견물생심 (見物生心)'이라고 결국 고객은 이 진열대 앞을 서성이다 추가 구매까지 하게 된다. 그래서 스타벅스 매장의 객단가가 상당히 높게 나타나는 것이라는 분석도 있다.

게다가 스타벅스는 최근 '사이렌 오더' 앱을 통해서 주문과 기호에 관한 디테일한 요청, 결제, 그리고 음료가 나왔다는 진동벨 역할까지 수행하는 것은 물론, 앱에 선불 충전이 필요하다는 점에서 일반 카드 사의 역할까지 담당하고 있다. 이런 앱이라는 최신 솔루션과 마케팅 전략을 둘러싼 이야기는 다음을 기약하도록 하자.

'스타벅스는 왜 진동벨을 사용하지 않을까?'라는 물음에서 평소 고객의 편의를 내세우면서 정작 만족도 감동도 없는 서비스를 제공하며 마케팅 기회를 놓치고 있었던 것은 아닌지 생각해 볼 일이다. 고객이 우리 매장을 방문했다는 사실은 마케팅을 전개하기 좋은 최고의 기회라는 점을 잊지 말고, 고객이 매장에 머무는 동안 가능한 모든 노력을 고객에게 전달할 수 있는 전략을 세워야 한다.

마치 세계 일류 기업이 끊임없이 연구하고 실행하듯이 우리도 매진하면 남다른 성과를 만들어 낼 수 있다. 그 고민과 노력들이 '고객 경험'과 '영업 성과'라는 두 마리 토끼를 다 잡아내는 진정한 '더블 세일즈'로 완성되기를 기대해 본다.

6. 이케아는 무엇을 팔아서 성공했을까?

세계적으로 성공한 가구 회사 이케아 IKEA는 무엇을 팔아서 성공했을까? 바로 '불편'을 팔아서 성공했다고 한다. 우리가 책상을 하나 구입하고 싶을 때 요즘엔 인터넷으로 주문만 하면 회사나 집까지 배달이 오고, 심지어 설치까지 다 해 주고 가는 편리한 세상을 살고 있다. 하지만 이케아는 조금 다르다. 저렴한 가격에 세련된 디자인, 그리고 엄청난 대규모 매장에 가구들을 멋지게 디스플레이 해서 고객의 경험 욕구를 자극한다는 측면에서도 남다른 점을 보여 준다. 그러다 보니 몇 시간씩 줄을 서서 입장하는 진풍경이 벌어지기도 한다.

인터넷으로 책상을 살 때와 조금 다르게 이케아 가구는 그 인기 있는 대형 매장에서 긴 시간 기다렸다가 입장해야 하고, 워낙에 규모가 크다 보니 동선을 따라 이동하면서 길을 잃지 않도록 조심하며 여러 시간 동안 가구를 보고 고르게 된다. 그렇게 매장을 돌면서 선택한 책상이건만, 이케아는 상판과 다리 등을 따로 판매하기 때문에 각각 구매해서 내 차로 싣고 와야 한다. 물론 별도로 비용을 내면 배송해 주기도 하지만 대부분 직접 운반하는 패턴이다. 장시간 매장을 돌아보고 어렵게 고르고, 내가 직접 옮겨서 집에 갖고 오면 마지막으로 이 가구를 조립해야 한다. 간단한 것도 있지만 다소 복잡한 경우도 있어서 미국에서는 이케아 가구 조립을 대행해 주는 사람들도 있다고 한다. 이제 내가 직접 책상을 조립해서 완성하게 되는데, 이때부터 이케아의 마법이 시작되는 것이다.

만약에 인터넷으로 주문해서 배달받은 책상과 본인이 직접 오랜 시간을 들여서 쇼핑하고 운반하고 조립까지 마무리한 책상이 비슷한 품질이라고 가정하고, 1년 뒤에 이사를 가게 되어서 두 책상 중에 하나만 가져가야 한다면 어떤 책상을 선택할까? 내가 고민하고 참여해서 손수 완성한 결과물을 고르는 것이 인지상정이다. 내 수고가 들어간 소유물에 더 애착을 보이는 것이 당연한 심리이다.

그런가 하면 미국에서는 오래전부터 주부가 자택을 방문한 손님에게 케이크를 만들어서 차와 함께 대접하는 것이 예의였다. 이에 착안해서 많은 식품 회사가 케이크를 만드는 데 필요한 모든 재료가 들어 있어서 물만 부어 오븐에 넣고 구우면 완성되는 케이크 믹스를 개발해 판매를 시작했는데 영 팔리지 않았다.

왜 그랬을까? 손님이 오면 대접하는 케이크에는 '정성'이라는 요소가 들어가야 한다고 여기는데, 물만 부으면 그만이니 아무런 정성도 깃들지 않고 내가 만들었다는 성취감도 들지 않았던 것이다. 그래서 고민 끝에 던컨 하인즈 Duncan Hines 라는 회사가 케이크 믹스에서 달걀 분말을 빼자는 결정을 내렸고, 달걀을 첨가하라는 구호를 붙인 제품을 새로 출시했다. 이제 케이크 믹스를 사 온 주부는 신선한 달걀을 풀어 넣어 섞은 뒤 오븐에 구운 나만의 케이크를 만들어 낼 수 있게 된 것이다. 이후부터 케이크 믹스는 불티나게 팔리기 시작했다.

이케아와 케이크 믹스의 사례에서 보듯이 고객들은 모든 것이 편하게 제공된다고 해서 더 선호하지만은 않는다. 자신이 노력하고 직접 참여했다는 생각이 들 때 애착을 갖는 것이 보편적이다. 이런 점을 감안해 지금 우리가 하고 있는 사업에서 고객이 불쾌해하지 않는 범위 내에서 무엇인가 참여해서 직접 하도록 하면 애착이 생기고 더 좋은 결과를 얻어 낼 수 있는 아이디어를 떠올려 보길 바란다.

다만 불편함을 통해서 참여를 유도할 때 재미와 행복 그리고 경험이라는 점에 집중해서 판단할 것을 명심하고, 고객들이 그 순간을 스마트폰을 꺼내 사진이나 영상으로 찍어서 SNS에 올리고 싶을 만한 것이라면 해마다가 아니라 매달 '더블 세일즈'를 달성할 수 있으리라 믿는다.

7. 이벤트로 고객을 춤추게 하라!

고객 이벤트는 어떤 것들을 진행하고 있는가? 이벤트는 '고객의 라이프 이슈 이벤트'가 있는가 하면, 사업하는 우리 입장의 '업무적인 이슈 이벤트'라는 두 가지로 나눠서 생각해 볼 수 있다. 고객 관리를 넘어서 고객 이벤트를 전략적으로 준비하고 진행하는 것은 단순한 고객

만족이 아니라 고객 감동도 줄 수 있고, 그런 이벤트들이 우리를 SNS 상에서 알려지게 만들기도 한다. 따라서 고객 이벤트로 무엇을 할지 계속 이벤트 리스트를 만들고 확장해 나가는 노력이 필요하다.

그러면 어떤 고객 이벤트가 가능한지 세 가지 관점으로 살펴보자. 첫째는 고객의 라이프 이슈에 관한 이벤트, 둘째는 우리의 업무적 이슈별 이벤트, 마지막은 재미와 감동을 줄 이벤트들로 나눠서 이야기해 보겠다.

첫째, 고객의 라이프 이슈 이벤트

고객의 인생을 생각해 보면 태어나서 죽을 때까지 다양한 삶(Life)의 이벤트가 있다. 생일, 결혼, 출산, 승진, 이사, 진학, 질병, 사망 등이 이런 삶의 사건들이라고 볼 수 있다. 이 이슈들마다 무엇을 할지 미리 정해 놓고, 이벤트 버튼을 누르면 해당 이벤트가 진행될 수 있게 해두는 것이 핵심이다. A를 누르면 A1 이벤트가 실행되듯이 정형화되어 있다면 고객 이벤트로 인해서 스트레스 받을 일도 없고, 즐거움과 행복을 제공하는 효과적인 활동이 될 것이다.

고객이 '생일' 버튼을 눌렀다면 무엇을 해야 할까? 가장 딱딱한 사무 업종처럼 보이는 은행을 매장 세일즈의 예로 생각해 보자. 고객이 창구에 와서 이야기하다가 생일이라고 한다. 그러면 모든 직원들이 하던 일을 잠시 멈추고 패밀리 레스토랑처럼 고객 앞으로 몰려들어서 고깔모자를 쓰고 탬버린을 흔들며 흥겹게 생일 축하 노래를 불러 준다. 노래를 부르는 시간은 기껏해야 1분이면 충분한데, 매장 전체 분위기가 확 바뀔 것이다. 그런 다음 각자 자기 자리로 돌아가서 언제 그랬냐는 듯 업무를 보고, 해당 상담 직원만 친절하게 상담을 이어 간다.

은행에 다녀온 고객은 주위 사람들에게 오늘 갔던 은행에서 생일 축하 이벤트를 해 주었다고 이야기할 것이다. 어쩌면 사람들이 스마트폰으로 생일 축하 노래를 부르는 장면을 찍어 SNS에 올려서 은행이 유명해질 수도 있다. 고객이 올려 주지 않는다면 스스로 영상을 찍어서 그 재미있고 행복한 순간을 SNS에 올리는 것으로 인맥 파도타기 마케팅의 효과를 누릴 수도 있다. 하물며 은행이라는 딱딱해 보이는 업무 환경에서도 이런 이벤트가 가능한데, 그보다 소프트한 형태의 매장을 운영한다면 고객을 더욱 재미있고 즐겁게 해 주는 갖가지 이벤트를 충분히 기획할 수 있다.

그런가 하면 나는 고객이 생일을 맞으면 전화를 걸어서 짧지만 생일 축하 노래를 불러 주곤 한다. 뜻밖의 사실은 고객에게 이제껏 가족도 그 누구도 생일이라고 전화를 걸어 라이브로 생일 축하 노래를 불러 준 적이 없다는 점이다. 고객은 자신의 생일에 노래를 불러 준 특별한 경험을 세일즈맨을 통해 얻고, 그로 인해 나는 기억에 남는 세일즈맨이 되는 것이다.

고객이 '결혼기념일' 버튼을 누른다면 무엇을 할까? 자그마한 케이크에 촛불 하나 꽂아 들고서 잠깐 축하 노래를 불러 주면 어떨까? 그 때 기념사진도 한 장 찍어서 전하면 추억으로 남을 것이다. 이슈에 따라 이벤트 내용은 달라지겠지만 핵심은 각 라이프 이슈마다 작은 선물이나 메시지를 준비하고, 라이프 이슈 이벤트별로 무엇을 진행한다는 '액션 플랜'을 만들어 두는 것이다. 고객들의 라이프 이슈들에 관심을 갖고 성의를 다한다는 마음이 전달되면 매출은 자연스레 오르기 마련이다.

둘째, 우리 사업의 업무적 이슈별로 이벤트를 준비하라!

평소에 관리하는 고객 등급이 있다면 어떤 고객의 등급이 일반에서 우수 회원으로 상향되었는지 고객들 본인은 잘 모른다. 우수 회원으로 등급이 높아지면 그에 맞는 고객 관리를 제공하겠지만, 그보다 먼저 고객 등급이 상승했다는 축하 전화와 이벤트를 통해서 고객 스스로 우수 회원이 되었다는 사실에 뿌듯함을 느끼도록 만들어야 한다.

'5만 원 이상 구매하면 5천 원 상품권을 드립니다!'라는 증정 행사는 고객 사은품으로 일정 구매액 근처에 다다를 때 상품권을 받고 싶도록 자극해서 추가 구매를 유도하는 영리한 마케팅이긴 하다. 그런데 일정 금액 이상을 구매했을 때 감사와 축하 노래를 불러 주면서 상품권을 증정한다면 어떨까? 마치 이벤트 회사가 된 것처럼 즐거운 상상을 계속해 보자.

우리 매장에 좌석이 50석 있는데, 평상시에는 30석 정도가 채워진다고 가정하자. 50석이 완전히 만석이 되는 순간에 작은 기념품을 선물하고 인증 샷을 찍는 이벤트를 진행한다면? 고객들이 만석으로 인해 여유롭지 못한 상황에 다소 불편함을 느낄 때 오히려 그 순간을 축하하며 만석이라서 조금 서비스가 느려져도 이해해 달라는 메시지를 함께 전하는 것이다. 또는 테이블별 대표자를 나오라고 해서 가위바위보 대결로 우승자 테이블에는 무료나 반값 혜택을 즉석에서 제공하고 그 테이블 손님들과 단체 인증 샷을 찍어서 SNS에 올리는 것도 재미있고 좋은 아이디어라고 생각한다.

고객이 매장에 들어오는 숫자를 꼼꼼히 파악해 100단위 주기에서 7번으로 끝나는 고객에게는 축하와 함께 작은 선물을 증정하면 어떨까? 7, 107, 207, 307 등으로 순서를 정해 놓는 것이다. 고객이 기대하고 받는 선물과 이벤트보다는 전혀 모르고 받는 선물과 이벤트가 더 즐거울 수 있다. 아이들을 많이 데려오지 않는 업종인데, 한 번에 네 명 이상 데려온 고객들이 있다면 아이들에게 작은 선물과 이벤트를 제공하면 어떨까?

작은 가게에서 떡볶이를 판매하고 있다고 생각해 보자. 오늘 주문한 고객들 중에서 첫 고객과 100번째 고객의 주문은 무료로 주고 인증 샷을 찍어 올리는 이벤트를 진행한다. 고객은 미리 알았으면 더 많이 주문할 걸 그랬다면서 웃음 짓겠지만 그 경험으로 우리 매장에 대한 충성도를 높이기에는 충분하다.

고객이 모르는 우리 매출, 고객 수, 주문 순서, 개점, 폐점, 휴점, 시즌 교체 등 다양한 업무 이슈들을 고객에게 알려 주며 깜짝 이벤트로 활용하면 예상치 못한 즐거운 경험을 통해 고객의 충성도 상승은 물론 유명해질 기회도 얻을 수 있다.

셋째, 널리 알려질 재미와 감동이 있는 이벤트를 실행하라!

요즈음 세일즈의 트렌드는 고객 감동, 즐거움과 행복한 경험을 하게 만드는 것이 곧 성과로 이어지는 흐름이라고 이야기했었다. '어떻게 성과를 낼까?'라고 고민하듯이 '어떻게 하면 고객을 감동시키고 즐겁고 행복한 경험을 맛보게 할 수 있을까?'를 고민하는 것이 곧 성과로 나타나는 시대다.

이런 고객 감동에 대한 아이디어를 떠올렸던 사람들 중에서 가장 기억에 남는 '한효현'이라는 교육업체 대표가 있다. 그는 당시 은행권에서 교육을 진행하고 있었는데, 고객을 경험하게 하라는 이야기를 접하고 굉장한 인사이트를 얻었다며 고객사에 제안을 한 가지 하겠다고 했다.

은행의 고객들은 돈이 아무리 많아도 그저 그 돈을 숫자로 볼 뿐 실제로 만져 보는 일이 없는데 이를 이용해 어떻게 하면 고객에게 행복하고 즐거운 경험을 하도록 할까 고민한 끝에, 적어도 고객들이 동영상을 찍어서 SNS에 올리고 싶을 만큼 즐겁고 행복한 경험을 맛볼 아이디어로 떠올린 것이 '돈벼락을 맞게 해 주자!'였다. 고객이 출금할 때 투명 벽으로 둘러싸인 '돈벼락 출금 좌석'에 앉아서 하늘을 쳐다보면 하늘에서 돈벼락이 떨어지는 것이다. 특히 적금 만기 고객이라면 엄청난 돈벼락을 맞을 수 있다. 그 순간을 영상으로 찍어서 고객에게 선물하고, 은행도 SNS 계정에 올린다면 어떻게 될까? 국내 뉴스는 물론 해외 토픽에도 소개될 수 있고, 세계에서 가장 유명한 은행이 될 것이다.

같은 아이디어를 듣고 무엇을 실행하고, 성과를 얼마나 낼 수 있는지는 독자의 몫이라고 생각한다. 부디 하루 종일 차분히 고객 감동과 고객 경험을 디자인하기 위해 고민하고 또 고민해 보길 바란다. 그 어떤 마케팅 전략보다 고객 이벤트를 통해서 알려지는 아이디어가 우리를 세계적으로 이름나게 만들어 줄 수 있다는 기대감을 품고 주력해 보자.

인바운드 세일즈에서 가장 좋은 '세일즈 프로세스'의
완성과 점검은 역시 고객의 입장이 되어서 걸어 보는 것이다.

■ 성공을 위해 시간 관리 및 생활 습관을 체크하자!

1. 자신만의 시간을 매일 계획하고 있는가? ☐

2. 일과가 시작되기 전 활동 목록을 작성하고 우선순위를 정하는가? ☐

3. 항상 우선순위 첫 번째 일을 먼저 하고 정해진 기간 내에 완료하는가? ☐

4. 각 활동에 대해 마감 시한을 정하고 지키는가? ☐

5. 활동 시작 전에 필요한 모든 것을 준비하는가? ☐

6. 일상 속에 가족과 함께하는 시간을 계획하고 실천하는가? ☐

7. 계획한 활동을 미루지 않고 기간 안에 완료하는가? ☐

8. 월간, 주간, 일간 목표를 명확히 구체적으로 세우고 실행하는가? ☐

9. 자신이 정한 습관과 약속들을 빠짐없이 실천하는가? ☐

10. 업무나 활동을 할 때 집중하고 몰입하는가? ☐

체크 결과

4개 이하	변화의 노력이 필요하다.
5~7개 사이	조금 더 노력하면 성공 가능성이 높아질 것이다.
8개 이상	성공의 습관을 잘 실천하고 있다.

브라이언 트레이시 『**전략적 세일즈**』중에서

OUTBOUND DOUBLE SALES

방문 더블 세일즈

Chapter **6**

방문 더블 세일즈

1. 가방 들고 나가는 게 정답이다

나는 여행사 창업 교육을 3년 넘게 운영하고 있다. 사람들이 창업할 때 가장 궁금해 하는 것은 업무를 어떻게 해내느냐는 '실무'와 고객을 어떻게 만들어 내느냐는 '마케팅 전략'이다. 그런데 창업 교육을 진행하는 많은 기관이 고객 발굴을 어떻게 하는지에 관한 교과목 구성을 온통 '온라인 마케팅'으로 편중한 경우가 대다수이다. 물론 교육적인 의미에서 발로 뛰는 세일즈를 가르친다는 게 쉽지 않은 일이므로 온라인 마케팅을 기본으로 한다는 점은 납득할 수 있다.

나 또한 온라인 마케팅을 다양하게 종류별로 교육한다. 하지만 오프라인상에서 발로 뛰는 영업, 가방을 들고 나가는 것이 정답이라고 항상 힘주어 강조하곤 한다.

사람들은 자신의 생존이 달린 창업의 순간에 '온라인 마케팅' 교육을 듣고 나면, 이상하게도 머릿속이 온통 온라인 마케팅으로 가득 차 버리는 것 같다. 성공한다면 굉장한 폭발력이 있다는 사실과 지인을 상대하지 않아도 된다는 점, 그리고 직접 대면해서 영업하는 부담감이 없다는 측면 때문이 아닌가 싶다. 그래서 교육을 수료하고 나면 모두 한결같이 블로그, 밴드, 페이스북 등 온라인 마케팅에만 집중하는 모습을 자주 본다. 문제는 온라인 마케팅을 보조적인 수단으로 활용하지 않고, 사업의 모든 것이라고 생각하고 달려드는 데에 있다.

심지어 블로그 마케팅이 돈이 덜 들고 '검색/노출'이라는 분야에서 좀 더 쉽게 자신을 노출시킬 수 있다고 해서 창업 교육 기간 내내 블로그 마케팅을 가르치는 곳도 있다. 그런 의미에서 과연 블로그 마케팅만 열심히 한다고 해서 얼마나 생존 가능성이 있을지 잠시 생각해 보자. 우선 블로그 마케팅의 장점을 살펴보면, 우리 사업체가 온라인상에 노출된다는 것은 사람들이 특정 키워드를 검색했을 때 노출이 된다는 뜻이다. 그것도 조회 수가 꽤 높게 나오는 키워드에 노출된다는 것이다.

예를 들어 '강남역 맛집'이라는 키워드에 우리 음식점이 노출되도록 하려면? 오늘 날짜로 '강남역 맛집' 키워드를 키워드 광고로 환산해서 금액으로 따지면, 이 키워드 한 개에만 최상위에 노출시키려고 할 때 클릭당 3200원을 책정해서 월간 360건 정도 클릭을 유도해야 하는데, 총비용이 한 달에 100만 원을 넘는다. 유료 키워드 광고를 통해서 키워드 몇 개만 공략해도 엄청난 비용이 드는 것이다. 한 달에 수백만 원에서 수천만 원의 광고료를 지불해야 할 수도 있는데, 어쩌면 포털 검색 회사만 좋은 일을 시키는 게 아닌지 하는 생각도 든다. 이에 비하면 블로그 마케팅은 상당히 효율적인 방법이 될 수도 있다.

그러나 이런 생각으로 블로그만 잘 운영하면 된다는 발상은 다소 위험할 수 있다는 점을 말하고 싶다. 업종에 따라 다르겠지만, 지역을 기반으로 하는 동네 장사가 아니라 대한민국 전체를 대상으로 하는 업종이라면 더욱 힘들 수 있다.

만일 블로그 마케팅을 탁월하게 잘하는 사람에게 강의를 듣고 제대로 배워서 스스로 잘할 수 있게 되었다고 가정하자. 그런 강의를 듣고 능숙하게 블로그 마케팅을 하는 사람들이 같은 업종에 100명은 넘게 있을 수 있다. 그들이 동일한 방식으로 경쟁하기 시작하는 것이다. 과연 이것이 얼마나 효과적일지 고객 입장이 되어서 논리적으로 생각해 보자. 지금 문득 원하는 것이 떠올라서 스마트폰을 들어 검색한다고 치자. 검색 결과가 쭉 나열될 텐데, 이 중에서 마음에 드는 전문점을 찾고자 할 때 몇 페이지까지 넘기면서 정보를 보는가? 거의 대부분은 첫 페이지를 훑어보는 정도거나 한두 페이지를 더 넘겨 보는 수준에서 그칠 것이다.

결국 온라인 마케팅은 대한민국 전체가 뛰어들어서 경쟁하는 곳인데, 특정 키워드를 검색했을 때 대한민국 3위 내에 들거나 하다못해

10위 안에는 들어야 진정한 효과가 있다고 말할 수 있다. 이는 우리 동네에서 3등이나 10등을 하는 것과는 차원이 다른 이야기다. 대한민국에서 10등 안에 들어야 한다는 뜻이다. 100명이 동일한 수업을 듣고 동일한 방법으로 블로그 마케팅을 전개한다고 가정하면, 그 100명 중 더 뛰어난 상위 10%에게만 가능성이 있는 것이다. 그런데 같이 수업을 들은 사람뿐만 아니라 이미 자리 잡은 무림의 고수들까지 버티고 있으니, 실제로는 경쟁자 1000명 중에서 상위 몇 위 안에 들어야 한다는 말이다. 그런데도 비용이 들지 않는다고 하는 블로그 마케팅을 배우면 사업의 성패를 전부 이 블로그 마케팅이나 온라인 마케팅만으로 해결하려는 사고의 고착화가 발생하곤 한다.

그래서 나는 창업하려는 사람들에게 온라인 마케팅은 대행을 맡기든 직접 하든 지속적으로 해 나가되, 꼭 '발로 뛰는 영업'과 '지인 공략'을 핵심으로 생각하고 영업 활동을 하라고 가르친다. 우선 내가 아는 지인들을 모두 리스트업 하고, 경조사에 모이는 모든 친인척도 리스트로 만들고, 어린 시절 친구들, 동창회 명부에 있는 친구들, 선후배 등 가능한 한 모든 사람을 리스트로 만들어야 한다.

전혀 관련이 없는 사람들을 온라인 마케팅으로 끌어모은다면, 이제부터는 나를 알 듯 말 듯한 사람들까지 아는 사람으로 만들어 내야 한다. 그들에게 내가 하는 일을 명확히 알리고, 꼭 한번 이용해 달라고 당부하는 것에서 시작해야 한다. 문자, 전화, 이메일, 그리고 만남을 통해 나를 알리는 작업부터 시작해서 결국 그들이 나를 알리고 싶어지도록 하는 단계로 진입해야 한다.

정중한 인사말을 만들어 카톡을 보낸다고 생각해 보자. 전혀 모르는 사람이 아닌, '아는 사람'이 보내온 카톡은 그래도 반감이 적다. 내용을 읽어 보고 나서 언제 한번 이용해 줘야겠다고 생각할 수 있다. 동창이나 선후배들이 기왕이면 자신에게 카톡을 보내온 친구네 가게에서 모임을 갖자고 제안할 수도 있다. 또 누가 어디 괜찮은 곳 없냐고 물어볼 때 지인이 하는 곳이니 한번 가 보라고 추천해 줄 수도 있다. 이런 방식은 온라인 마케팅과는 또 다른 결과를 얻어 낼 수 있다. 지금 당장 고객으로 확보되는 것은 아니지만, 분명히 지인들은 속으로 도움을 한 번 줘야겠다는 생각을 갖게 된다.

그런가 하면 지역 기반으로 활동하는 업종의 경우에는 정말 그 지역에서 1등으로 유명해질 각오를 해야 한다. 내가 처음 사업을 시작했을 때는 인터넷이 발달하던 초기라서 온라인으로 알릴 방법이 별로 없었다. 그래서 한겨울 강남대로에 나가 아침 7시 30분부터 9시 30분까지 대형 피켓을 손잡이도 없이 그냥 벌을 서듯 양손으로 들고 2시간씩 서 있었는데, 무척 춥고 힘들었다. 솔직히 사람들이 '힘들지 않나?'라고 생각하게 해 보려는 의도도 담겨 있었다. 그리고 좀 더 사업체를 알리기 위해서 횡단보도의 신호가 바뀌면 그 대형 피켓을 들고 함께 길을 건너면서 사람들에게 노출시켰다. 그 덕분에 적어도 우리 동네에서는 유명인사가 되었다. 그렇게까지 하는 사람들이 없었기 때문이다.

최근에 은행으로 세일즈 교육을 자주 나가곤 하는데, 부자 동네라고 하는 서울 도곡동에 금융 지점을 개설한 '영광군 수협'은 사람들이 출근하는 시간인 아침 7시부터 8시 반까지 작은 소금 팩을 나눠 주는 길거리 홍보로 큰 효과를 거두었다. 대한민국 최고 부촌이라고 일컬을 수 있는 도곡동에서 어떻게 작은 소금 팩 하나로 영업 효과를 얻을 수 있었을까?

또 국민은행 행원들은 아침마다 관공서에 개척 영업을 나가 열심히 명함과 상품 안내지를 나눠 주면서 직원들에게 말을 걸며 영업하고 있다고 한다. 예전에 흔히 보던 소위 '사탕 돌리는 아줌마 영업'을 전개하는 것이다. 우리가 아는 기존의 은행 직원들 모습이 아니고, 우리가 알던 은행 근무 시간이 아닌 시간에 하는 영업 활동이라는 점이 놀라울 따름이다.

하지만 확실한 것은 지식과 정보로 고객을 리드하던 시장은 이제 끝났고, 사정없이 몰아치는 광고의 홍수 속에서 우리 사업을 차별성 있게 알리기 쉽지 않기 때문에 더욱 얼굴을 마주하는 발로 뛰는 영업에 힘써야 한다는 사실이다.

업종별로 특성이 다르겠지만 실제로 창업 교육 수료생들 중에서 가장 빠르게 안정권에 진입한 신규 업체들은 관공서 위주로 영업을 뛰었거나, 기존의 영업 거래처들에 새로운 아이템으로 접근해서 고객을 확보했거나, 최소한 지인들에게 자신이 하는 일을 널리 알리는 작업을 철저히 진행해서 그들의 도움 속에서 성장하고 자리 잡아 간 경우가 대부분이다.

전혀 모르는 이들을 대상으로 해서 온라인 마케팅만으로 승부를 보려던 사람들은 아주 대단한 전문성이 아니고서는 결국 이게 아니었다고 후회하는 모습을 자주 보았기에, 다시 한번 가방을 들고 나가서 발로 뛰는 영업을 전개해 보라고 권하고 싶다.

자신의 사업을 시작하려는 사람들에게 내가 던지는 첫 번째 질문은 길에 나가서 전단지를 돌릴 수 있느냐이다. 전단지 돌릴 용기도 없다면 사업하지 말고, 그냥 다니고 있는 직장에서 열심히 일하라고 말하며 사업하겠다는 걸 만류하곤 한다.

이 책에서는 온라인 마케팅의 핵심 전략들도 언급하고, 발로 뛰는 영업에서는 어떻게 해야 효과적이고 효율적인지도 다루고 있다. 항상 온라인과 오프라인상의 영업에서 균형을 맞춰 진행해야 하는 점이 가장 중요하다는 것을 명심하고, 발로 뛰는 영업에 뛰어들겠다는 용기를 내 보길 바란다.

2. 가방 들고 나가기 전에 알면 좋았을 것들

고객을 만나러 가기 전에 준비해야 할 것들에는 무엇이 있을까? 너무 당연한 이야기를 하려니 잔소리 같지만, 기본에 대해 다시 한번 생각해 보자는 뜻으로 읽어 주었으면 한다.

외모가 성과에 영향을 미칠까?

우선 외모에 관해 생각해 보자. 영업을 하는 사람은 머리부터 발끝까지 고객의 입장에서 자신을 바라볼 수 있어야 한다. 여행사 일을 할 때는 자유로운 영혼처럼 보이고 싶어서 찢어진 청바지에 티셔츠, 길게 기른 파마머리, 그리고 남자지만 양쪽 귀에 귀걸이를 하고 다녀도 괜찮았다. 물론 이때도 비즈니스 미팅에는 가볍게 재킷을 하나 걸쳐 주는 센스는 필요했다.

하지만 금융 판매업을 시작하려고 하자 옷차림을 바꿔야 했다. 머리는 짧게 자르고 한여름에도 긴팔 흰색 셔츠에 짙은 색 정장, 그리고 넥타이를 매고 지냈다. 사무실에서 슬리퍼는 아예 신지도 않았다. 늘 정장과 구두, 그리고 검은색 가죽 서류 가방까지 누가 봐도 금융 세일즈맨으로 보이는 모습을 고수했다.

Chapter 2에서 '베컴 머리' 스타일 때문에 거액의 펀드 투자 금액을 놓쳤던 내 경험을 이야기했었다. 물론 다른 이유도 여러 가지 있었겠지만, 그 사모님이 내 머리 모양을 걱정해서 조언해 주었다는 점을 기억했어야 했다. 그 당시 조금 뾰족하게 올라간 머리 모양과 내 매출이 연관되어 있다는 느낌이 강하게 스쳤다. 아내는 종종 내게 뱃살을 빼라면서, 자신이라면 배가 나와 있는 자기 관리가 소홀한 사람에게 믿고 돈을 맡길 수 없을 것 같다고 말하곤 한다. 상당히 일리가 있는 얘기다. 그 뒤로 나는 더욱 세일즈맨으로서 외모와 고객이 갖는 기대에 관심을 기울이게 되었다.

일반적으로 옷차림은 업종에 상관없이 단정한 모습이 좋다. 그러나 무엇보다 고객의 기대에 맞게 입는 것이 우선이다. 어떤 세일즈맨은 차에 옷을 여러 종류 싣고 다닌다. 작업 현장으로 고객을 만나러 갈 때라면 정장 차림보다는 장소에 어울리는 점퍼를 입고 가는 정도의 노력을 쏟는 것이다. 내가 좋아하는 모습이 아니라 고객이 기대하는 모습으로 외모를 준비한다는 마음가짐이 가장 중요하다.

명함은 명함 지갑을 사용하되 남자라면 재킷 안주머니에서 꺼내야 하고, 여자라면 백에서 꺼내야 한다. 명함을 교환할 때는 되도록 두 손으로 상대가 읽기 편한 방향으로 건네며 살짝 인사한다. 양말이나 스타킹은 여분을 준비해서 다녀야 한다. 신발을 벗어야 할 상황이 벌어졌을 때, 구멍이 나 있거나 냄새를 풍길 수도 있기 때문이다. 수많은 이미지 메이킹 관련 책과 강의들 덕분에 그 밖에 웬만한 상식들은 익히 알고 있으리라 믿는다.

고객을 만나기 전에 할 수 있는 사전 세일즈를 활용하라!

이런 외모의 준비 외에 고객을 만나러 가기 전에 할 수 있는 것으로 또 뭐가 있을까? 고객에게 나를 미리 알리는 작업에 나서면 좋다. 고객과 약속을 잡고 나서 나는 문자를 한 통 보낸다. 이 문자의 내용은 '기대, 설렘, 축하' 같은 긍정의 단어들로 가득 채운다.

'고객님, 저 조환성과 상담하게 된 것을 축하드립니다. 분명히 저를 알게 된 것은 행운이며 저와의 만남을 설레는 마음으로 기대하셔도 좋습니다. 그 기대 이상의 시간이 될 것이라고 약속드립니다. 그리고 저에 관해 궁금하시면 아래 제 프로필을 링크로 보내드리니 클릭해서 읽어 보셔도 좋겠습니다. 감사합니다. 만나고 싶은 사람 조환성 올림.'

'큰 거짓말(Big Lie)'이라는 말이 있다. 거짓말도 계속해서 듣게 되면 점점 큰 진실처럼 느껴지는 게 사람이라고 한다. 그래서 계속 나에 대한 긍정적인 이야기를 고객에게 전하고, '만나고 싶은 사람'이라는 나만의 슬로건을 문자, 이메일, 우편물 등에 사용한다. 그러다 보면 조금씩 시간이 지나면서 고객들도 나를 만나고 싶은 사람으로 인식한다. 만나기 부담스러운 업종의 세일즈를 하던 내게는 더욱 중요한 사항이었다.

또한, 나에 관한 이야기와 사진들을 블로그에 올린 후 '줄임 주소'로 변경해서 문자에 첨부해 보내면, 고객을 만날 때 색다른 상황이 연출되곤 한다. 고객이 멀리서 오는 나를 먼저 알아보고 인사를 건넨다. 고객 입장에서는 마치 내가 구면처럼 여겨지기 때문이다. 내 프로필 페이지를 읽으면서 얼굴 사진도 봤고, 가족들과 행복한 모습, 수영과 골프 등 취미 생활을 즐기는 모습을 접했고, 한비야 씨랑 아프리카에 자원봉사를 떠났던 이야기도 읽었으며, 각종 언론에 노출된 전문가적인 활동도 미리 접했던 것이다.

너무 당연한 이야기지만, 고객이 세일즈맨을 만났을 때 초면인 사람과 구면인 사람 중 누구에게 더 쉽게 마음의 문을 열까? 그런 점을 감안해서 다른 세일즈맨을 만났을 때는 초면이겠지만 나를 만났을 때는 이미 안면이 있도록 만드는 마케팅 활동을 전개하는 것이다.

약속 장소에 미리 도착해서 준비하라!

고객과의 약속에는 가급적 30분이라도 일찍 도착한다. 회사로 방문한다면 그 회사와 관련된 여러 정보들을 사전에 수집하기 위해서 검색도 하고, 현장에 도착해서 이곳저곳을 둘러본다. 회사에 비치되어 있는 인쇄물들도 살피고, 지나는 직원들이 나누는 이야기에 귀 기울이며 분위기를 파악한다. 만일 매장 사장님을 만난다면 지하철역 출구에서부터 매장에 도착할 때까지 사진을 몇 장 찍기도 하면서 매장이 잘 노출되고 있는지, 개선할 점은 무엇인지 줄곧 생각하며 사진과 메모를 정리해 둔다. 나중에 기회가 오면 도움이 될 고객 입장에서의 의견과 세일즈맨 입장에서의 조언을 전하기 위한 채비를 갖추는 것이다.

좌석 배치와 음악 소리도 세팅하라!

카페에서 만나기로 했다면 먼저 도착해서 어디에 앉으면 좋을지 파악하고, 고객의 시선이 산만해지지 않도록 창문이 아닌 벽을 바라보며 앉게 자리를 배치하고, 자료를 설명할 때는 내가 오른손잡이니까 고객을 내 왼쪽에 두고 앉아야 펜을 들고 있는 내 팔이 고객의 시선을 가리지 않는다. 정면으로 마주 보고 앉아서 이야기하다가 자료를 설명할 때는 'L'자 형태로 바꿔앉아서 말할 것이기 때문이다. 카페의 음악 소리가 너무 커서 상담이 힘들 것 같으면 미리 직원에게 인생에서 중요한 상담이 앞으로 1시간 정도 진행되니까 소리를 조금만 낮춰 달라고 정중히 부탁한다.

반대로 고객의 직장이나 다른 장소로 이동이 필요한 경우에는 볼륨을 좀 높여 달라고 부탁해 두고, 고객을 만난 후 실내가 너무 시끄러우니 회사 회의실이나 별도의 자리로 옮기자고 제안하기도 한다. 물론 음료는 되도록 따뜻한 음료를 권해야 내게 더 호의적인 인상을 갖는다는 점은 이미 다수의 매체를 통해서 독자들도 인지하고 있을 것이다. 중요한 것은 세일즈 상담을 위한 무대를 완벽하게 갖추자는 말이다.

작은 선물을 준비하라!

고객을 만날 때는 가능한 한 작은 선물을 하나 준비하면 더 좋은데, 나도 고객 입장에서 가장 기억에 남은 선물이 있었다. 티몬에서 일하는 여자 과장님이 우리 회사를 방문했을 때, 자리에 앉더니 가방에서 주섬주섬 무언가를 꺼냈다. 작은 투명 비닐봉지에 쿠키 두 알이 들어 있었다. 쿠키를 만드는 취미가 있는데 잘 보이고 싶은 사람을 만나면 주려고 갖고 다닌다며 내게 봉지를 건넸다.

지금도 이 이야기를 하고 있다는 것은 작지만 그만큼 스토리가 담긴 선물의 임팩트가 컸다는 뜻이다. 그래서 나도 작은 선물과 거기에 이야기를 담아서 건넬 수 있도록 준비하곤 한다. 사람에게는 빚을 지면 갚고 싶은 '부채 의식'이 있다. 맛보기 서비스가 효과 있듯이 이런 작은 호의를 먼저 보이는 것의 힘은 강력하다.

쇠뿔도 단김에 빼라!

고객 상담을 하면 업종에 따라 다음에 다시 만나서 제안하고 계약을 체결해야 하는 경우들이 많다. 때로는 고객과 상담할 때 고객의 반응이 좋고, 그 자리에서 바로 결정하려는 순간이 생기기도 한다. 이럴 때 역으로 세일즈맨이 다음에 다시 만나서 계약하자고 제의하는 것도 괜찮다.

하지만 쇠는 뜨거워졌을 때 두드려야 하고, 쇠뿔은 단김에 빼라는 말이 있듯이 일단 계약서에 서명하고 나서 생각을 하고, 제대로 재확인하는 방식이 좋다. 물론 너무나 고객에게 확신을 줘서 다시 만날 때까지 고객이 흔들리지 않고 기다린다면 더 바랄 나위 없지만, 지금 계약하려는 고객에게 세일즈맨이 준비가 덜 되어서 시간을 미루면 마음이 바뀌는 일이 벌어지곤 한다.

따라서 정식 계약서가 아니라 임시 계약서라도 준비해 두었다가 일단 서명을 받고, 다음에 다시 정식 계약서에 서명하는 식으로 진행할 필요가 있다. 고객은 기다리지 않는다는 전제를 깔고 모든 상담에 계약까지 필요한 것들을 다 갖춘 채 임해야 한다.

이미지 트레이닝의 힘

고객을 만나러 갈 때 외모와 준비물들을 잘 챙기는 것보다 더욱 중요한 한 가지를 꼽으라면, 나는 '이미지 트레이닝'을 말하고 싶다. 올림픽에 출전하는 국가대표 선수들은 전 세계적으로 출전 6개월 전부터 매일 이미지 트레이닝을 실시한다. 경기 전날 어떻게 잠을 자고, 아침 몇 시에 일어나서 무엇을 하고, 무엇을 먹고, 경기 출전 때는 무슨 옷을 입고, 어떻게 걸어 나가서 경기를 어떻게 풀어 갈지 영화의 한 장면처럼 잠자고 일어나서 승리하는 순간까지를 반복해서 떠올리는 것이다. 국가가 이런 훈련에 비용을 지출한다고 하니 그만큼 효과가 확실하다는 뜻이다. 따라서 우리가 영업 성과를 높이기 위해서 왜 이미지 트레이닝을 해야 하는지 의문을 가질 필요는 없다.

고객을 만나러 가면서 나는 잠시 눈을 감고 생각한다. 고객이 있는 곳의 문을 열고 들어가면 반갑게 인사하고 명함을 주고받는다. 고객이 앉으라고 자리를 권하면 앉은 다음 활기차게 이야기를 시작한다. 내가 고객에 관해 질문하자 고객이 신이 나서 답변하고, 나는 질문과 경청을 통해서 고객의 이야기를 더 많이 듣는다. 그러면 고객이 굉장히 만족스러워하면서 내가 하는 일과 제안하고 싶은 것에 대해 호의적으로 들어 주고, 아직 무엇을 권유하지도 않았는데 먼저 계약하겠다고 나서고, 심지어 사람들을 소개해 주겠다고 말한다. 상담을 잘 마치고 일어설 때 우리는 서로 알게 된 것에 감사하다는 인사를 나누고, 돌아서서 나오며 나는 속으로 'Thank you, God!'이라고 외치며 활짝 웃게 될 것이다.

이런 일련의 과정을 머릿속으로 생각하는 데에는 불과 3분 정도면 충분하다. 하지만 신기하게도 이렇게 이미지 트레이닝을 하고 들어서면 내가 구상한 대로 일이 척척 풀린 경우가 많았다. 반면에 아무런 생각 없이 헐레벌떡 약속 장소에 도착해서 문을 열고 들어가면, 상담이 어디로 튈지 모르는 상황 전개에 당황하곤 했다.

생각의 힘이 얼마나 중요한지 자주 실감해 온 나는 함께 일하는 후배들에게 늘 이미지 트레이닝의 가치를 강조한다. 좋은 상상을 하면 좋은 일이 생기는 것처럼, 좋은 세일즈 상담을 떠올리면 좋은 결과로 이어진다는 점을 가방 들고 나가기 전에 알았으면 좋겠다.

3. 고객과 약속을 잡는 핵심 기술

영업에서 가망 고객과 약속을 잡는 능력은 최고의 능력이라고 일컬을 만하다. 어떻게 하면 가망 고객과 약속을 잘 잡아낼 수 있을까? 약속 잡기는 크게 전화로 잡기와 대면해서 잡기로 나뉘지며, 전화로 약속 잡기는 다시 소개를 받아서 잡는 경우와 아무런 연결 고리도 없는 상태에서 전화하는 경우로 나눌 수 있다. 여기서는 우선 소개를 받고 전화해서 약속 잡기와 대면해서 약속 잡기의 핵심 기술만 생각해 보자.

소개를 받아서 전화하고 약속을 잡는 일은 비교적 쉬워 보일 수 있다. 그러나 호감 업종이냐 비호감 업종이냐에 따라서 난이도는 크게 차이가 난다. 사람들이 별로 달가워하지 않고 부담을 갖는 대표 업종인 보험 세일즈를 기준으로 약속을 잡는 방법에 대해서 핵심만 짚어 보기로 하자.

내가 거는 전화 한 통은 얼마일까?

Chapter 3에서 '가망 고객의 수×시도 횟수×성사 확률＝성과'라고 이야기했다. 가망 고객 수와 시도 횟수가 정해져 있는 경우에는 당연히 성사 확률을 높여야 한다. 고객에게 전화를 걸어서 성사되는 확률이 낮다면 얼마나 아까운가? 만일 내가 30명에게 전화해서 15명과 약속을 잡아내고, 15명과 세일즈 상담을 가져서 10건을 성사시켰다고 가정하자. 내가 받을 수당이 총 500만 원이라고 하면, 계약 1건당 금액은 50만 원이고, 30통의 전화로 500만 원의 수입이 발생했으니까 전화 1콜당 가치는 166,666원이다.

책상 위에 500만 원을 올려놓고, 전화 한 통을 걸 때마다 166,666원을 휴지통에 버린다고 하면 어떤 마음이 될까? 내가 거는 전화 한 통의 가치가 얼마나 되는지는 생각하지도 않고 무심코 전화를 걸어 고객과 연습하고 있지는 않은가? 충분히 연습해서 전화 약속의 확률을 높여 놓은 다음 고객에게 전화를 걸어야 마땅하다. 평소에 훈련도 하지 않고 본 경기에 임한다면 백전백패할 것이 틀림없다.

전화 거는 연습은 어떻게 할까?

첫째, 전화 약속이 잘 잡힐 수 있는 스크립트를 작성한다. 혹은 잘하는 선배의 스크립트를 확보한다. 그리고 그 스크립트를 내 말투로 바꾼다. 사람마다 자기 말투가 있기 때문에 가장 내 입에 붙는 자연스러운 어투로 수정해야 한다.

둘째, 입이 알아서 말할 정도로 반복 숙달해야 한다. 우리 회사는 매일 아침 출근하면 동료들에게 전화를 걸어 약속 잡는 연습을 했다. 전화를 받은 동료들은 갖가지 거절 이유를 대면서 응대해 준다. 응대가 끝나면 약속 잡기 시도를 했던 세일즈맨에 관한 피드백을 종이에 적어서 건넨다.

회사 후배 중 한 명은 수영 강사를 하다가 입사했다. 영 말이 어눌해서 그에겐 전화로 약속 잡기가 굉장히 어려운 일이었다. 도저히 입이 떨어지지 않는 지경이었다. 그래서 나는 그 친구의 입이 열릴 때까지 연습을 하자고 제안했고, 퇴근해서 집에 갈 때 전화를 걸었다. 퇴근길 한 시간 내내 나는 상대 역할을 하면서 연습을 도왔다. 집에 도착해서 옷을 갈아입으면서까지 쉬지 않고 계속 그렇게 100통도 넘게 연습하다가 자정을 넘어 새벽 1시가 되어서야 끝마쳤다.

입이 열리지 않아서 답답한 마음에 눈물도 보였던 그 후배는 결국 일주일 만에 입이 트이고 전화로 약속 잡기는 저절로 술술 입이 알아서 하게 되는 경지에 도달했다. 역시 반복 훈련이 우리를 실적으로부터 자유롭게 해 준다는 생각을 재확인한 경험이었다.

셋째, 고객에게 전화를 걸기 전에 워밍업을 하듯 동료들에게 연습으로 10콜 정도 걸고 나서 11번째 콜을 고객에게 걸도록 한다. 아침에 입이 풀리지도 않은 상태에서 고객에게 첫 콜을 하면 처음에 거는 몇 통은 워밍업이 되어 버리곤 한다. 두 명의 가망 고객에게만 허투루 전화해도 그 두 통의 가치가 30만 원이 넘는다는 사실을 상기하면서 충분히 연습한 후 전화를 건다.

전화 걸기 전에 준비할 사항들

첫째, 책상을 깨끗이 정리해 둔다. 산만하게 어질러진 책상보다는 깔끔한 상태의 책상에서 전화할 때 집중이 잘된다. 아니면 아예 전화 걸기용 책상을 별도로 마련해 두자.

둘째, 화장실은 미리 다녀오고 물을 준비해 두자. 한두 통 걸고는 도중에 화장실 가랴 물 마시러 가랴 자꾸 시간을 허비하지 않기 위해서다.

셋째, 거울을 준비한다. 거울을 보면서 웃는 얼굴로 전화하면 고객이 목소리에서 표정을 읽을 수 있다. 반갑게 미소 띤 얼굴로 전화를 걸면 호감 가는 목소리 상태가 전달된다.

넷째, 컴퓨터를 꼭 실시간으로 봐야 하는 업종이 아니라면 노트와 달력 3개월 치를 펼쳐 두고 전화한다. 고객과 전화할 때 컴퓨터를 보면서 통화하면 아무래도 목소리가 달라진다. 상대방을 마주하고 있다고 생각하면서 전화하는 것이 가장 좋은 콜이다. 일정을 의논할 때 무언가를 뒤적거리지 않도록 메모할 노트와 달력 3개월 치 정도를 펼쳐 두고 있으면 약속 잡기가 편하다.

다섯째, 전화할 때 몸의 자세도 중요하다. 강남대로의 어느 빌딩에 들어갔다가 깜짝 놀랐던 적이 있다. 한 층을 다 사용하는 커다란 기획부동산 사무실이었는데, 책상만 있고 의자가 없었다. 전 직원이 서서 전화를 걸고 있었다. 서서 전화하면 어떤 효과가 있을까? 바른 자세로 서서 가슴을 활짝 편 채로 전화를 걸면 당당한 목소리에 자신감이 묻어난다. 고객은 확신에 찬 목소리를 듣고 이 기획 부동산 세일즈맨의 말에 빨려 들어가 버린다. 누워서 전화하거나 화장실에 앉아서 전화하면 상대방이 바로 '누워 있구나?' '화장실이구나?'라고 말해서 깜짝 놀란 경험이 있지 않은가? 전화 목소리로 상대의 자세와 태도도 알 수 있는 것이다. 똑바로 앉아서 가슴을 당당하게 펴고 정중한 자세로 고객에게 인사를 건네면서 통화해야 한다.

여섯째, 거절 처리 표를 만들어서 책상에 붙여 놓고 평소에 숙달하되 필요할 때 살짝살짝 보면서 전화해 보자. 아직 익숙하지 않다면 전화할 때 스크립트를 책상에 두고 통화할 수도 있다. 그렇지만 뭐니 뭐니 해도 반복 숙달을 통해서 자동으로 입이 답하게끔 만드는 일이 최선이다. Chapter 3에서 거절은 보통 여섯 가지 정도로 압축된다고 했으니 적어도 여섯 가지 대표적인 거절에는 깔끔하게 응대할 대책을 마련한다.

일곱째, 나를 위한 작은 보상을 준비한다. 전화 10통을 걸고 나면 내가 좋아하는 커피를 한 잔 마신다든지, 달콤한 초콜릿을 하나 맛본다든지 해서 전화하느라 수고한 나를 위로해 줄 필요가 있다. 일종의 리프레시 후 다시 이어서 전화를 걸기 위해서다. 뇌는 스트레스를 받을 때 당분을 섭취하면 좋은 효과를 내지만 살이 찔 수 있다는 점을 기억하자! 차라리 밖에 나가서 10분간 스트레칭을 하고 들어온다고 정해 놓는 방법도 효과적이다.

여덟째, 전화를 걸 때도 이미지 트레이닝을 하고 걸면 좋다. 잘되는 상상을 하며 기대를 품고 전화를 걸면 용기도 생기고, 실제로 전화 받는 상대방에게도 씩씩한 기운이 전해져서 더 나은 결과를 만들 수 있다.

전화 스크립트 작성의 기본 룰

❶ 상대를 파악하라.
❷ 소개자를 언급하라.
❸ 자기를 소개하라.
❹ 전화 건 목적을 밝혀라.
❺ 거절을 처리하라.
❻ 거절 처리 후에는 양자택일법으로 질문하라.
❼ 약속이 잡히면 확인 문자를 바로 남겨라.
❽ 만나러 가기 전에는 문자보다는 전화 통화로 약속을 재확인하라.

만일 내가 하고 있는 일이 비호감 업종이라면 전화를 걸 때 스크립트의 순서가 조금 달라진다. 일반적인 전화는 맨 처음에 전화한 자신을 소개하는 것이 매너다. 하지만 내가 누구인지 말하자마자 가망 고객의 마음속에 방어 자세가 취해진다면 약속을 잡을 기회마저 사라져 버린다. 따라서 순서를 조금 바꿔 상대를 파악한 후 소개자부터 언급해서 마음을 열어둔 채 자신을 소개해야 한다.

"김미호 고객님이시죠? 안녕하세요! 서진희 고객님 아시죠?"라고 말하는 것이다. 아는 사람의 소개로 전화했다는 말에 전화를 건 사람이 누구든 좀 더 정중히 받게 된다. "전화 드린 저는 더블 라이프에 근무하는 조환성 설계사입니다. 다름이 아니라 지난주에 서진희 고객님과 만나 상담을 했는데, 너무나 많은 도움이 됐다면서 다른 사람은 몰라도 김미호 고객님을 꼭 한번 만나 뵙고 인사드리라고 하시더라고요. 그래서 언제 찾아뵈면 좋은지 약속을 잡으려고 전화 드렸습니다. 계신 곳이 삼성역 쪽이라고 들었는데요." 그러면 고객의 반응이 나온다. 그 거절 반응에는 늘 훈련되어 있어서 능숙하게 처리할 수 있어야 한다.

■ 거절 유형별 기본 처리 화법

거절 1: 시간이 없는데요.

처리 1: 아~ 서진희 고객님께 그러실 거라고 들었습니다. 워낙 일도 열심히 하시고 시간이 별로 없으실 거라고 하셔서 이렇게 전화로 먼저 약속드리고 방문하려고요. 시간이 많으신 분이면 그냥 근처에 가서 전화해도 됐겠지요. 혹시 오전과 오후 중에는 언제가 좋으세요?

거절 2: 저는 이미 가입한 게 많아요.

처리 2: 아~ 그럼 잘됐네요. 이미 가입된 게 많으시면 제게 추가로 가입하실 부담도 없으시고, 서진희 고객님께서 한번 만나뵈라고 했으니까 가벼운 마음으로 만나면 좋겠습니다. 서진희 고객님께 도움이 되었다는 것처럼 알고 지내면 도움 될 일이 분명히 있을 겁니다. 일단 찾아뵙고 가볍게 인사만 먼저 드릴게요. 다음 주 화요일과 수요일 중에 언제가 좋으세요?

거절 3: 돈이 없어요. 먹고 살기도 빠듯해요.

처리 3: 아~ 다들 그렇게 말씀하시곤 하세요. 요즘 여유 있는 사람들이 잘 없지요. 서진희 고객님도 처음에는 금전적인 여유가 없다고 하셨는데, 오히려 저랑 이야기를 나누시곤 기존 상품보다 더 여유를 확보할 수 있어서 도움이 되었다고 하시더라고요. 자금 여유가 없을수록 효율적인 방법들을 생각해 볼 기회가 될 수 있으니까 더 기대하셔도 좋을 것 같습니다. 계신 곳이 삼성역 몇 번 출구라고 하셨죠?

거절 4: 그냥 자료만 보내 주세요.

처리 4: 아~ 자료만 보내드릴 수 있지요. 그런데 자료로만 보기에는 생각보다 시간도 더 걸리고 이해도 쉽지 않을 수 있어서요. 대부분 고객들이 자료보다는 만나서 잠시라도 이야기를 듣는 쪽이 좋다고 하시더라고요. 게다가 서진희 고객님께서 한번 찾아뵈라고 했으니, 잠깐 자료를 전해드리는 정도로 뵙고 인사만 드릴게요. 다음 주 중에 수요일과 목요일, 어떤 날이 더 좋으세요?

대부분의 거절 처리 화법은 "아~ 다른 분들도 그러셨는데요." "아~ 잘됐네요!" 같은 긍정형의 답변으로 시작해서 "~하시더라고요!" 같은 말투로 이어 간다. 부드럽게 거절 처리를 할 수 있는 간단한 화법이기도 하다.

약속이 잡히면 전화를 끊고 바로 약속 내용과 '기대, 설렘, 축하'가 들어간 문자를 보내고, 이때 내 프로필을 클릭해서 확인할 수 있도록 링크를 함께 보내면 좋다. 다만 고객을 만나러 가기 전날이나 당일에 문자를 보내는 것은 가장 쉽게 약속을 취소할 수 있는 빌미를 제공하는 일이니만큼, 확인 문자는 피하고 재확인이 필요할 경우에는 전화를 걸자. 아무래도 전화로 목소리를 들으면서 취소하는 편이 더 힘들기 때문이다.

고객을 만나러 멀리 가야 할 경우에는 문자를 보내더라도 '지금 고속도로를 달려서 가는 중입니다' 정도가 좋다. 만일 고객이 약속을 펑크 내면 오히려 감사하게 생각할 일이다. 사람은 누군가에게 미안하다고 말을 해야 하면 부채 의식이 생기고, 이를 갚고 싶은 상태가 되기 때문에 다음 약속에는 더 집중할 테고, 내 이야기를 더 정중하게 귀담아들어 줄 것이다.

고객 상담 약속을 잡을 때는 항상 지역별로 몰아서 하루에 잡으면 효율적이고, 약속이 취소될 경우를 대비해 그 지역에서 가볍게라도 만날 만한 대타 고객을 세 명 정도 스케줄에 적어 두고 지나가다 들렀다고 하면 자주 연락하고 찾아 주는 부지런한 세일즈맨으로 비칠 수 있다.

대면 상태에서 약속을 잡는 핵심 기술

고객을 대면하고 약속을 잡을 때는 달력처럼 생긴 세일즈맨의 스케줄표를 꺼내서 고객도 볼 수 있도록 하면 좋다. 나는 주로 주 단위 스케줄표를 사용한다. 그 스케줄표에 약속이 가득 적혀 있는 상태를 고객이 보게 한 뒤 빈칸에 고객과의 약속을 적어 넣는다. 그러면 고객은 굉장히 바쁜 내가 시간을 내서 약속하는 것이고, 이를 종이 위에 적었기 때문에 약속을 지켜야겠다는 책임감이 발동한다.

고객에게 약속을 연기하자는 연락이 오면 "편하실 때 알려 주시면 제가 시간을 비울게요!"보다는 "제가 가능한 시간을 두 가지 정도 확인하고 다시 말씀드릴게요!"라고 말하고 잠시 시간을 보낸 후 다시 연락한다. 고객에게 스케줄을 확인하고 연락한다는 점을 명확히 알려야 한다. 그렇게 하면 세일즈맨의 바쁜 스케줄에서 시간을 내서 만나는 것이니만큼 그 약속의 가치와 비중이 높아진다.

다소 사소해 보일 수 있는 고객과 약속을 잡는 기술들로 우리는 한층 약속을 확실히 잡아내고, 시간을 더 효율적으로 이용할 수 있으며, 고객이 나와의 만남을 좀 더 소중한 시간으로 인식하게 만들어서 더블 세일즈를 달성할 수 있다.

4.콜드 콜로 고래를 잡자!

아는 사람에게 또는 지인의 소개로 전화를 거는 경우는 호감도가 높은 편이라고 봐서 '웜 콜 Warm Call'이라고도 한다. 그렇다면 과연 아무 연관도 없는 사람에게 전화를 걸어서 약속을 잡으려면 어떻게 해야 할까? 가능하긴 할까?

아무 관계없는 사람에게 전화를 걸면 냉랭할 수 있다고 해서 '콜드 콜'이라고 부르는 만큼 차가운 반응은 당연할 수 있다고 받아들이자.

개인에게도 콜드 콜이 가능한가?

합법적이진 않지만 학습 목적상 전혀 모르는 개인에게 콜드 콜을 걸었다고 생각해 보자. 실제로 나는 불법적으로 알아낸 내 전화번호로 지금 살고 있는 아파트를 매매하라는 전화를 자주 받는다. 그럴 때마다 '이 사람들은 세일즈 교육을 제대로 받지 못했구나'라는 생각이 든다.

전화를 거는 모든 동네 공인 중개사 사무소들은 내게 "사장님 안녕하세요. 9단지 사시죠? ○○부동산인데요, 전세나 매매 계획 없으세요?"라고 묻는다. 모든 공인 중개사 사무소들이 동일한 전화를 걸어온다. 반복된 전화에 화가 나기도 한다. 왜 그들은 내가 관심 가질 내용을 언급하지 않을까?

콜드 콜의 핵심은 개인이냐 기업이냐에 따라 차이가 있긴 하지만, 기본적으로 두 가지를 확실히 해야 한다.

(1) '그게 뭔데요(So what?)'라는 호기심을 자극해야 한다.
(2) 나한테 무슨 이익이 있는데요?(WIFM: What's in it for me?)

기업체에 전화를 걸 때는 책임자를 찾는 일이 가장 중요하다. 그러면 개인과 기업체를 나눠서 잠시 설명해 보겠다.

비호감 업종이라고 볼 수 있는 보험 회사 세일즈맨이 개인 재무 상담 약속을 잡으려는 콜드 콜

소개자 이름도 없고 사전 정보도 없다. 일명 '막 DB'라고 해서 돌아다니는 전화번호를 가지고 전화를 거는 상황이다. 그런 경우에는 오히려 전화를 받는 고객에게 '자격 부여'라는 테크닉을 시도해서 '그게 뭔데요?'라는 반응을 이끌어 내고, 금융 상품 판매를 위해 만나려는 '재무 상담'이지만 그 가치를 어필해서 '나한테 무슨 이득이 있는데요?'를 해결해야 한다. 내 연락처를 어떻게 알았을까 싶은 전화를 받으면 사람들이 대부분 거절하는 것이 당연하다. 그런데 이런 이야기를 듣게 된다면 어떨까?

"안녕하세요? 반갑습니다. 저희 더블 라이프(인지도가 있으면 더 좋다) 재무 설계 전문팀에서 일정 자격 조건을 갖춘 분들에게만 시중가 20만 원 상당의 전문적 재무 설계 및 상담 서비스를 제공해 드리는데, 혹시 자격이 되시는지 여쭤봐도 될까요?(이때 '여쭤봐도 될까요?' '도와주실 수 있을까요?' 같은 질문은 고객이 질문에 답하게 만드는 핵심 도구로서 강력한 오프닝이 된다. 갑자기 걸려 온 전화에서 자격을 물어보니까 이건 뭔가 싶다. 하지만 좀 더 가치 있어 보이지 않는가?) 첫째, 직장이나 사업으로 정기적 소득이 있는 상태이신가요? 둘째, 신용카드를 사용하고 계신가요?"

이런 질문에 성인이라면 거의 90% 이상은 자격에 문제가 없을 것이다. 너무 당연한 질문이라서 황당할 수도 있는데, 전화를 받은 사람들은 '일정 자격이 되는 분들에게만 드리는 혜택'이라고 하니까 더 귀담아듣고, 어떻게 알고 전화했는지는 모르겠지만 아무에게나 제공되는 게 아니라 나처럼 자격을 갖춘 사람에게만 제공된다는 사실에 조금 더 호의적인 자세로 바뀐다.

공인 중개사 사무소라면 어떻게 접근했어야 할까? 어차피 불법적으로 정보를 구해서 거는 것이라면 고객인 내 입에서 '그게 뭔데요?' '그게 나한테 무슨 이득이 있는데요?'라는 말이 나오도록 해야 한다. 적어도 "저희 9단지에 계신 고객들에게만 제공하는 정확한 현재 시세와 최근 거래 정보, 그리고 어떻게 하면 세금을 줄이고 차익을 더 확보할 수 있는지에 관한 안내 책자를 만들었는데 전달해 드릴까 해서요!"라고 했어야 하지 않을까? 고객을 그냥 한번 들르게 하든지 자료를 보내 달라고 요청하게 하든지 우리 세일즈 프로세스에 반응하고 참여하도록 하는 시나리오를 작성해야 한다.

개인 정보 보호법이 생겨나고 강화되면서 이런 개인에게 거는 콜드 콜은 하면 안 되겠지만, 말도 안 되는 콜드 콜로도 약속을 잡고 계약을 성사시키곤 했다는 사실에서 배우고 깨닫는 점이 있을 것이라고 생각한다. 그러면 본격적으로 콜드 콜을 통해서 더 큰 물고기를 잡으러 나서 보자.

콜드 콜은 고래를 잡는 방법이다

요즘에 콜드 콜은 누구에게 걸 수 있을까? 전화번호가 공공연하게 노출되어 있는 대상을 생각해 보면 역시 사업자다. 회사나 기관 같은 곳들인데, 휴대 전화가 아닌 일반 전화에 걸 수 있다. 많은 업종의 세일즈에서 주요 타킷이 중소기업인 경우가 대부분이므로, 거의 공통적으로 사용될 콜드 콜의 핵심들을 이야기해 보겠다.

자영업자는 물론 기업체들의 전화번호는 여전히 공개되어 있는 영역이다. 게다가 기업에 전화를 걸었다고 해서 스팸 전화라고 신고를 당하는 경우는 극히 드물 것이다. 따라서 기업 대상 영업에서 답을 찾는 경우가 많을 수밖에 없다. 누구에게나 열려 있는 기회라고 보기 때문이다. 하지만 기업에 전화를 걸어 약속을 잡는 것 역시 뛰어난 텔레폰 어프로치 Telephone Approach 노하우를 배울 필요가 있다.

기업에 전화를 걸 때 지킬 기본적인 원칙을 먼저 살펴보자.

❶ 당당하게 전화하라.
❷ 작은 도움을 요청해서 우리의 협력자로 만들어라.
❸ Yes Set 만들기(예스를 여러 번 하면 호의적이 된다)
❹ 담당자를 찾아라(사장, 인사·총무 책임자).
❺ '그게 뭔데요?'라고 말하게 하라.
❻ 소개자, 시대적 이슈, 또는 상대가 알 만한 공식적인 느낌이 나는
　　내용을 언급하라.
❼ 특별한 자격을 부여하라.
❽ '그게 우리에게 무슨 이익이 있는데요?'라는 질문에 답을 준비하라.

전화를 걸 때 상황에 맞춰서 순서는 조금 바뀌어도 괜찮다. 다만 전화

를 끊지 못하게 하는 것이 가장 중요하고, 기업에서 내가 공략하려는 업무의 책임자를 찾아내 약속을 잡아야 한다.

[당당하게] 안녕하세요? 더블 자동차 조환성 차장입니다.

[부탁해서 협력자로 만들기] 우선 두어 가지만 여쭤봐도 될까요?

[Yes Set 만들기] 위치가 삼성역 1번 출구 쪽이 맞나요? 건물은 트리플 빌딩이 맞고요? 제가 갖고 있는 주소가 맞네요. 다행입니다. 친절하게 응대해 주셔서 감사합니다. 곧 들르게 될 텐데 그때 커피라도 한 잔 사다 드릴게요.

[담당자 찾기] 법인 차량 구매와 관리를 담당하시는 분이 사장님인가요? 총무팀에서 담당하나요? 담당자 좀 부탁드립니다(바로 바꿔 주면 약속을 시도하면 된다. 안 되면 부연 설명이 필요할 때도 있다).

[이슈] 이번에 정부에서 발표한 자료에 따르면 법인 차량과 관련해서 중요하게 알아 두셔야 할 사항들이 생겼는데, 이번 일을 계기로 더 효율적인 운영 계획을 세울 수 있는 방법이 있어서 안내 책자를 제작했거든요(이슈가 아니면, 알 만한 기업의 이름을 대면서 '그곳에서 이 내용을 듣고 정말 좋다고 해서 관련 업체들에 우선 정보를 전달하고자 합니다'라고 하라).

[책임자를 연결해 주지 않을 때] 아~ 알겠습니다. 저희가 정말 도움이 될 책자를 제작했으니까 우선 등기로 보내 드릴게요. 어느 분 앞으로 보내면 될까요(받을 사람을 알려 주면 이틀 뒤에 주저 없이 전화를 걸어

책임자 이름을 대면서 바꿔 달라고 하면 쉽게 연결된다)?

[특별한 자격과 희소성] 저희가 IT 업종 기업 100군데를 우선 방문하고 있는데, 마침 IT 회사니까 좋습니다. 이제 전달할 수 있는 기념품도 6개 기업 분량 정도만 남았습니다(기존 고객인 회사들에만 제공되던 서비스를 캠페인 기간이라서 삼성역 지역의 10개 회사만 선정해서 방문한다는 등 자격과 기회의 한정성을 어필하면 좋다).

[약속 시도 양자택일법] 저희가 이번 목요일과 금요일에 삼성동 쪽 지역관리 캠페인이 있으니까 잠시 들러서 전달해 드리려고 합니다. 작은 기념품도 함께 전달해 드리려고요. 목요일이 좋으세요, 금요일이 좋으세요?

[그게 뭔데요? 그게 나한테 무슨 이득인데요?] '그게 뭔데요?'는 초반에 전화를 끊지 못하게 하는 역할을 하고, 전화를 받는 당사자에게 무슨 이득이 있는지 확실히 알 수 있도록 스크립트를 준비하면 약속을 잡을 확률이 현저히 높아진다. 개인적인 혜택과 기업에 유리한 혜택이 있는데, 아무래도 전화를 받은 당사자에게 직접적인 혜택이 돌아가면 좋다.

개인이든 기업이든 콜드 콜로 성과를 올리는 세일즈맨들은 엄청난 성과를 낸다. 온라인 마케팅에 모두 매달릴 때 오히려 전화를 걸고 발로 뛰는 영업이 더 탁월한 결과를 만들기도 하고, 특히 B2B라고 하는 기업 간 거래는 여전히 소개를 받아서 만나거나 그것도 여의치 않다면 콜드 콜로 전화를 걸어 약속을 시도하는 일에서 시작된다. 그것이야말로 진짜 영업이라고 해도 과언이 아니다.

기업의 콜드 콜도 결국 전화를 걸 TA(Telephone Approach) 리스트를 작성하고, 그 리스트를 1번부터 끝 번까지 주기적으로 정해진 시간에 정해진 횟수만큼 시도하는 것이 정답이다.

내가 작성한 스크립트가 조금 부족하더라도 끊임없이 연습하고, 꾸준히 전화 시도를 하면, 어느 순간 내 입이 알아서 전화로 약속을 잡아내고 있을 것이라는 즐거운 상상을 해 보기 바란다. 매장을 가지고 자영업을 하는 사장님도 시간을 내서 동네의 인근 사업장과 회사들에 전화를 걸어 보자.

약속은커녕 아무런 성과를 얻지 못하는 결과가 나와도 잃을 것은 없다. 그 전화를 받은 직원만이라도 우리 매장을 인식하고 한 번이라도 더 이용하게 될 수 있다는 사실에 기뻐하자!

5. 대면 상담 시 고객의 마음을 사로잡는 기술

아웃바운드 세일즈에서 어떻게 하면 고객의 마음을 사로잡을까? 고객은 자신이 만난 세일즈맨이 누구냐에 따라 중요한 결정을 내리곤 한다. 그렇기 때문에 앞에서 이야기한 대로 실제로 고객을 만나기 전에 할 수 있는 모든 것을 준비해야 대면 상담 시 성사율을 극대화할 수 있다.

지금까지 고객을 만나러 가기 전에 할 수 있는 모든 것들로 기대감을 주는 문자, 고객 정보 파악, 외모와 상담에 필요한 준비물 점검, 약속 장소에 미리 도착해서 상담 준비, 작은 선물, 이미지 트레이닝 등을 이야기했다. 이외에 대면 상담의 압도적인 성과 달성을 위해서 무엇을 해야 할까?

첫째, 아이 컨택을 확실히 하자!

많은 세일즈맨이 어떻게 하면 고객의 마음을 사로잡을 수 있는지 화법이나 스킬들에 관해 문의해 온다. 여기서 가장 중요한 한 가지 핵심을 말하라면 나는 주저 없이 '아이 컨택의 힘'을 이야기한다. 그런데 이 '눈맞춤'을 통해서 우리는 고객의 마음 상태를 읽을 수 있다고 생각하지만 고객 역시 우리의 마음 상태를 읽을 수 있다는 점이 중요하다.

고객은 어떤 세일즈맨과 상담하고 싶을까? 당연히 행복하고 에너지 넘치는 모습이 보이는 사람이다. 그래서 어떻게 하면 밝게 웃는 얼굴로 고객과 마주할지를 연습할 필요가 있다. 지금 거울을 보고 활짝 웃어 보자. 진짜 웃음은 두 군데가 웃어야 한다고 하는데, 바로 입과 눈이다. 대부분 입은 잘 웃지만 눈은 웃기 힘들 수도 있다.

프랑스 심리학자 기욤 뒤센 Guillaume Duchenne은 눈 가장자리 근육인 안륜근과 입 주위 근육인 구륜근을 함께 사용해 웃는 웃음이야말로 인위적으로는 만들어 낼 수 없는 진짜 웃음이라는 사실을 처음 발견했다. 그 후로 진짜 웃음과 거짓 웃음을 비교한 다양한 연구가 진행되었다.

미국 웨인 주립 대학의 어니스트 아벨 Ernest Abel 교수는 1952년부터 미국 메이저 리그에서 발매된 야구 선수 230명의 친필 사인 카드를 활용해서 그들의 표정을 세 가지로 구분해 몇 살까지 살았는지 추적했다. 결과적으로 당시 사진에서 전혀 웃지 않았던 선수들은 평균 72.9세까지 살았고, '거짓 웃음(팬 아메리카 스마일 Pan America smile – 팬 아메리카 항공사의 승무원들이 상업적으로 거짓 미소를 짓는 것에서 유래됨)'을 웃었던 선수들은 평균 75세까지 살았지만, '진짜 웃음(뒤센 스마일)'을 지었던 선수들은 평균 79.9세까지 산 것으로 나타났다. 건강해서 웃는다기보다 웃는 사람이, 그것도 진짜 웃음을 웃는 사람이 오래 산다는 결과를 보여 주었다.

그 외에도 많은 연구를 통해서 '뒤센 스마일'을 지었던 사람들이 '팬 아메리카 스마일'을 지은 사람들보다 훨씬 더 건강했고, 병원에 간 횟수도 적었고, 생존율도 높았다는 사실이 밝혀졌다. 또한, 결혼 생활에 대한 만족도도 높았고, 이혼율도 더 낮았고, 평균 소득도 역시 뒤센 스마일을 지었던 사람들이 훨씬 더 높았다.

이런 웃음도 연습을 통해서 진짜로 웃는 얼굴이 될 수 있는데, 세일즈 현장에서 고객을 상대할 때 눈까지 웃는 진짜 미소를 지어 보이면서 고객과 아이 컨택을 하는 일이 중요하다는 사실을 인식하고 마주해야 한다.

나는 세일즈맨들을 교육할 때 음악도 틀지 않고, 2인 1조로 서로의 눈을 2분 30초간 바라보는 훈련을 시킨다. 수강생들은 그 시간이 무척 길다고 말하곤 한다. 그런데 우리가 살면서 실제로 배우자의 눈을, 아이의 눈을 서로 얼마나 바라볼까? 그러다 보니 고객을 만날 때도 눈을 응시하지 않는 경우가 많다. 나는 언제나 최대한 고객의 눈을 응시하려고 노력한다. 상담 내내 가능한 한 서로 눈을 마주친다. 대부분 비슷비슷한 능력을 가진 세일즈맨들 중에서 단연 내 대면 상담의 성적이 좋은 이유는 눈을 응시하는 능력에서 비롯된다고 확신한다.

눈을 응시할 때는 나의 좋은 감정을 상대방에게 전하고, 상대방의 좋은 감정을 내가 받는다고 생각하는 것이 가장 중요하다. 또한, 사람이 동시에 양쪽 눈을 바라보고 초점을 맞추기는 힘들기에 뇌 과학자의 조언에 따라 되도록 상대의 왼쪽 눈을 바라보려고 한다. 뇌신경은 좌뇌와 우뇌가 각각 반대편 기관들을 담당하고 있는데, 우뇌에 연결된 왼쪽 눈을 바라보면 감성을 파고들 수 있다는 조언을 듣고 그렇게 하고 있다.

지금 잠시 책을 내려놓고 옆에 있는 사람과 2분 30초 동안 가만히 서로 눈을 응시해 보자. 옆 사람이 당황하겠지만, 분명히 그 아이 컨택의 힘을 느낄 수 있다. 옆 사람이 없다면 거울 속의 나를 바라보고 해 보자. 바로 실행해야 내 것이 된다는 사실을 잊지 말고!

둘째, 만남의 목적을 명확히 하라!

세일즈에서 만남은 모두 목적이 있다. 고객에게 그냥 얼굴이나 한번 보려고 만나자고 하면 고객 관리를 잘한다는 칭찬을 들을 수도 있지만, 상황에 맞게 실행해야 한다. 잘 모르는 사람을 처음으로 만날 때는 만남의 목적을 명확히 해야 하는 것이 당연하다. 고객에게 만남의 목적을 알리는 일보다 오늘 만남에서 내가 달성할 목표를 스스로 정하는 일이 더 중요하다. 그것을 그저 머릿속으로만 상상하는 게 아니라 구체적으로 수첩에라도 기입해야 한다. 만남의 목적과 목표를 명확히 글로 적어 두고 미팅이 끝날 때 그것을 달성했다는 생각이 들도록 준비해야 한다.

물론 목적을 가지지 않은 만남의 힘도 무시할 수 없다. 가망 고객이든 기존 고객이든 목적 없이 그저 보고 싶은 사람을 만난다는 생각으로 종종 만나는 일이 뜻밖에 고객의 마음을 사는 경우도 있다는 사실 역시 기억해 두자.

셋째, 상대의 정보를 글로 정리하자!

만날 고객이 개인이든 회사든 상대에 관련된 사실(Fact)을 아는 선에서 최대한 글로 적어 봐야 한다. 고객의 이름, 성별, 나이, 직책, 결혼 여부, 가족 관계, 거주지, 취미, 최근 관심사나 고민, 업무적 이슈 등을 정리해 본다. 그러면 미팅 때 나눌 이야깃거리가 풍성해지기도 하고, 논리적으로 이야기를 전개할 수 있는 능력이나 개인적인 호감을 얻을 가능성까지 높일 수 있다.

막연하게 머릿속으로 생각만 하지 말고, 꼭 글로 적어서 다시 읽어 보는 습관을 들이면 더 큰 세일즈 파워를 경험할 수 있다. 준비하는 자가 승리하는 법이다.

넷째, 만남의 목표를 효과적으로 달성하기 위해서 질문을 20개 정리하자!

나는 주로 고객을 만날 때 사용하는 '파워 질문'을 평소에 달달 외우고 활용한다. 특히 이번 미팅에서 할 예상 질문들을 만남 이전에 20개는 준비한다. 아이스 브레이킹용 질문부터 시작해서 사실 확인 질문, 문제 제기 질문, 해결책에 관한 질문, 현재 마음의 상태, 기대감, 정확히 무엇을 원하는지, 그리고 개인적인 관심사에 대해서 이야기하게 만들 질문까지도 정해 놓는데, 적어도 20개는 작성해 두고 만나야 한다. 거꾸로 상대가 내게 던질 수 있는 질문도 20개 작성해 놓아야 한다. 질문과 답을 쥐어짜다 보면 점점 익숙해져서 더 효과적인 질문 능력을 갖추게 된다.

다섯째, 고객이 나를 어떤 사람으로 기억하게 하고 싶은지를 정하라!

우리는 고객의 정보와 욕구를 파악해서 공략할 생각만 할 뿐, 나 자신이 고객에게 어떤 사람으로 기억되길 바라는지에는 관심을 두지 않는 듯하다. 가장 중요한 것은 고객을 알기 이전에 고객이 나를 어떤 세일즈맨으로 기억하게 할지, 아니 세일즈맨이 아니라 어떤 사람으로 기억되도록 할지를 스스로 정하고, 그 방향으로 집중적인 노력이 필요하다는 사실이다.

만남 이후 고객이 나에게 갖는 이미지가 나를 떠올릴 때 바로 생각나게 되는데, 믿을 만한 사람, 실력 있는 사람, 성실한 사람, 정이 넘치는 사람, 재미있는 사람, 끝까지 책임을 지는 사람, 꼼꼼한 사람 등 나의 정체성에 어울리는 이미지를 고객에게 남겨야 한다. 당신은 어떤 사람으로 기억되길 바라는가?

여섯째, 만날 고객을 가정하고 동료와 롤플레이를 하라!

모든 상담을 롤플레이 할 수는 없겠지만, 정말 중요한 미팅이라면 동료와 연습을 통해 뛰어난 성과를 얻을 수 있다. 연극배우는 철저한 연습을 해 두지 않으면 공연 내내 당황스러울 수밖에 없지만, 다행스럽게도 세일즈맨은 한 번의 리허설만으로도 세일즈 내내 관객도 바라볼 수 있고, 다양한 재치 있는 대응도 할 수 있는 여유가 생기는데 그것이 롤플레이의 힘이다. 세일즈맨인 내가 여유롭게 상담에 임할 때 고객의 마음도 사로잡을 수 있다.

일곱째, 호감의 법칙을 기억하라!

상대가 나를 좋아하게 하려면 어떻게 해야 할지 전략을 세우고 연구하고 있는지 모르겠다. 호감 가는 세일즈맨이 좋은 성과를 내는 것은 당연하므로 나를 좋아하도록 하는 것이 곧 성과라고 볼 수 있다. 여기서 가장 중요한 비밀을 이야기하고 싶다. 고객이 나를 좋아하게 만드는 가장 확실하고 빠른 방법은 내가 먼저 고객을 좋아하는 것이다. 진심으로 고객을 좋아하고 사랑한다면 그 누구보다 확실히 고객의 마음을 사로잡을 수 있다. 자신을 사랑하고 좋아해 주는 누군가가 있을 때 기분이 어떤가? 다만 비즈니스 관계에 있다는 점만 다를 뿐이다.

세계 최고의 세일즈맨으로 기네스북에 열두 번 이름을 올린 조 지라드Joe Girad는 자신의 세일즈 성공의 핵심 요소로 "I like you!(나는 당신을 좋아합니다)"라는 말을 꼽는다. 그는 한 해 동안 자신의 고객 13,000명에게 'I like you!'라는 메시지를 13회 이상 보내고, 만나는 고객 모두에게 '나는 당신을 좋아합니다!'라고 말해 왔다. 고객을 진심으로 좋아하는 것이 세일즈 성공의 절대적인 요소라는 점을 보여 준 살아 있는 증거가 된 것이다.

다소 도덕 선생님 같은 당연한 이야기를 떠든 것은 아닌가 싶다. 하지만 다시 한번 고객의 마음을 사로잡는 기본이 무엇인지 생각해 보는 계기가 되길 바란다. 무엇보다 진심으로 고객을 대하는 것이 가장 중요한 요소겠지만, 그 진심이 전달되게 하기 위한 방법을 준비하는 것이 '더블 세일즈'의 정답이 아닐까 생각해 본다. 부디 만나는 사람 모두를 내 편으로 만드는 것이 능력이 아니라 습관으로 체득되는 날을 기대하면서 연습을 거듭하길 당부한다.

6. '개신'에게 배운 개척 영업의 비밀

처음 세일즈를 시작했을 때 나는 어디라도 달려가서 눈에 보이는 모든 곳을 발로 뛰며 개척 영업도 할 수 있다는 생각을 갖고 있었다. 그런데 나를 훈련해 준 담당 세일즈 매니저는 지인 소개 영업에 정통한 P보험사 출신으로 철저히 지인 소개 영업을 가르쳤다. 비록 지인 소개 영업이 항상 잘 풀리지는 않고 정체하는 시기도 있었지만 열심히 최선을 다했다.

시간이 흐르면서 나름대로 지인 소개 영업에는 일정 수준 이상 올라섰다고 자부했다. 하지만 내가 세일즈 매니저가 되고 나서, 영업 환경이 시대적으로 급속히 변화하는 데다가 회사에서 세일즈맨을 채용할 때 과거와 달리 지인도 별로 없는 사람들을 뽑아 영업을 뛰도록 했다. 지인 소개가 힘들 수밖에 없는 환경에서 시작한 그들은 지인 소개 영업으로는 생존율이 무척 낮았다.

결국 내가 배운 것만으로는 세일즈 매니지먼트에서 성공하기 힘들다는 결론을 내렸다. 그래서 내가 해 보지도 않은 세일즈 방법을 배우려고 혼신의 힘을 쏟았다. 그중에서 가장 기억에 남는 것이 관공서 개척 영업이었다.

어떻게 하면 개척 영업을 잘할 수 있을까 고민하다가 '최고에게 배워라!'라는 말대로 우리 회사에서 개척 영업을 가장 잘하는 세일즈맨을 찾아가 배워야겠다고 매일 다짐하며 방법을 모색하던 어느 날이었다. 다른 지점의 매니저 한 명이 나를 찾아왔다. 본인은 세일즈 매니지먼트를 잘하고 싶은데, 본사에 아는 분께 고민을 얘기했더니 조환성 매니저를 만나면 큰 도움이 될 거라고 말했다는 것이다.

그에게 내가 알고 있는 모든 것과 가지고 있는 갖가지 자료를 주고 돕겠다고 대답했다. 그러면 내게는 어떤 도움을 줄 수 있냐고 물었는데, 이 친구가 하는 말에 깜짝 놀랐다. 자신은 개척 영업만 할 줄 안다는 것이었다. 바로 내가 간절히 바라고 찾던 그런 사람이었다. 그렇게 개척 영업을 배울 기회가 찾아왔다.

나는 그 시절에 서울 삼성동에 있었는데, 그 매니저가 분당 지점에서 일한다기에 아침마다 출근해서 같이 팀 미팅을 하고 개척 영업을 배우겠다고 말했고, 실제로 그곳을 방문하기도 했다. 그런데 이 매니저가 자신에게 스승이 한 분 있다면서 그분을 만나서 배우면 어떻겠냐고 추천해 왔다. 그분 별명은 '개신'이라고 했다. '개척의 신!'

'개신'이 근무하는 곳은 인천 주안이었다. 일본에서 운동선수를 하다가 한국으로 건너와서 한국말도 어눌하고 말도 조금 더듬는 그는 지인이 한 명도 없어서 오로지 개척 영업을 할 수밖에 없었다고 한다. 초기에 8개월 동안 단 한 건의 계약도 못 따서 급여가 제로 상태라 경제적으로 어려워져 결국 일본에서 올 때 갖고 온 차도 팔고, 여자 친구와 부둥켜안고 엉엉 울었다고 한다.

그런데 8개월이 지나고 한 건의 계약이 성사되면서 영업의 감을 잡은 개신은 하루에 한 건의 계약을 체결하는 목표로 영업에 임했고, 나중에는 하루 한 건의 계약이 너무 빨리 이루어져서 시간이 남아돌아 목표를 다시 하루에 거절 100개 받기로 조정했다고 한다. 그 후 하루에 100개의 거절을 받으려고 했더니 이야기를 들어 본 고객이 거절이 아니라 되레 계약을 해 버려서 하루에도 여러 건의 계약 체결로 연봉

수억 원을 기록하는 역사를 만들어 가고 있었다.

이 개신에게 개척 영업을 배워야겠다는 생각에 개신이 일하는 지점으로 매일 출근해서 그 팀과 함께 미팅하고, 영업을 나갈 때 팀원들과 동행해 현장에서 영업을 보고 따라 해 보며 학습했다. 왜 꼭 이렇게 뭔가 도전하려고 하면 계절은 하필 추운 한겨울이고, 새벽 5시에 일어나서 나가야 하는 장거리 코스인지…. 그래도 개신이 근무하는 지점에서 개척 영업을 제대로 배울 수 있었다. 다시 한번 이 면을 빌려서 두 분에게 진심으로 감사하다는 말을 전하고 싶다.

나는 개신에게 개척 영업을 배운 후 브리핑 영업, 세미나 영업, 전화 영업의 최고라는 사람들에게 각 분야의 노하우를 하나씩 배우고 익혀 나가면서 다시 우리 팀원들을 훈련하며 현장에서 깨달은 사실들을 차곡차곡 정리했다. 이제 그 강력한 개척 영업의 노하우를 『더블 세일즈』를 통해 공개하겠다. 다양한 업종을 대상으로 하는 개척 영업이 있지만, 일단 관공서에 한정해서 이야기해 보겠다.

개척 영업도 하루의 목표가 중요하다

모든 세일즈가 그렇듯이 하루의 목표가 중요하다. 그중에서 계약 목표도 그렇지만 활동량 목표가 중요하다. 하루에 몇 개의 관공서를 방문할지, 몇 개의 학교를 방문할지 정하는 것이다. 또는 하루에 몇 명에게 말을 붙일지 정해야 한다. 목표는 내가 달성할 수 있을지 없을지 가능성이 반반 정도 되는 것이 좋다고 본다. 너무 쉽게 달성해도 안 되고, 아예 달성할 수 없는 목표도 좋지 않다. 최선을 다하면 달성할 수 있고, 설렁설렁 일하면 이룰 수 없는 수치로 결정해야 한다. 그리고 이제 출발한다.

개척 영업도 자신이 정한 룰이 중요하다

하루에 몇 군데를 방문할지 결정하고, 마치 공무원이 출퇴근하듯이 개척 영업을 시작하는 시간과 마치는 시간을 정해 두고, 무조건 그 시간에는 영업하는 습관이 중요하다. 시시때때로 개척 영업을 한다면 결국은 흐지부지되어 버린다고 확언할 수 있다. 시작 시간과 종료 시간을 정하고 어김없이 그 시간에는 개척 영업을 해야 한다.

개척 영업은 대상을 가리면 안 된다

관공서를 방문하면 일단 가장 높은 층의 첫 번째 방부터 문을 열고 들어간다. 어느 부서가 더 효율적인지 따지지 말고 다짜고짜 첫째 방부터 끝 방까지 문을 열고 들어서는 것이다. 방을 가리다 보면 쉬워 보이는 방들이 끝난 후 다른 방문은 결코 열 수 없게 되기 때문이다.

말단이 아니라 제일 높은 사람에게 먼저 가라

세일즈 초보자가 저지르는 가장 빈번한 실수는 문을 열고 들어가 바로 앞에 있는 만만해 보이는 직원에게 먼저 말을 거는 행동이다. 절대로 그래서는 안 된다.

그 방에서 제일 높은 사람은 주로 안쪽에 앉아 있는데, 최근 관공서에는 여러 팀이 한 방에 자리하고 있다. 각 책상 열의 가장 안쪽에 부서 팀장들이 앉아 있기 마련이다. 우선 팀장님께 가서 가볍게 인사한 후 다가서서 잠시 직원들에게 도움이 될 간단한 안내를 하겠다고 조용히 설명하면서 가지고 간 안내장을 건넨다.

그러면 팀장님은 하루에도 이런 영업 사원들이 여러 번 찾아오기에 무척 귀찮아한다. 그래서 말도 없이 손만 까딱이면서 알아서 하라는 신호를 보낸다. 그러면 팀장님께 조용히 말을 건넸던 것과 다르게 큰 소리로 "감사합니다!"라고 외친다. 그 순간 부서 팀원들은 자기 팀장님이 영업을 해도 좋다고 승인했다고 여기게 된다.

이제 직원들에게 1:1로 다가서며 말을 붙인다. 팀장님에게서 승인받은 사람이기에 쉽사리 밀쳐 내지는 못한다.

상대를 웃게 하면 세일즈는 쉬워진다

말을 붙일 때는 일부러 무릎을 꿇으며 안내장을 앞에 놓고 설명하기 시작한다. 그러면 직원들은 그냥 목례만 할 뿐 자신의 컴퓨터 화면을 바라보며 하던 일을 계속한다. 팀장의 승인을 받았기에 우리가 말하는 것을 제지하진 않는다는 점이 중요하다. 작은 Yes를 한 것이다.

그때 나는 왼쪽 종아리를 잡으면서 "아야, 아이고 다리야!"라고 신음 섞인 말을 뱉는다. 일하던 직원은 다리에 쥐가 난 나를 쳐다보며 웃음을 참는다. 나는 의자를 살짝 끌어당기면서 "오늘 많이 돌아다녔더니 쥐가 났나 봐요. 잠시만 앉아도 되죠?"라고 말하며 앉는다. 두 번째 Yes를 한 것이다. 그런데 여기서 가장 중요한 점은 이 어이없는 상황에 대부분 웃음이 터질까 봐 꾹 참는 모습을 보인다는 사실이다. 고객에게 무료한 하루 일상에서 재미난 에피소드가 하나 생긴 것이다.

나는 앉게 해 주어서 감사하다며 다시 말을 꺼내려다 헛기침을 한다. "컥컥! 말을 많이 해서 그런가. 죄송하지만 물 한 잔만 부탁드려도 될까요?"라고 말하면 대개 물을 떠다 준다. 영업하는 내가 측은해 보였을 수도 있다. 이번에는 좀 더 큰 Yes를 한 것이다.

"고객님, 이렇게 물까지 주시니 정말 감사합니다. 제가 그나마 보답을 좀 하자면, 제 일에서 고객님께 정말 도움이 될 유익한 정보를 2~3분 설명드리면 좋을 것 같습니다. 주위에 직원분들이 계셔서 좀 시끄러우니까 저쪽 상담 테이블이나 회의실로 잠시 옮겨서 말씀을 나눴으면 좋겠네요."라고 말한다. 이때 만일 자리를 옮기거나 룸으로 들어가게 되면 경험상 계약 성사율은 거의 80~90%에 이른다. 드디어 큰 Yes이자 세일즈를 위한 '무대가 만들어진(Set the stage)' 것이다.

개척 영업도 시나리오를 짜고 익숙해지기 위해 연습해야 한다. 우리는 이 개척 영업을 진행하며 멘트를 달달 외워 입에서 저절로 나오게 하는 것은 물론, 아침마다 종아리를 부여잡고 쥐가 났다고 엄살떠는 연기 연습도 했다. 결국에는 고객들을 웃게 만드는 오프닝 도구로 완성할 수 있었다.

어디론가 개척 영업을 가서 문을 열고 들어가 상대방을 웃게 만들 수 있다면 세일즈 기회가 생기고, 성사율이 높아지는 것은 당연하다. 그런데 그런 모든 것이 철저히 기획하고 훈련하고 숙달해서 저절로 나와야 한다. 그 정도로 연습하고 익히면 자연적으로 성과는 따라온다.

개척 영업에는 정도(正道)가 없다. 그저 문을 열고 들어가는 용기와 더불어 성과를 더블로 만들고자 효율적인 방법을 꾸준히 연구하고, 자신의 것으로 소화하기 위해서 그 방법을 몸과 입이 기억할 수 있도록 반복하는 일이 성공의 열쇠라고 말하고 싶다. 여러분의 건승을 기원한다.

7. 브리핑 마케팅과 세미나 마케팅의 핵심 전략

1:1로 고객을 상대하는 것과 달리 다수를 대상으로 프레젠테이션을 진행할 수 있다면 더 큰 성과를 거둘 수도 있다. 이런 방식의 영업을 크게 두 가지로 분류하자면 '브리핑 마케팅'과 '세미나 마케팅'으로 나눠서 생각해 볼 수 있다. 기업체에 전화를 걸어서 어렵게 약속을 잡았다고 치자. 이런 경우 우리는 브리핑을 할지 세미나를 할지 결정해야 한다.

일반적으로 '브리핑 마케팅'은 간략하지만 임팩트 있게 상품 위주의 설명을 하고 판매를 시도하는 것을 뜻하고, '세미나 마케팅'은 고객을 이해시키고 학습을 통해서 욕구를 불러일으키는 방식을 뜻한다. 대개 회사를 방문하는 약속은 브리핑 영업을 목적으로 하는 경우가 많은데, 5~10분 정도로 강력한 메시지를 전달해서 판매 및 가입을 유도한다.

브리핑 영업 시에는 잠시 도움이 될 정보성 강의를 짧게라도 하고 나서 상품 판매 성격을 띤 브리핑을 할지, 아니면 바로 상품 위주의 브리핑만 할지 잘 선택해야 한다. 상품 자체가 유익한 정보라고 여겨질 내용으로 준비한다면 안 해도 될 정보 제공성 강의를 꼭 할 필요는 없다.

브리핑 영업에서 가장 중요한 것은 '기-승-전-결'이 있는 내용을 만들고, 누가 들어도 강렬한 메시지에 매료될 정도로 내용을 다듬은 후 강사 역할을 맡은 사람이 반복·숙달의 과정을 거쳐서 고객을 압도할 수 있도록 전달해야 한다는 점이다.

세미나 영업은 고객을 충분히 이해시켜서 욕구를 불러일으키는 방식인데, 보통 세무, 노무, 신기술 등에 관한 복잡한 이야기를 현재의 사업과 업무에 맞게 잘 설명하고 이해시키면서 우리 상품이나 서비스의 필요성으로 이어지도록 진행해야 한다. 이런 시나리오 짜기는 업종마다 다르기 때문에 직접적인 언급은 뒤로하고, 어떻게 하면 고객들에게서 원하는 것을 좀 더 높은 확률로 끌어낼 수 있을지만 생각해 보자.

브리핑/세미나의 품격을 높이고, 실적을 더하라!

되도록 사회자가 먼저 인사하고 나서 브리핑/세미나 강사를 소개하는 편이 좋다. 소개를 받고 등장해야 강사의 말에 한층 힘이 실리는 법이다. 가능하다면 소개할 때도 사회자 역할을 맡은 사람이 강사 스스로 잘난 척하기 힘든 얘기들을 대신 말해 준다.

강사는 강의에 집중해서 멘트를 하고 강의가 끝날 즈음에 신청서를 돌리게 되는데, 이때 신청서를 돌리고 회수하는 일은 강사가 아니라 사회자나 관계자가 담당하는 쪽이 보기에 좋다.

그 밖에 강사가 정장을 잘 차려입었다면 스태프 역할을 맡은 사람들도 유니폼을 입거나 유니폼 느낌을 풍기는 같은 색 카디건 등을 맞춰 입는 것도 효과적이다. 가망 고객들이 볼 때 더욱 믿음이 가는 모습을 연출하려는 의도이다. 또한, 스태프들은 사원증이 있다면 목에 걸고, 없다면 컬러풀한 목줄로 자체 제작을 해서라도 걸고 있으면 좋다. 이것 역시 신뢰감을 형성하는 장치의 일환이다.

브리핑/세미나 마케팅에서는 강사가 워낙 뛰어난 흡인력으로 고객들을 집중시킨다면 모르겠지만, 여의치 않을 때 간단한 퀴즈를 내서 맞춘 사람들에게 소정의 선물을 증정하며 분위기를 조성할 수도 있다.

브리핑/세미나 후 약속이나 계약 확률을 높이는 법

보통 브리핑이나 세미나가 끝나면 많은 세일즈맨이 상담 신청서, 구매 신청서, 강의 평가서 등을 돌리곤 한다. 강의 평가서는 실제로 필요하다기보다는 평가를 통해서 양식에 글을 적는 Yes 행위를 시작하도록 하는 의미가 크다. 그렇게 하면 평가 설문지 다음에 이어지는 신청서의 빈칸을 채울 확률이 높아지기 때문이다.

소속이 다른 개개인을 모아서 진행한 경우에는 일종의 설문지와 함께 상담 및 구매 신청서를 첨부해야 하겠지만, 한 회사를 방문해서 진행했다면 방법을 조금 달리해 보자.

우선은 교육 전에 직급이 높아 보이는 분들과 대화를 나누고 친분을 쌓는다. 그런 다음 나중에 브리핑이나 세미나가 끝나고 신청서를 돌릴 예정인데 그때 가장 먼저 이름을 적어 달라고 미리 부탁하자. 작은 선물을 하나 건네면서 부탁하면 더욱 좋다. 신청한 대로 하든 안 하든 관계없으니까 한 번만 도움을 달라고 이야기하면 사람들은 대부분 협조적으로 도와준다.

이제 브리핑이나 세미나가 끝나면 1인용 신청서를 돌리지 말고, 엑셀로 표를 작성해 빈칸을 채우게 하는 방식으로 몰고 가야 한다. 상담을 약속하는 내용이라면 화요일과 목요일에 회사를 방문해서 상담을 진행할 계획이라고 하면서 아침 9시 30분부터 오후 6시까지 30분 단위의 표에서 편한 시간을 골라 이름만 적으라고 말한다. 물론 가장 먼저 이름을 채워 줄 사람은 미리 부탁을 드렸던 회사 내에서 영향력이 있는 그분이다. 권위의 법칙을 사용해서 분위기를 끌고 가는 것이다.

그렇게 초반에 세 명 정도 작성해 주면 Chapter 4에서 언급한 '3의 법칙'이 작용해 종이가 돌면서 자연스럽게 빈칸이 채워지게 된다. 만일 구매 신청서라면 이름과 수량만 적게 하고 나머지 정보들은 별도로 받아내는 방법을 이용한다.

사람들은 작은 Yes를 한 번 하고 나면 그다음 과정부터 진행이 수월해지는 반면에, 처음에 심각하고 진중하게 답하는 양식들에는 쉽게 Yes를 하지 않는 경향이 있다.

구매 계약서라고 해도 회사의 복잡한 계약서 같은 양식이라면 성사율이 훨씬 떨어질 수 있다. 따라서 우선 약식으로 간략한 신청서를 돌려서 받은 후 개별 상담 및 방문, 온라인을 통해서 제대로 된 계약서를 채우도록 하면 확률이 더 높아진다. 신청서를 받으러 다닐 때는 다른 곳에서도 많이 신청한다는 인상을 줄 수 있도록 일부러 기존 신청서 파일을 들고 다니면서 '사회적 증거의 법칙'을 활용한다.

세미나 마케팅 관점의 이해

세미나 마케팅은 어떤 정보가 필요해서 모이는 사람들에게 그 정보와 연장선에 있는 우리 상품이나 서비스를 판매하는 방식이 가장 좋다. 하지만 우리가 취급하는 품목이 고객들의 관심을 크게 끌지 못한다면, 오히려 핵심 타깃 고객이 될 만한 사람들이 관심 가질 세미나 주제를 정해서 사람을 모으고, 그곳에 참가한 가망 고객들에게 브리핑 마케팅 을 시도하는 방법이 더 효과적이다.

예를 들어서 '테헤란로의 직장 여성을 위한 재테크 세미나'라는 타이틀에 반응을 보이지 않는다면, 차라리 '테헤란로의 커리어 우먼을 위한 가을 메이크업 트렌드' 같은 세미나를 열어서 더 많은 사람을 모으는 것이 나을 수 있다. 실제로 유명인의 이름값을 빌려서 사람들을 모은 다음, 그곳에서 강력한 브리핑을 통해서 원하는 목적을 달성하는 경우도 종종 보게 된다.

최근에는 기업에 성희롱 예방 교육, 개인 정보 보호법 교육 등 법정 의무 교육이나 일반적인 서비스 강의 등을 무상으로 제공해 주겠다고 섭외해서 유익하고 재미있는 강의를 제공하고 나서 강의 후반에 간략하지만 임팩트 있는 브리핑으로 영업 목적을 이루는 경우도 적지 않다. 매장을 가진 사람들은 매장에서 노래 교실을 열거나 SNS 마케팅 무료 교육을 통해서 장소를 널리 알리는 기회로 삼는 등 장소를 활용한 세미나 마케팅에도 참신한 아이디어들을 동원할 수 있다. 세미나는 내가 원하는 것을 주제로 삼을 수도 있지만, 그보다는 가망 고객이 될 사람들이 원하는 것을 주제로 정하면 더 효과가 클 수 있다는 점을 명심하자.

세미나 마케팅의 고효율 전략

임신한 여성을 대상으로 하는 'D-line' 세미나의 강의를 의뢰받은 적이 있다. 임신한 옆모습이 알파벳 'D'를 닮았다고 해서 'D-line'이라고 일컫는다. 세미나 장소는 돌잔치를 여는 뷔페 레스토랑에 요청하면 그쪽도 가망 고객 발굴 기회가 되기 때문에 낮 시간에 무료로 장소를 제공하고, 간단한 음료와 스낵 정도는 준비해 준다.

그리고 세미나 참석 확률을 높이기 위해 경품들을 제공하는데, 임산부를 대상으로 영업하는 산후조리원, 분유 회사, 유아용품점 등 다양한 곳에서 협찬을 받고, 미리 다량으로 구입해 둔 휴대용 접이식 유모차 한두 개를 준비하는 정도면 충분하다. 그렇게 꽤 많은 임부를 모아 놓고, 유익한 세미나를 진행하고 경품 행사도 곁들이며 훈훈한 분위기에서 가망 고객과 관계를 형성할 수 있다. 봉이 김선달에 비견할 만한 기발한 아이디어를 활용해 우리 비용은 최소로 들이면서 세미나 마케팅을 전개할 수도 있다는 사실을 기억하자.

세일즈에 성공한다는 것은 상대가 원하는 바를 이루도록 도와주는 것이라는 말이 있듯이, 브리핑이나 세미나를 한다면 그 이후에 가망 고객이 참 유익한 시간이었다고 미소 지을 수 있도록 진행해야 한다. 그래야 더욱 성과를 올릴 수 있으므로 즐거움, 유익함, 행복한 경험과 재미 등을 맛보게 할 여러 가지 시도로 가망 고객들과 만날 아이디어를 떠올려 보자.

8. 스파링 파트너를 요청하라!

내가 아는 은행 지점장이 한 분 있다. 정말 열심히 일하시는 분인데, 퇴직을 앞두고 동창 모임에 나갔던 이야기를 들려주셨다. 지점장이 되고 나서 동창들과 자주 모임을 갖곤 했는데, 크게 사업을 하는 친구 한 명이 자신과 가장 친한 사이였다고 한다. 그런데 그 친구가 늘 별로 친하지도 않았던 다른 은행에 근무하는 친구들의 실적을 엄청나게 도와주곤 했다는 것이다. 가장 친한 친구인데 어떻게 자신을 도와주지 않고 매번 그런 행동을 하는지 화도 나고 해서 몇 년간 서먹하게 지냈고, 동창 모임도 나가지 않게 됐다고 한다.

어느덧 이제 퇴직할 나이도 됐고, 지난 앙금은 다 훌훌 털어 버리고 친구들을 보고 싶은 마음에 다시 모임에 나갔단다. 그 모임에서 자신을 화나게 만들었던 친구에게 다가가 "왜 그동안 가장 친한 나는 한 번도 도와주지 않고 다른 친구들만 도와준 거야? 사실 많이 서운했다."라고 솔직하게 이야기했다고 한다.

그랬더니 그 친구가 하는 말이 "너는 한 번도 도와 달라든가 실적을 올려야 한다는 말을 하지 않았기 때문에 알아서 참 잘하고 있나 보다 생각했고, 다른 친구들은 항상 무언가 도와 달라든지 좋은 상품이 있다든지 말을 꺼냈으니까 그 녀석들 실적을 올려 준 거야! 네가 말도 안 하는데 내가 먼저 너한테 좀 도와줄까라고 하면 싫어할 수도 있으니까 나도 조심한 거라고!"였다. 그 순간 머리를 망치로 얻어맞은 듯 정신이 혼미해졌단다. 가장 친한 친구니까 그 정도는 알아서 고려해 줄 거라고 믿었는데, 사람은 누구나 자신의 관점에서 생각하기 마련이라서 상대가 무엇을 필요로 하고 원하는지 말하지 않으면 알기 힘들다는 점을 간과하고 있었던 것이다.

누구에게든 먼저 요청하고 부탁해야지, 상대가 미리 알아서 나를 위해 행동해 주기를 기대해서는 안 된다. 심지어 사랑하고 결혼해서 함께 사는 부부지간에도 말로 바라는 것을 서로 이야기하지 않으면 상대방의 마음을 정확히 알지 못해서 어려움을 겪는 경우가 다반사이니 말이다. 요청하고 부탁하라고 해서 사람들에게 무엇인가 사 달라거나 가입해 달라고 하면, 판매하는 사람도 구입하는 고객도 부담을 느끼게 된다. 이때 고객에게 구매를 부탁하는 게 아니라 내 업무에 관해 조언을 요청하면 어떨까?

사람은 기본적으로 누군가를 돕고 나면 기분이 좋아진다. 2001년 미국의 내과의사 앨런 룩스 Allan Luks는 『선행의 치유력』이라는 책에서 '헬퍼스 하이 Helper's High'라는 용어를 사용했는데, '남을 돕는 과정에서 느끼는 정서적 포만감을 맛보는 상태'를 나타내는 정신 의학 용어이다. 이 헬퍼스 하이는 혈압과 콜레스테롤 수치를 낮추고, 엔도르핀이 정상치의 3배 이상 상승해 몸과 마음에 활력이 넘치는 신체적인 변화를 이끌어 내는데, 사람이 누군가를 도우면 기분이 좋아지게 되는 원인이라고 한다.

고객에게 상품을 판매하려는 시도는 고객이 부담감을 느끼고 방어하려는 마음의 자세를 만들어 내지만, 고객에게 도움을 요청하는 것은 고객의 마음에 헬퍼스 하이를 제공할 기회가 된다는 점에서 서로에게 무척 유익한 행위이다. 따라서 고객에게 자신이 하는 일을 알리거나 새로운 상품이 나와서 판매를 시작할 때면 구매나 가입을 권유하기보다는 우선 '스파링 파트너가 되어 달라'고 요청하는 편이 좋다.

"이번에 신상품이 나왔는데 제 설명을 잘 들어 보시고, 조언을 좀 해 주세요. 고객님은 절대로 사겠다고 하지 마시고, 조언해 주는 게 중요합니다!"라고 말한다. 그러면 고객은 사야 한다는 부담 없이 도움을 줄 수 있다는 생각에 이야기를 귀담아듣게 된다.

그런데 권투에서도 그렇지만 스파링이라는 것이 어떤가? 아무리 스파링이 연습 게임이라고 해도 주먹으로 한 곳을 집중적으로 맞으면 아프고, 심하면 피가 나기도 한다. 마찬가지로 설명을 계속해서 듣다 보면 고객은 점점 상품과 서비스에 대해 깊이 이해하게 되고, 장점과 얻게 되는 이익들을 잇따라 접하면서 더 좋다고 느끼는 것은 물론, 자기 스스로 필요성을 찾아내서 꼭 사야겠다고 결심하게 된다.

결국 조언해 주려고 설명을 듣다가 조언 이전에 먼저 구입해서 써 보겠다고 말하게 되는 것이다. 그렇게 되면 우리는 고객에게 부담을 주지 않으면서도 타인에게 도움을 준다는 자기만족도 느낄 기회를 제공하는 셈이다.

고객이 구입하는 것은 물론, 조언하려고 설명을 귀담아들었기 때문에 누구보다 우리 상품과 서비스의 좋은 점들을 깊이 이해하게 되어서 주위 사람들에게 내 대신 설명과 판매까지 해 주기도 하는, 소위 '아바타 경영'으로 발전되는 경우도 있다. 한 번에 세 가지 효과를 얻을 수 있는 것이다.

이처럼 마케팅 활동에서 가끔은 직접 슛을 쏘기보다는 패스를 통해서 간접 슛을 날리는 쪽이 거부감이 덜하고 더 효과적일 수 있다는 사실을 잘 활용해서 상대방을 고객이 아닌 나의 협력자로 인식하게 만들고, 도움을 요청하는 것으로 만족스러운 '더블 세일즈'를 성취하길 바란다.

고객에게 스파링 파트너를 요청할 때 얻는 효과

1. 구매에 관한 부담 없이 고객이 설명을 귀담아듣는다.
2. 고객이 타인에게 도움을 주고 있다는 자기만족을 느낀다.
3. 고객이 구입을 결정할 뿐만 아니라 상품과 서비스의 장점을 깊이 이해하게 되어 주위 사람들에게 설명과 판매까지 해 준다.

DOUBLE SALES LEADERSHIP

더블 세일즈 리더십

Chapter 7

더블 세일즈 리더십

1. 세일즈 리더십

세일즈 교육을 진행하다 보면 많은 수강생이 '세일즈'라는 용어 때문에 세일즈맨이 아닌 사람들은 선뜻 수강 신청을 하지 않는 듯하니 차라리 '세일즈 리더십' 교육이라고 하는 것이 어떻겠냐고 제안한다. 세일즈 교육은 단순히 판매 스킬을 배우고 익히는 과정이 아니라 세일즈맨이 인격적으로 성장하고 매력적인 사람이 되는 기회를 제공한다는 생각이 든다고 말하기도 한다.

아울러 혼자서 성과를 잘 내는 것을 넘어서 사장으로서 또는 세일즈 매니저로서 팀이 성과를 올리도록 만들기 위해서는 세일즈와 함께 리더십이 발휘되어야 하므로 세일즈에서 리더십의 역량 개발이 필수로 여겨진다는 의견을 덧붙인다.

어떻게 하면 내가 스스로 잘하는 수준을 넘어서 나와 일하는 사람들까지 잘하도록 이끌 수 있을까? 그래서 '세일즈 매니지먼트'라는 교육 과정이 따로 진행되는 것이겠지만, 나는 두 가지 관점에서 이 주제를 다루어 보려고 한다.

첫째, 왜 성공한 세일즈맨이 세일즈 매니지먼트에서 실패하곤 하는가?

수많은 영업 조직에서 성공한 세일즈맨들이 세일즈 매니저로 또 사장으로 자리를 옮긴 후 고전을 면치 못하는 경우를 자주 접한다. 왜 그럴까? 성공한 세일즈맨들 대부분은 자신이 성공했던 방법이야말로 확실하게 성공 가능성을 높여 주는 탁월한 방법이라고 믿는다. 그래서 누구나 자신이 했던 것처럼 따라 하면 성공한다는 확신을 갖고 팀원들을 가르치고 훈련시킨다. '너도 나처럼 하면 돼!'라고 가르치는 것이다. 물론 확률이 높은 길을 알려 주겠다는 진심이 담긴 말은 성공 가능성이 큰 방법임에는 틀림없다.

하지만 조금만 다르게 생각해 본다면? 모든 사람이 다 나 같지는 않을 수 있다. 어쩌면 나보다 더 뛰어난 성과를 거둘 자질이 그 안에 있는데, 내가 더 커질 수 있는 그들의 잠재 능력을 내 성공 방정식에 맞추라고 강요하면서 내 프레임에 그들을 억지로 구겨 넣고 있는 것은 아닐까? 그렇게 되면 누군가는 아프고 힘들고, 누군가는 그 프레임 이상의 성과를 낼 수 있는 기회를 날려 버리는 셈이다.

세일즈나 리더십에 분명 나의 성공 방정식은 존재한다. 그러나 그 성공 방정식이 누구에게나 마스터키로 사용되리라 믿는 사고방식은 위험하다. 세일즈 매니저로서가 아니라 진정한 '세일즈 리더'라면 내 팀원들이 가진 그들 고유의 특성과 장점을 찾아내고, 그들이 더욱 실력을 발휘할 수 있는 방법으로 더 크게 성장하도록 도와야 한다. 그러기 위해서는 그들이 무한한 잠재 능력을 지니고 있다고 믿어야 하며, 그들 스스로 답을 찾을 수 있다고 확신해야 한다.

대신에 세일즈를 이해하고 성장하는 데에 필요한 기본적인 프로세스와 기초 역량을 갖출 수 있도록 유도하는 기초 체력 훈련은 진심을 다해서 돕는다. 그 후 그 토대 위에 어떤 그림을 그리고, 어떤 세일즈 금자탑을 쌓아 나갈지는 그들에게 달려 있다고 믿어 보자. 그들이 더 잘하고자 내게 손을 내밀어 온다면 그때가 절호의 기회다. 그 순간 그가 하고 싶은 방향에 대해서 좋은 결과가 따르도록 함께 고민하고 힘을 실어 주는 것이 중요하다.

팀원이 원하는 방향으로 최선을 다해서 잘할 수 있게 세일즈 리더가 돕는다면 엄청난 일을 해내기도 하고, 설령 실패한다고 해도 그 길이 아니었다는 점을 깨닫는 과정에서 세일즈 리더가 믿고 도와준 것에 대해 고마움을 느끼면서 리더의 말과 행동에서 더 많이 배우려는 자세가 갖춰질 수 있다.

둘째, 무엇이 성과를 이끄는가?

Chapter 1에서 언급했던 『무엇이 성과를 이끄는가?』라는 책을 다시 한

번 살펴보려고 한다. 학자들이 연구를 통해서 조직이 성과를 내는 이유를 '총 동기 지수(Total motivation factor)'라는 일종의 측정 지표로 지수화했다. 그중에서 성과를 만드는 핵심 요소 세 가지로 일 자체가 주는 즐거움, 일에서 느끼는 보람, 일과 함께 발전해 간다는 성장을 꼽았다.

여기서 한 가지를 생각해 봐야 한다. 어떻게 하면 팀원들이 행복하게 일하도록 만들까? 직장에서는 스트레스를 받고 집에 가서 행복하다는 이야기를 하는 것이 아니다. 일할 때 그 자체에서 즐거움과 행복감을 느껴야 한다는 말이다. 우리는 이미 고객이 행복하고 즐거운 경험을 하게 만들면 성과로 이어진다는 것을 수없이 이야기했다.

이제 사고방식을 조금 바꿔서 고객을 즐겁고 행복하게 만드는 존재는 팀원들이므로 내 팀원들을 즐겁고 행복하게 해 주면 그들이 고객들을 즐겁고 행복하게 할 것이고, 이는 곧 성과로 이어진다고 생각해 보자. 누군가를 즐겁고 행복하게 해 주려고 할 때 세일즈 리더 자신의 감정 상태는 어떻겠는가? 자신이 우울하고 힘든데 직원을 즐겁고 행복하게 이끌 수 있을까? 팀원들을 즐겁고 행복하게 해 주려는 노력이 세일즈 리더 자신의 즐거움이자 행복이 될 것이다.

세일즈 역량을 키우는 일은 세일즈 리더가 했던 방법과 방향대로 이끄는 것이 아니라 팀원이 원하는 방향과 그 나름의 방법으로 나가도록 돕는 것이 시작이다. 성과를 만들기 위해 고객을 행복하게 해야 하듯이 내 팀원은 내가 행복하게 해 주겠다는 노력과 진심을 보여야 한다. 그렇게 하면 분명히 내가 혼자서 이룬 성과보다 팀원들이 이루어 낸 성과가 수백, 수천 배의 결과를 나타낼 수 있다. 그런 믿음과 기대를 안고 한 발짝 앞으로 내디뎌 보자.

2. 매출이 줄고 있다면, 후지필름에서 배워라!

일이 잘되고 있을 때도 우리는 안될 때를 대비해 두어야 한다. 긍정적인 마인드로 일하는 것이 좋은 에너지를 만들어 내지만, 가끔은 안될 때 어떻게 할지에 대해서 진지하게 생각하고 '플랜 B'를 준비할 필요가 있다.

처음으로 디지털카메라를 개발해 세상에 내놓은 기업은 코닥 Kodak 이다. 그러나 100년 넘게 필름 시장에서 부동의 1위 자리를 지켜 온 코닥은 성공적인 현재에 안주하다가 디지털카메라가 상용화되면서 설자리를 찾지 못하고 추락해 버렸다.

코닥과 달리 만년 2위였던 후지필름 Fuji Film은 세계 필름 시장에서 Big 3가 사라져 갈 때조차 변화로 생존하고 꾸준히 성장하는 모습을 보였다. 그 핵심에는 고모리 시케다카(古森重隆) 사장의 '탈(脫) 코닥'이라는 경영 이념이 있었는데, 이는 그냥 코닥을 따라가는 것이 아니라 코닥과 다른 길을 간다는 뜻으로 현재 후지필름 매출에서 필름이 차지하는 비율이 1%가 안 된다는 점에서 생각해 볼 여지가 있다.

고모리 사장의 사분면을 활용한 경영 전략이 탁월했기에 이런 일이 가능했다고 주목을 끌었는데, 나 또한 종종 생각을 정리하고 전략을 수립할 때 유용하게 사용하고 있으므로 소개해 본다.

후지필름 사분면 분석법은 시장과 기술을 가로축·세로축으로 설정한 뒤, 가로축은 '기존 시장'과 '새 시장'으로, 세로축은 '기존 기술'과 '신 기술'로 구분한다.

후지필름 사분면 분석법에 의한 사업 구분

	기존 시장	새 시장
기존 기술	소형 디지털카메라, 복사기, 광학 렌즈, 사진 필름	전도성 필름, 열 차단 필름, LCD용 필름, 태양 전지용 기판
신기술	레이저 내시경, 의료용 화상 정보 시스템, 다기능 복사기, 디지털카메라	초음파 진단 장치, 화장품, 반도체용 재료, 의약품

그리고 이 사분면을 풀어서 설명하면 다음과 같은 네 가지 질문을 던질 수 있다.

첫째, 기존 기술 가운데 기존 시장에서 우리가 적용하지 않은 것은 없는가?
둘째, 새로운 기술로 기존 시장에 적용할 것은 없는가?
셋째, 기존 기술로 새로운 시장에 적용할 것은 없는가?
넷째, 새로운 기술로 새로운 시장에 적용할 것은 없는가?

'기존 기술로 기존 시장'에 새롭게 적용한 사례로는 필름 산업 쇠망기에도 기존 시장이라고 칭할 여성 소비자들이 기존 기술이라고 할 수 있는 즉석 카메라 '인스탁스 Instax'로 사진을 즐겨 찍는다는 점을 파악해서 기존에 카메라 매장과 사진관에서 판매하던 즉석 카메라와 즉석 필름을 여성들이 쉽게 찾는 팬시점에서 판매하도록 유통 채널의 변화를 시도해 매출을 증대한 경우를 들 수 있다. 요즘도 즉석 카메라를 구입해 사진 찍는 모습들을 볼 수 있는데, 후지필름이 과도기적으로 기회를 잡았던 전략이다.

'기존 기술로 새로운 시장'에 성공한 사례는 후지필름이 가지고 있던 필름 기술을 응용해 LCD용 필름(TAC) 사업에 뛰어든 것을 들 수 있다. 결국 기존 기술로 새로운 시장을 열게 된 후지필름은 삼성, LG 등 세계적인 LCD 제조업체들에 제품을 공급하게 되었고, 세계 시장 점유율이 70%를 넘어서는 놀라운 성과를 이룩했다. 후지필름 없는 LCD TV는 생각할 수도 없게 된 것이다. 이외에도 헬스케어, 감기 치료제 개발 등 다양하고 새로운 변화와 혁신적인 시도들 끝에 후지필름은 계속 성장하는 회사로 존속하게 되었다.

'새로운 기술로 새로운 시장'에 성공한 사례는 화장품 사업이었다. 필름에서 가장 중요한 재료인 '콜라겐 Collagen'을 사람 피부에 적용하는 아이디어를 낸 것이다. 고모리 사장은 '라이프 사이언스 사업부'라는 화장품 사업을 런칭했다. 후지필름은 2007년 9월 콜라겐을 활용한 피부 재생이라는 느낌을 담아서 '아스타리프트 ASTALIFT'라는 브랜드를 내놓았고 대성공을 거두었다. 현재 일본 내에서 아스타리프트를 판매하는 매장은 4000개가 넘는다고 한다.

혹시 요즘 매출이 줄어서 걱정하고 있다면, 지금 종이를 꺼내서 아주 간단한 후지필름의 사분면을 그려 보고, 우리의 기존 상품과 서비스로 기존 고객들을 공략하지 않은 것은 없는지, 또는 새로운 고객을 발굴할 방법은 없는지 살펴보고, 우리의 새로운 상품과 서비스로 기존 시장을 다시 두드리거나 새로운 시장을 개척할 방법이 있는지 구상해 보는 시간을 가져 보면 어떨까?

레드 오션 속에서 블루 오션을 발견하기도 하며, 우리만의 경쟁력 있는 기존 상품과 서비스로 새로운 고객을 만들어 낼 수도 있을 것이다. 우리 상품과 서비스를 판매하기 위한 전략을 지속적으로 고민하는 노력 속에서 생존을 넘어 성공의 기회와 마주치리라 기대해 본다.

3. 신발 파는 재포스가 보여 주는 솔선수범의 힘

아마존에 1조 원이 넘는 금액으로 팔린 회사. 바로 신발을 파는 온라인 쇼핑몰인 '재포스닷컴 Zappos.com'의 이야기다. 재포스의 CEO인 토니 셰이 Tony Hsieh는 특별한 경영으로 찬사를 받았다. 우선 재포스는 콜센터를 극히 제한적으로 운영하는 다른 온라인 쇼핑몰들과 달리 콜센터에 전화하면 상담원들이 끝까지 책임지고 고객의 불편과 불만을 해결해 주는 구조를 갖고 있다. 온라인 기술의 발달로 활성화된 인터넷 쇼핑몰 업체들은 인건비를 절감하고자 사람이 일하는 영역을 축소하고 고객들이 스스로 온라인으로 모든 것을 해결하도록 하는 형태로 성장해 왔다.

따라서 쇼핑몰 이용 중에 불편함이 발생하면 대부분의 온라인 쇼핑몰 업체는 고객 게시판에 글을 남기는 것 외에 전화로 상담원과 통화하는 일은 힘든데, 재포스는 반대로 고객의 불편을 해소해 주면 성공한다는 발상의 전환을 시도했다. 그래서 콜센터를 강화해 전화하면 쉽게 통화가 되고, 처음부터 끝까지 고객의 불편과 요구 사항을 해결해 주는 방식으로 경쟁력을 확보했다. 입소문이 무서운 법이다. 재포스는 물건을 구입하다가 언제든 전화를 걸어 상담원과 통화해서 불편함을 모두 해결할 수 있다는 특장점으로 여타 쇼핑몰과 차별화에 성공할 수 있었다.

그런데 더욱 주목을 끈 점은 이 콜센터에 전화를 걸면 CEO인 토니 셰이는 물론 임원들도 고객의 전화를 직접 받고 응대한다는 사실이다. 덕분에 현장 감각을 잃지 않으면서 고객들의 불편과 불만을 토로하는 목소리를 직접 들을 수 있었다. 이는 회사가 추구하는 방향에 대한 상징적인 의미도 나타낸다. 고객의 소리에 귀 기울이고, 직원들과 동등한 재포스의 일원으로서 고객과 통화하는 임원들의 모습을 보면서 직원들도 무시할 수 없는 책임감을 느꼈을 것이다.

내 가게나 회사의 규모가 커지면 커질수록 CEO나 임원들은 현장이 어떻게 돌아가는지 세세하게 알지 못할 수 있다. 하지만 적어도 가장 중요하게 생각하는 일에 관해서 대표를 비롯해 임원들이 일정 부분 함께 업무 참여를 하면 현장 상황을 잘 파악할 수 있고, 고객의 생생한 목소리를 듣게 되고, 무엇보다도 직원들의 고충을 쉽게 이해한다는 장점이 있다.

또한, 직원들은 현장에서 어려움을 같이하는 임원들의 모습을 접하며 동질감도 느낄 수 있다. 팀워크가 가장 잘 발휘되는 원동력 중의 하나는 공동의 적을 만들어 내는 일인데, 진상 부리는 고객을 적이라고 표현하긴 그렇지만 직원을 힘들게 하는 고객들을 대표와 임원들이 함께 경험하게 되면, 직원들은 그 공동의 적을 더불어 상대하고 있는 CEO와 임원들도 우리 편이라고 여기게 될 것이다.

CEO나 임원이 되면 현장 실무가 아니라 그에 걸맞은 소임을 다하는 것이 우선이다. 하지만 재포스처럼 임원진의 역할은 물론이고 회사가 가장 중요하게 생각하는 핵심 가치가 무엇인지를 직원과 고객들에게 몸소 보여 주고 느끼게 한다면 그 중요성과 가치에 공감하게 된다. 이를 통해서 얻을 수 있는 수많은 장점도 간과하지 않는다는 시각으로 경영 전략을 세운다면 더 바랄 것이 없다.

4. 학습 조직의 힘, 아사히야마 동물원

우리가 만들어 가는 사업이 좀 더 건실하게 성장하길 바란다면 조직 내에서 어떤 일이 지속되어야 할까? 리더인 내가 없어도 직원들끼리 사업의 발전을 위해서 자발적으로 모여 토의하고 학습하면서 성장할 수 있다면 어떨까? 그런데 그것이 꼭 학습은 아니라도 괜찮다. 다만 직원들끼리 어떻게 하면 더 잘할 수 있을지 논의하고 서로를 격려하는 모습이면 좋겠다는 바람이다.

최근 사업의 트렌드는 고객을 모아 두면 돈으로 바꿀 수 있다는 논리가 점점 더 강해지고 있다. 즉 사람을 많이 모으기만 해도 그들을 대상으로 무엇을 판매할지만 잘 선정하면 큰 성과를 낼 수 있다는 뜻이다. 바꿔 말해서 직원도 마찬가지로 능력 있는 직원 수를 늘리면 성공적인 결과물이 나올 수 있다고도 말할 수 있다. 하지만 가망 고객을 모아 두는 것과 달리 직원은 고정 비용이 크게 발생하는 부분이라서 무조건 직원 수를 늘려 놓는 것이 능사는 아니다. 능력 있고 충성도 높은 직원들과 발전적으로 성장하려는 고민과 학습을 지속하는 경우에만 리더인 나 혼자서 아이디어와 전략을 낼 때보다 더 효과적이고 훌륭한 아이디어가 나올 수 있다.

서울 대학교의 이정동 교수가 말하는 '축적의 시간'이란 시대를 바꿀 만한 혁신적인 일은 천재적인 한 사람이 어쩌다 그런 결과를 얻는 것이 아니라는 사실을 강조한다. 결국 혁신적인 일을 해낼 만한 사람들이 모여 1만 시간에 이르는 '축적의 시간'을 거치면서 혁신적인 일이 벌어진다는 것이다. 우리가 하는 일에서도 대단한 성과는 능력 있는 사람들이 힘을 모아 한 가지를 이루고자 노력하는 1만 시간의 법칙 속에서 탄생한다고도 생각할 수 있다.

그런데 이 축적의 시간은 직원들이 그저 열심히 일한 시간으로 1만 시간이 되었다고 해서 결과가 나타나긴 힘들다. 우리가 원하는 방향에 대해서 함께 고민하고 학습하는 시간들이 축적될 때 가능하다고 본다. 바로 그 시간을 축적하는 방법이 학습 조직화다. 그럼 학습 조직화가 어떤 일들을 이루어 내는지 일본의 아사히야마(旭山) 동물원 이야기를 통해서 생각해 보자.

겨울이면 영하 20도 아래로 기온이 뚝 떨어지는 '아사히카와(旭川)'라는 지역에 아사히야마 동물원이 들어선 것은 1967년이었다. 사람들은 일본의 가장 북쪽에 세워진 아사히야마 동물원이 지역 경제를 살려 줄 것으로 기대했다. 그런데 1975년 200만 명의 관람객을 돌파하던 이 동물원은 1980년대에 들어서자 무너지기 시작했다.

일본 전역에 테마파크 붐이 일면서 관람객이 급격히 줄었고, 설상가상으로 1994년엔 여우를 매개로 하는 에코노콕스 감염증에 의해서 동물원을 일시 폐장하는 심각한 사건까지 터졌다. 이후 관람객의 발길은 더 뜸해졌고 급기야 1996년에는 관람객 수가 26만 명으로 추락했다. 시 의회는 결국 동물원 폐쇄를 검토했으나 이 역시 사겠다는 사람이 없어 민간 매각에도 실패하고 말았다.

사육사들은 눈앞이 캄캄했다. 일자리가 없어질지 모른다는 염려보다도 동물원이 없어지면 안락사를 당해야 하는 야생 동물들의 처지를 떠올리는 것이 끔찍했다. 그래서 고스게 마사오(小菅正夫) 당시 원장과 사육사들은 동물원 개혁에 착수했다. 어렵고 힘든 상황이지만 '발상의 전환'을 시도한 것이다.

직원들은 자발적으로 운영해 오던 '학습회'에서 혁신적인 아이디어를 이끌어 내고, 동물원의 본질이라고 할 수 있는 동물의 생태를 공부하기 시작했다. 일반 동물원이 아니라 꼭 아사히야마 동물원에 와야 할 이유를 찾고 싶었다. 그 핵심에는 동물을 동물원에서 보는 모습이 아니라 자연 생태계의 모습 그대로 보여 줄 수 있다면 어떨까 하는 생각이 자리 잡게 되었다. 그래서 그 아이디어들을 그림으로 그리고, 구체적인 세부 계획안을 마련하고 나서 시장을 찾아가 설득한 끝에 폐쇄 위기를 넘길 수 있었다.

그 후 학습회는 계속해서 더 많은 변화를 시도했다. 기존의 호랑이가 아무런 감동도 주지 못했기 때문에 관람객이 호랑이 우리 아래로 지날 수 있게 만들었다. 머리 위로 걸어가는 호랑이를 바라보면 그 발걸음이 생생히 느껴지고 호랑이 발톱까지 자세히 들여다볼 수 있는 특별한 경험을 하게 된다. 높은 곳에서 생활하는 오랑우탄을 위해서는 높은 기둥을 연결한 공중 방사장을 만들어서 매달려 있게 하기도 하고, 낭떠러지를 아슬아슬 오가는 염소의 야생성을 이용해서 절벽에 염소가 서 있는 모습을 연출해 관람객의 가슴을 졸이기도 했다.

특히 펭귄은 뒤뚱뒤뚱 걷는 모습뿐만 아니라 헤엄치는 모습도 있다는 것을 보여 주기 위해서 수조를 머리 위로 지나게 배치해서 펭귄이 엄청난 속도로 물속을 날아다니는 모습을 감상할 수 있도록 했다. 야행성 동물을 관찰하는 '밤의 동물원'을 만들었으며, 사육사가 직접 관람객에게 동물의 특성을 알려 주는 동물 담당 가이드 제도를 신설하기도 했다.

1997년에는 '어린이 목장'을 조성했는데, 어린이가 토끼·오리·염소 등 동물들을 가까이에서 보고 만질 수 있도록 했다. 이것이 동물원을 성공으로 이끈 '행동 전시'의 시초가 되었다. 기존에 우리에 갇혀 있던 동물을 바라보는 것과 달리 동물들의 자연 생태계 모습을 가까이 접하고 여러 각도에서 새롭게 살펴보며, 정적인 관람의 수준을 벗어나 역동적이면서 살아 있는 동물과 사육사와 관람객이 어우러지는 모습은 일본 전역을 넘어서 점점 다른 나라들에까지 알려지게 되었다. 시골 동네의 동물원인 아사히야마는 1994년부터 시작된 혁신으로 마침내 10년 뒤 도쿄의 우에노(上野) 동물원 관람객 수를 추월하게 된다.

아사히야마 동물원은 지속적으로 변화하고 혁신을 추구하는 '기업 문화'를 갖게 되었다는 점이 무엇보다 중요하다. 혁신을 위해 30년간 학습회를 운영한 사육사들은 정규직 14명과 임시직 10명으로 총 24명에 불과했다. 적은 인원으로도 일본 최고의 동물원으로 탈바꿈할 수 있었던 원동력은 끊임없이 노력을 경주한 축적의 시간이 힘을 발휘한 것이라고 하겠다.

어려운 시기가 오기 전부터 아사히야마 동물원의 사육사들은 학습회를 조직해서 발전 방안을 모색하고 있었고, 힘겨운 상황이 닥쳤을 때 이 학습회의 힘을 빌려 혁신적인 아이디어로 위기를 극복하고 세계 최고의 동물원으로 성장하게 된 것이다. 다가올 미래에 어떤 위협이 도사리고 있을지는 누구도 알 수 없다. 따라서 지속적으로 성장하고 변화하기 위해서는 학습 조직화를 구축하고 꾸준히 미래를 위한 스케치를 준비해야 할 것이다.

어떻게 하면 학습 조직화를 갖출 수 있을까? 적어도 일주일에 한 번은 전원이 참석해 업무 회의와 달리 가볍게 미팅하면서 주제별 학습과 아이디어 교환을 하는 것이 중요하다. 안 하던 일을 시작하려면 쉽지 않을 수 있다. 그래서 가볍게 짧게라도 토의할 수 있는 주제를 정해서 이야기를 나누든, 외부 강사를 초대해서 이야기를 들어 보든, 책을 한 권 읽고 감상을 나누든, 그저 한 주간 있었던 자신의 이야기를 돌아가면서 하든, 둘러앉아서 서로를 바라보며 생각을 공유하는 시간이 중요하다. 리더가 바빠서 자리를 비우더라도 주기적으로 진행되는 이 모임은 지속되어야 한다. 둘러앉는 것이 습관이 되면 이야기를 나누는 것도, 생각을 공유하는 것도 습관이 되는 것이다.

가장 중요한 것은 이렇게 둘러앉아 주고받는 이야기 속에서 한 가지라도 아이디어를 끌어내서 실제 우리의 영업 성과를 높이는 일을 달성하게 되면 그때부터 직원들도 강력하게 동기 부여가 되며, 둘러앉아서 갖는 이 시간이 우리의 성장과 발전의 밑거름이 된다고 생각할 수 있기 때문에 리더가 일방적으로 지시해서 이루어 내는 성과와는 비교도

안 되게 강력한 힘을 발휘한다.

축적의 시간이 흐르면서 혁신을 이루고자 기대하지만 설사 이루어 내지 못하더라도 함께 고민하고, 함께 성장을 위해 노력한다고 느낀다면 그것이 기업 문화로 자리 잡게 된다는 점에서 무너지지 않고 발전하는 조직력을 갖출 수 있다.

생존해야 성공의 기회를 만난다. 학습 조직화는 그 생존을 유지하고 성공의 기회를 엿보는 가장 중요한 요소일 수 있다는 관점에서 오늘부터 1년간의 정기적인 학습 미팅을 계획해 보자.

5. 쟤는 맨날 왜 저렇게밖에 못 할까?

성당에 갔더니 미사 중간에 '내 탓이오, 내 탓이오, 내 큰 탓이로소이다!'라는 기도문을 외친다. 어설픈 가톨릭 신자인 나는 종교적인 의미를 가진 말인데도 마음에 들지 않았다. 그게 어째서 내 잘못이란 말인가? 그런데 일을 하면서 수많은 문제들에 부딪히면서 종교적 의미와는 다르지만 성공적인 삶을 위해서 필요한 '내 탓이오!'라는 말의 힘을 의식하게 되었다.

내가 혼자서 일할 때와 달리 팀을 꾸리고 직원들과 함께 일하게 되면, 모든 것이 내 마음 같지 않아서 잘못되는 일들이 생기곤 한다. 그런데 일이 잘못되면 대개 사람들은 남을 탓하기 마련이다. 마치 그 유명한 신조어 '내로남불' 즉 내가 하면 로맨스, 남이 하면 불륜이라는 말처럼.

중요한 세일즈 미팅을 하는 날, 내가 일을 망치면 그렇게 된 이유를 자기 자신이 아니라 주변 상황에서 계속 찾는다. 요즘 과로한 업무로 내가 흔들렸구나, 아침에 나올 때 아내와 다퉈서 컨디션 조절에 실패했구나, 자료를 좀 더 잘 챙기라고 했는데 직원이 허술했구나 등등 다양한 변명거리를 혼자 둘러댄다. 그래야 일이 잘 풀리지 않은 것에 대해 스스로 위안을 삼을 수 있기 때문일 것이다.

여기서 중요한 것은 남이 잘못했을 때 보이는 나의 반응이다. 직원이 세일즈 미팅을 잘못해서 일을 그르쳤다면 그의 상황과 주변 사정 때문이라고 여기고 위로해 주는 것이 아니라 '쟤는 왜 저렇게밖에 못해?'라고 생각하면서 준비가 부족하다, 처음부터 저런 인간을 뽑는 게 아닌데, 다음부터는 저 녀석에게는 일을 맡기지 말아야지 등 그 사람을 탓하곤 한다.

내가 잘못하면 상황을 탓하고, 남이 잘못하면 사람을 비난하는 오류를 범하게 되는 것인데, 이런 심리를 일컫는 말이 바로 '기본적 귀인 오류(Fundamental Attribution Error)'이다. 그런데 사회 심리학자들이 연구해 보니 어떤 일이 잘못되었을 때 행위자의 내적, 기질적 요인을 탓하기보다 그가 처한 상황과 환경을 바꿔 주면 대부분의 경우 개선된 결과가 나타나더라는 것이다. 이런 사람들의 심리를 한 다큐멘터리에서 실험했던 영상이 유명해서 소개해 본다.

어느 동네 골목에 사람들이 계속해서 쓰레기를 무단 투기하는 장소가 있었다. 동네 사람들에게 이 점에 대해 어떻게 생각하느냐고 물었더니 다들 "이 동네 사람들은 양심이 없어!" "수십 번 얘기해도 고쳐지질 않아!"라고 말하면서 다른 사람들을 탓하고 있었다. 아무리 경고 문구와 벌금을 물리겠다는 표지판을 붙여도 소용이 없었다. 그러던 어느 날 그곳에 모든 경고 문구들을 떼어 내고 작은 화단을 설치했다. 결과는 어땠을까?

사람들은 그 어떤 경고 문구에도 아랑곳없이 마구 쓰레기를 버렸지만, 깨끗하고 예쁘게 가꾸어진 화단을 보더니 차마 거기에 버릴 엄두를 내지 못했다. 이는 결국 사람의 본성이 잘못된 것이 아니라 사람이 상황과 환경의 영향을 강하게 받는다는 사실을 나타내고, 이 상황과 환경을 개선하면 행동의 변화도 가져올 수 있다는 깨달음을 얻게 된 실험이었다.

다시 말해 직장 내에서 직원이 잘못한 것을 그 사람 탓으로 돌리기 전에, 그가 일하고 있는 상황과 환경으로 인해 그런 잘못이 발생하지 않았는지 점검하고 바로잡아서 다시는 그런 일이 일어나지 않도록 하겠다는 관점으로 접근하는 것이 중요하다는 뜻이다.

최근에 '성과를 이끄는 요소들이 무엇인가'라는 연구 결과에서는 '심리적 안전감'이라는, 내가 무슨 말이나 행동을 해도 비판과 비난을 받지 않는 환경이 절대적으로 중요하다는 점이 밝혀졌다. 누군가 잘못을 하면 비판과 비난을 가하기보다는 그런 일이 벌어지지 않도록 상황과 환경을 바꾸어 줄 수 있는 방법이 있는지 개선책을 마련하는 노력이야말로 진정한 리더십이 아닐까? 그런 사고방식을 가져야 진정한 세일즈 리더가 될 수 있다면 그 출발점이 바로 일이 잘못될 때 '내 탓이오!'라고 말하는 것이다. 내 탓이라고 해야 내가 그 일에 책임이 있다는 뜻이고, 즉 내게 그 일을 개선하고 해결할 책임과 권한이 있다는 말이다. 내가 권한을 갖고 일을 해결할 수 있다고 말해야 더 뛰어난 성과를 올리도록 나의 팀과 사업을 이끌 수 있다.

이제 혼자가 아닌 세일즈 리더로서 조직을 인도하고 성과를 내도록 운영하려면 무엇보다 '기본적 귀인 오류'를 범하지 않게 '내 탓이오!'라고 말하는 것부터 익혀야 한다. 그것이 바로 '더블 세일즈'의 출발점이 될 수 있다.

■ 셀프 리더십을 위한 목표 설정 기법

❶ A4 용지에 자신이 꼭 이루어야 한다고 생각하는 것들을 적어 리스트를 만든다.

❷ 중요하지 않다고 생각하는 것부터 차례차례 지워 나간다.

❸ 마지막으로 남은 것을 자신의 No.1 목표로 정하고, 이를 다시 A4 용지에 베껴 쓴다.

❹ 목표가 실현 가능한 것인지 생각해 본 후, 언제부터 목표 달성을 위해 뛸 것인지 출발점을 정한다.

❺ 현실적이고 명확한 데드라인 Deadline을 설정한다.

❻ 목표를 이루는 데 장애 요소가 될 만한 것들을 적어 보고, 지금까지 내가 왜 이 목표를 달성하지 못했는지 구체적으로 써 본다.

❼ 목표를 이루기 위해 나를 도와야만 하는 사람들의 리스트를 작성한다. 그 사람들에게 어떻게 협조를 구할 것인지도 적는다.

❽ 목표를 달성하기 위해 내게 필요한 기술을 적는다. 이 중 현실적으로 당신이 개발할 수 있는 게 무엇인지 우선순위를 적어 본다.

❾ 목표 달성을 위한 세부적인 스케줄표를 작성한다. 이때 작성하는 플랜은 구체적이면 구체적일수록 좋다.

브라이언 트레이시 「**조선일보 위클리비즈**」 인터뷰 중에서

　탁월한 세일즈맨이 되려면 수많은 사람과 수많은 곳에서 배우며 전인격적인 성장을 해야 한다고 생각합니다. 그중에서도 '세일즈의 황금률'이 중요한데, '남을 성공하게 돕는 것이 가장 빨리 성공하는 길이다!'라는 뜻입니다. 그래서 제가 운영하는 교육 회사 브랜드가 '당신의 능력을 두 배로!'라는 뜻을 가진 '더블유어스 WYours'입니다. 특히 매출을 두 배로 늘려드리도록 돕는 것이 세일즈맨으로서 또 세일즈를 교육하는 사람으로서 소임이라고 믿습니다. 그런 이유로 '당신의 매출을 두 배로!'라는 뜻의 '더블유어 세일즈'가 교육 프로그램 제목이 되었고, 책 제목은 부르기 좋게 줄여서 '매출 두 배'를 뜻하는 '더블 세일즈'가 되었습니다. 이는 또한 우리말 '더불다'에서 따온 더불어 성장하자는 '더불 세일즈'라는 의미도 내포하고 있습니다. 앞으로 더블 세일즈 독자들과 곧 오프라인 정기 모임에서 함께 세일즈를 학습해 나갈 계획인데, 이때 가장 중요한 핵심은 내 매출을 늘리는 방법을 학습하는 것이 아니라 다른 사람의 매출을 늘려 주는 방법을 학습하면서 자신의 매출 증대 전략을 세울 수 있도록 하자는 데에 있습니다. 그런 점에서 '더블 마이 세일즈'가 아니라 '더블 유어 세일즈'가 되는 것이겠죠. 그 자리에 여러분도 함께 하길 바랍니다(더블 세일즈 모임 www.DoubleSales.co.kr).

　진심을 담아 책을 쓰다 보니 너무나 고마운 분들이 많이 떠올라서 별도의 지면을 할애해 감사를 전하고자 합니다. 수상 소감을 길게 하면 시청률이

떨어지겠지만, 그래도 제 마음속 기억을 따라 아래에 감사의 글을 적어
봅니다.

　배우고 가르치는 것을 통해서 성장할 수 있음을 알려 주신 브라이언
트레이시 Brian Tracy, 기업가로서 무슨 생각을 하고 어떻게 해야 하는지
명확한 깨달음을 주신 스노우폭스의 김승호 회장님, 감사합니다. 세일즈
맨에서 기업가로 성장한 모습만으로도 큰 영감을 주신 전 세계한인무역협
회 이영현 회장님께도 감사드립니다. 브라이언 트레이시 교육을 하면서
개인의 성장을 넘어서 기업이 되는 과정을 느껴 보게 해 주신 이브 몰러 Ib
Moller, 준오헤어 강윤선 대표님, 바인그룹 김영철 대표님, 감사합니다.

　세일즈맨의 길에 접어들게 해 준 동생 홍창기 매니저에게 고마움을 전하
며, 세일즈 매니저로 또 세일즈 리더로 성장하도록 이끌어 주신 메가밸류
에셋의 고재일 대표님, 김종현 지점장님, 세일즈맨에서 세일즈 매니저로
전환하는 기회를 주신 하만덕 대표님, 김덕기 사업부장님, 감사합니다.

　세일즈 현장에서 계속 성장을 거듭하게 도와주신 분들이 많지만, 그중
에서 개척 영업을 알려 준 두 동생 심정식, 조재현, 브리핑 영업이 무엇인
지 알게 해 준 송진업 이사님, 김도경 차장님, 감사합니다. 법인 영업을
알게 해 주신 퇴직연금의 송수근 본부장님, 세일즈 리더로서 사람의 매력
이 어떤 것인지 알게 해 주신 평생 협력자 황권식 대표님, 감사합니다. 세
일즈맨이자 세일즈 리더로서 롤 모델이 되어 주신 KEB 하나은행 이지현
지점장님, SC 제일은행 조창곤 지점장님, 감사합니다. 세일즈를 함께 뛰
고 매니저로 고생한 잊을 수 없는 한영대, 송백두, 송종복, 강신호, 김석
주, 만날 수 없는 이지호, 제갈경희 님까지 모두 모두 감사합니다. 또한,

제게 세일즈 교육의 모티브를 주셨던 최헌 대표님, 솔로몬 힉스, 토니 고든, 지그 지글러, 댄 케네디 등 많은 선배님들께 감사합니다.

세일즈 교육을 하면서 오히려 제게 숱한 깨달음을 주신 분들이 많습니다. 그중에서 세일즈의 성공을 엿보게 해 준 JYB 김용래 대표님, 세일즈 교육이 영업뿐 아니라 다양한 사업에 적용될 수 있음을 알려 주시고 영향력을 펼쳐 주신 하랑한의원 박용환 원장님, 장사의 신이라 불릴 양평 몽실식당 김동운 대표님, 세일즈맨의 역량이 기업가의 기반임을 보여 주신 IT브레인의 강성광 대표님과 이광석 부장님, 교육과 훈련이 성장의 핵심 요소임을 실천하고 계시는 오다헤어 이정수 대표님께도 감사드립니다. 또한, 세일즈 코치로 함께 학습한 남명숙 실장님, 심재훈 대표님, 양승철 님, 윤영 대표님, 한효현 대표님, 김태균 님, 감사합니다.

교육 사업을 하면서 제게 큰 힘이 되어 주신 분들이 생각납니다. 고객사지만 늘 가족처럼 생각해 주신 양동욱 부장님, 어영일 부장님, 김익태 팀장님, 안주옥 과장님, 진희란 과장님, 최아롬 과장님, 서수옥 과장님, 이상배 과장님, 유구봉 교수님, 박선유 부장님, 구자군 차장님, 유선태 차장님, 김세훈 과장님, 지병근 본부장님, 강범 팀장님, 김성남 과장님, 감사합니다.

협력자로 큰 도움을 주신 위즈파트너 변혜인 대표님, 인키움 박지현 대표님, 김주현 소장님, 장규석 소장님, 권충희 강사님, 최경선 원장님, 조상호 소장님, 최인희 원장님, 곽동근 소장님, 윤수환 강사님, 남관희 교수님, 장정빈 교수님 등 너무나 많은 분께 감사를 드립니다. 또한, 함께 학습한 조성희 대표님, 김나영 강사님, 엄해정 이사님, 김소희 소장님, 권인경 강사님, 김항기 소장님, 방희봉 교수님, 임상준 대표님, 이원길 대표님, 한기수 코치님, 감사합니다.

사업을 같이 하며 도움 주신 박석 이사님, 조민호 이사님, 김이강 이사님, 김민완 이사님, 친구 이영원과 동생 김영범, 강섬미 실장님께도 깊은 감사를 표합니다.

여행업을 하면서 고마운 분들이 또 많은데, 서울항공 이창봉 전무님, 코사무이 전문가 김묘령 이사님, 토성항공 강인태 이사님, 투어TTL 정영호 소장님, 여행만사 박범수, 최관형 대표님, 모두투어 천기영 부장님 등 다 언급하기 힘들지만 진심으로 감사합니다. 또한, 비즈비 투어 플래너 과정을 함께 해 주신 수많은 분께도 감사드립니다.

마지막으로 지금도 함께 더 좋은 일터를 만들고 꿈을 이루어 내려는 우리 회사의 정훈모, 사지연, 임윤정, 김다은, 유재희 님께도 고마움을 전하고 싶습니다.

정말 감사할 분이 많이 계시는데 제대로 감사의 표현도 못 하고 살았던 것 같고, 혹시나 여기에 이름을 올리지 않았더라도 늘 감사한 마음을 간직한 채 살고 있다는 점에서 응원과 지지를 부탁드립니다. 꼭 더욱 도움이 되는 사람으로 살겠습니다. 감사합니다.

2017년이 끝나갈 즈음…
더블 세일즈 탈고를 마치며

조환성 올림

►WYours | 더블유어스

'더블유어스'는 (주)비즈비에서 운영하는 교육 브랜드이며, 자기계발과 기업 HRD에 필요한 교육을 100명 이상의 전문가와 함께 100개 이상의 프로그램을 개발하여 공급하고 있습니다. 최고의 교수진이 실질적인 교육 성과를 만들어 낼 수 있도록 항상 고민하고 노력을 다하고 있습니다.

리더십, 코칭, 세일즈, 스피치, 강사양성, 교수법, 팀빌딩, 조직문화, 자산관리 등 다양한 프로그램으로 우리 삶의 발전에 기여하고자 노력하고 있습니다.

We can double yours!
당신이 가진 능력을 두 배로!
기업이 가진 능력을 두 배로!

Program

과정	내용	세부 과정
더블유어 리더십	자신의 현재를 진단하고 성장할 수 있는 목표를 세워 성취해 내도록 자가발전 시스템을 구축하는 셀프 리더십 학습	셀프 리더십, 청소년 / 학부모 리더십
더블유어 팀 리더십	· 조직 내에서 구성원으로서 역할 수행과 팀 내 조화로 성장하는 조직을 만들어 내는 능력을 개발 학습 · 리더로서 알아야 할 조직의 혁신과 변화를 이끌어 내는 단계들의 이해와 체계적인 전략을 도출 학습	직급자별 리더십, 팀장 리더십, CEO 리더십 등
더블유어 세일즈	· 세일즈 트렌드의 이해와 기업 및 개인의 세일즈 프로세스를 체계적으로 구축 · 고객 접점에서 바로 적용 가능한 세일즈의 실전 스킬을 학습 · Non-selling과 Selling으로 나눠 각 분야에 대한 깊이 있고 재미있는 프로그램 진행	세일즈 프로세스 구축, 세일즈 스킬, VVIP 마케팅, 고객발굴과 고객관리, 자영업자를 위한 더블세일즈, SNS 마케팅을 기반으로 한 오프라인 마케팅 등
더블유어 서비스	· 고객 접점에서 고객 만족과 감동을 실현, CS 수준을 업그레이드할 수 있도록 하는 프로그램 진행 · 업종별 맞춤형 서비스 교육을 통해 영업 성과 증대로 이어지는 세일즈적 요소를 가미한 고객 서비스를 학습	이미지 메이킹, 나와 고객이 감동받는 서비스 메모리스, 신입사원 서비스 교육, 고객 불만 응대, VIP 서비스의 모든 것 등
더블유어 스피치	스피치를 통한 행동 변화로 리더십 향상 및 조직 내 오픈마인드로 서로 소통하고 화합하는 시작점 형성	스피치 강화훈련, 팀 스피치 훈련, 조직 활성화 스피치, 프레젠테이션 스피치, 자기소개 및 면접 스피치 등

■ 문의: 1588-2928 / ■ 카톡 플러스친구: 더블유어스 / ■ www.WYours.co.kr

►**Double Sales** | 더블세일즈 모임

더블세일즈 모임은 '더블 유어 세일즈'라는 원 제목에 맞게 나의 매출을 향상시키는 것이 아니라 다른 사람의 매출을 향상시키자는 목적에 따라 함께 학습하는 자리입니다.

다른 사람의 매출을 향상시키는 학습을 통해서 내 사업의 매출을 올리는 법을 깨닫고 적용할 수 있게 하자는 취지이며, 모임을 가지면서 그 특정 업체가 곧 내 업체가 될 수도 있습니다. 함께 매출 증대를 위해서 노력하고 학습하는 공간에 당신을 초대합니다.

▶ 밴드: '더블세일즈' 검색 후 가입 / ▶ www.DoubleSales.co.kr

►**TourBee** Travel Agency | 투어비 여행사

맞춤여행 전문회사인 투어비

판매자 입장에서 고객을 상담하고 판매하는 기존 여행사의 관점이 아니라, 고객의 입장에서 여행 상품을 선택하여 행복한 여행이 되도록 만들어 드리고 있습니다.

투어비 밴드: 여부해(여행을 부탁해)

〈여부해-여행을 부탁해〉는 투어비가 운영하는 네이버 여행 대표 밴드입니다.
여행에 대한 모든 것을 한 번의 부탁으로 해결해 드리며 하나투어, 모두투어, 한진관광, 롯데관광 등 특가 여행 정보도 제공해 드립니다.

네이버 밴드 검색 :〈여부해〉또는 〈여행을부탁해〉
http://band.us/@plztrip

■ 문의: 02-6415-2928 / ■ www.tourbee.co.kr / ■ http://band.us/@plztrip

더블 세일즈

초판 인쇄 ㅣ 2018년 1월 5일 초판 1쇄
초판 발행 ㅣ 2018년 1월 13일 초판 1쇄

글　　　 ㅣ 조환성
발행인 ㅣ 박명환
펴낸곳 ㅣ 비즈토크북

주　소 ㅣ 서울시 마포구 와우산로 3길 15 (상수동, 2층)
전　화 ㅣ 02) 334-0940
팩　스 ㅣ 02) 334-0941
홈페이지 ㅣ www.vtbook.co.kr
출판등록 ㅣ 2008년 4월 11일 제 313-2008-69호

편집장 ㅣ 경은하
마케팅 ㅣ 윤병인 010-2274-0511
디자인 ㅣ 이미지공작소 02) 3474-8192
제　작 ㅣ 현문자현

ISBN 979-11-85702-12-4 13320

비즈토크북은 **디자인뮤제오**의 출판 브랜드입니다.

DOUBLE
ALE